U0109416

古典文獻研究輯刊

二六編

潘美月・杜潔祥 主編

第 8 冊

《周易》文本生成研究（中）

謝 炳 軍 著

國家圖書館出版品預行編目資料

《周易》文本生成研究（中）／謝炳軍 著 — 初版 — 新北市：
花木蘭文化事業有限公司，2018〔民 107〕
目 2+154 面；19×26 公分
（古典文獻研究輯刊 二六編；第 8 冊）
ISBN 978-986-485-352-6（精裝）
1. 易經 2. 研究考訂
011.08   107001760

ISBN-978-986-485-352-6

古典文獻研究輯刊
二六編　第 八 冊   ISBN：978-986-485-352-6

《周易》文本生成研究（中）

作　　者　謝炳軍
主　　編　潘美月　杜潔祥
總 編 輯　杜潔祥
副總編輯　楊嘉樂
編　　輯　許郁翎、王筑　美術編輯　陳逸婷
出　　版　花木蘭文化事業有限公司
發 行 人　高小娟
聯絡地址　235 新北市中和區中安街七二號十三樓
　　　　　電話：02-2923-1455／傳真：02-2923-1452
網　　址　http://www.huamulan.tw 信箱 hml810518@gmail.com
印　　刷　普羅文化出版廣告事業
初　　版　2018 年 3 月
全書字數　498163 字
定　　價　二六編 25 冊（精裝）新台幣 48,000 元
版權所有·請勿翻印

《周易》文本生成研究（中）

謝炳軍　著

目次

第四章 《周易》爻辭的生成

　　《周易》爻辭的生成是周代占筮體制下的產物。同夏商兩代相異，周代的王官建立起了歸類、保藏其稽疑的文檔的占筮機制。周文王重周人八卦占之卦體形制，並在《乾》《坤》各爻或部分爻之下繫以文辭，以書寫其所思所感，此開《周易》有爻辭之先河，其草創之功被周代王官所寶重，將其所創之爻辭撰寫體例發揚光大，經過王官不斷的稽疑實踐，以及對《連山》《歸藏》的吸收、改易，最終在西周末年至春秋前期之間生成了有周一代之筮典《周易》。顯然，最能體現《周易》特色的是其象、言、意一體的文本結構，其亦是《周易》區別於《詩》《書》《禮》《樂》及《春秋》等經學文本的體例特點。此種運思造奇的文本，所具有的從形式到內容，從內容到思想，從思想到傳承價值等方面的意義，自其成書並名聞於社會之時，吸引著非專從事稽疑的王官階層、諸侯國君臣，並以之爲主要的稽疑之典，春秋中晚期之後所興起的言說《周易》之風潮，使《連山》《歸藏》日漸式微。而《周易》之所以能一枝獨秀，其中一個主因是其充溢著王官智慧及勸誡品質的爻辭。

第一節　周代占筮體制

　　追溯《周易》典筮文的生成，探尋其占筮體制甚有必要。周代的占筮體制主要有四個方面：一是，《三易》並用；二是，八卦、重卦筮法同用；三是，主要採用「一筮三人制」；四是，保藏記載稽疑活動的簡文。

（一）《三易》並用

有周一代的《周易》筮法大約成熟於西周晚期，盛行於春秋時期。在此

之前，如前文所述，以周王朝爲核心的稽疑活動以龜卜爲主，《連山》《歸藏》亦爲王官所併用。後者亦可徵於出土文獻與傳世文獻。江陵王家臺秦簡《歸藏》載：「∧∧∧∧∧─∧（筆者按：秦簡爲自上向下排列，爲保持卦畫形制及書寫方便，本書以此形式表示秦簡卦畫），師曰：『昔者，穆天子卜出師而支占□□□／／龍降於天而□／／遠，飛而中天，蒼／……」〔註1〕穆天子稽疑的事例又見於後代的傳世文獻。《經典釋文》卷二十六《莊子音義上·大宗師》載：「《歸藏》曰：『昔穆王子筮卦於禺強。』」〔註2〕又《太平御覽》卷八十五《穆王》載：「《歸藏》曰：『昔穆王天子筮出於西征，不吉，曰：龍降於天，而道里修遠，飛而衝天，蒼蒼其羽。』」〔註3〕此例與秦簡《歸藏》內容相似，應是同一稽疑事例。秦簡《歸藏》又載：「∧─∧∧∧─ ─∧，節曰：『昔者武王卜伐殷而支占老考，老考占曰：吉，□。』」〔註4〕由此觀之，西周前、中期周王有以《歸藏》稽疑的活動。

經過西周前、中期，專司卜筮的王官以文王、周公所遺留的《易象》及其「憂患」的思想爲綱領，在長期的稽疑活動過程中，發展出了以「變」爲靈魂的《周易》筮法。至西周晚期，《周易》的筮法逐漸成熟〔註5〕，並形成了筮典之文，即具有重大的文化意義的爻辭體系。此後《三易》並稱，而且由史筮之所習而擇用其中的一《易》而進行稽疑。此爲傳世文獻所證實。《周禮·春官·大卜》載：「〔大卜〕掌《三易》之灋：一曰《連山》，二曰《歸藏》，三曰《周易》。」孫詒讓云：「此明筮主《三易》也。」〔註6〕孔穎達亦云：「周世之卜，雜用《連山》《歸藏》《周易》也。」〔註7〕

王官占筮的筮典爲《連山》《歸藏》《周易》，其是周王朝官學之筮書，與

〔註1〕 王明欽《王家臺秦墓竹簡概述》，艾蘭、刑文編《新出簡帛研究》，文物出版社，2004年版，第30頁。

〔註2〕 〔唐〕陸德明《經典釋文》，上海古籍出版社，2013年版，第1447頁。

〔註3〕 〔宋〕李昉等撰《太平御覽》，清嘉慶十二年（1807）歙鮑氏校宋板刻本。

〔註4〕 王明欽《王家臺秦墓竹簡概述》，《新出簡帛研究》，文物出版社，2004年版，第31頁。

〔註5〕 黃延壽、史善剛先生認爲：「《易經》一書的問世當在西周晚期。」（董延壽、史善剛《〈易經〉創作時代之辯證》，《哲學研究》2013年第2期，第64頁）此説可信。

〔註6〕 〔清〕孫詒讓《周易正義》第四冊，王文錦、陳玉霞點校，中華書局，2013年版，第1928頁。

〔註7〕 〔晉〕杜預注，〔唐〕孔穎達等正義《春秋左傳正義》卷三十，《十三經注疏6》，藝文印書館，2013年版，第526頁上。

具有民用性質的清華簡《筮法》分途。《三易》所標舉的是國家層面的稽疑活動。大卜職掌《三易》之法，表明《三易》之任何一易胥不可偏廢，此可參春秋時期《左傳》所載筮例，史或筮人或以《周易》占筮，或以《歸藏》或《連山》稽疑〔註8〕。

（二）八卦、重卦筮法同用

周民族未替殷而建立王國之前，其所用的筮法屬八筮占法。儘管《周易》成爲有周一代之筮典，其八卦占法依然被沿用。《周禮·春官·占人》云：「占人掌占龜，以《八簭》占八頌，以《八卦》占簭之八故，以視吉凶。」〔註9〕此是周代王官沿用周民族八筮占法的明證。八筮占法後來發展爲以重卦的形式來記錄所筮之卦，此可徵於被清華簡《筮法》所用八卦占法。

《左傳·昭公十二年》載楚國左史伊相之才能，其謂：「是能讀《三墳》《五典》《八索》《九丘》。」杜預《注》云：「皆古書名。」孔穎達《正義》曰：「《八卦》之說謂之《八索》，求其義也。」〔註10〕準此，八卦占法及其解說八卦之說的《八索》被楚國所保藏並沿用，而且一直在楚國民間流行，此可略見於清華大學藏戰國楚竹簡《筮法》。

（三）主要採用「一筮三人制」

周代屬於國家稽疑層面的活動，筮占一般只有一次。此爲《周易》文本本身所自證。《蒙·卦辭》云：「蒙。亨。匪我求童蒙，童蒙求我。初筮告。再三瀆。瀆，則不告。利貞。」「再」〔註11〕之義即「第二次」，「再三瀆」意即「第二、三次占筮則爲褻瀆神靈」，所以以筮一次之筮爲主。《比·卦辭》又云：「比。吉。原筮，元永貞，无咎。不寧方來，後夫凶。」此「原筮」亦是「第一次筮占」之謂。此兩則卦辭意在彰顯筮占的神聖性以及要求問筮者要保有恒心與誠心。上博簡《緇衣》：「子曰：『宋人有言曰：人而亡（无）恒，

〔註8〕　儘管筮例未直言所用是《連山》或《歸藏》，然亦足反映出卜筮之官以及《左傳》作者對所用《連山》《歸藏》筮法的習以爲常，以至可以不予以標注。

〔註9〕　〔漢〕鄭玄注，〔唐〕賈公彥疏《周禮注疏》卷二十四，阮元《十三經注疏》，臺灣藝文印書館，2013年版，第375頁。

〔註10〕　〔晉〕杜預注，〔唐〕孔穎達疏《春秋左傳正義》卷四十五，阮元《十三經注疏》，臺灣藝文印書館，2013年版，第794～795頁。

〔註11〕　《左傳·莊公十年》載曹劌論戰，其謂：「夫戰，勇氣也。一鼓作氣，再而衰，三而竭。」（〔晉〕杜預注，〔唐〕孔穎達疏《春秋左傳正義》卷八，阮元《十三經注疏6》，藝文印書館，2013年版，第147頁）「再」即「二」之意。

〔不可爲卜簭也，其古〕云：我龜既厭，不我告猷。」〔註12〕此即強調問筮者以筮決疑的態度。

王朝的一筮機制，與古民神靈的敬重密切相關。對於筮占的神聖性，《說卦》云：「昔者聖人之作《易》也，幽贊於神明而生蓍。」《繫辭上》云：「探賾索隱，鈎深致遠，定天下之吉凶，成天下之亹亹者，莫大乎蓍龜。是故天生神物，聖人則之。」可見，因蓍策有通神之性，初筮後，若再筮，乃是對神明不敬之舉。

《禮記・曲禮下》載：「卜筮不過三。」〔註13〕《儀禮・士喪禮》云：「占者三人。」〔註14〕宋儒王與之謂：「《曲禮》言其法，《儀禮》言其人，人各掌一法。《金縢》所謂『卜三龜，一習吉』，則筮用三，也可知矣。」〔註15〕是認爲占筮用《三易》，解筮者三人。占筮的三人之說始於《洪範・稽疑》，箕子謂：「擇建立卜筮人，乃命卜筮……立時人作卜筮，三人占，則從二人之言。」〔註16〕即是對同一卦畫，三人斷其吉凶，二人以爲吉，即從吉，反之亦然。顯然可見，箕子之時，《三易》之《周易》尚未成形，其言「三人占」之意，不可能是三人以《三易》占斷。此亦有傳世文獻可資佐證。《儀禮・士冠禮》載：

> 筮於廟門，……筮人許諾，右還即席，坐西面。卦者在左，卒筮書卦：主人受眡，反之。筮人還，東面。旅占卒，進告吉。若不吉，則筮遠日如初〔註17〕。

《儀禮・士喪禮》與此有相似之記載，其云：

> 筮宅，冢人營之，……筮人許諾，不述命，右還北面，指中封。

〔註12〕 馬承源主編《上海博物館藏戰國楚竹書壹》，上海古籍出版社，2001年版，第198～199頁。

〔註13〕 〔唐〕孔穎達《禮記正義》上冊，影印南宋越刊八行本，安平秋、楊忠主編《重要文獻——影印經學要籍善本叢刊》，北京大學出版社，2014年版，第88頁（即足利學校藏越刊八行本《禮記正義》宋修印本第五卷第五葉）。

〔註14〕 〔漢〕鄭玄注，〔唐〕賈公彥疏《儀禮注疏》卷三十七，阮元《十三經注疏》，臺灣大化書局，1989年版，第2473頁。

〔註15〕 〔宋〕王與之《周禮訂義》卷四十二，《景印文淵閣四庫全書》經部第93冊，臺灣商務印書館，1986年版，第673頁下。

〔註16〕 〔漢〕孔安國傳，〔唐〕孔穎達正義《尚書正義》卷十二，阮元《十三經注疏1》，藝文印書館，2013年版，第174頁下。

〔註17〕 〔漢〕鄭玄注〔唐〕賈公彥《儀禮注疏》卷一，阮元《十三經注疏》，臺灣大化書局，1989年版，第2035～2038頁。

　　而筮卦者在左，卒筮，執卦以示命筮者。命筮者受視，反之東面。
旅占卒，進告於命筮者與主人：「占之曰：『從。』……若不從，筮
擇如初。」〔註18〕

由此觀之，筮問冠禮吉日的參與人員有主人（將冠者之父兄）、筮人、筮卦者
（畫卦爻者）等人；筮問葬禮吉日的參與人員有命筮者、主人、筮人、筮卦
者等人。冠禮之筮，主人與命筮者為同一人；喪禮之筮，主人與命卦者各
有其人。「旅占」之「旅」，鄭玄《注》云：「旅，眾也。」〔註19〕又云：「卒
筮，卦者寫卦示主人，乃受而執之。旅，眾也。反，與其屬共占之，謂掌《連
山》《歸藏》《周易》者。從，猶吉也。」〔註20〕此指出了「旅」之中有專司
解說卦畫吉凶者，即解筮者或《三易》並用以占斷，或擇用《三易》中之一
《易》，或選用其他通行於士大夫之間的筮法，其解說者三人。《禮記・曲禮
上》又載：

　　凡卜筮日，旬之外曰「遠某日」，旬之內曰「近某日」，曰「……
假爾泰筮有常。」卜筮不過三，卜筮不相襲。龜為卜，筮為筮。卜
筮者，先聖王之所以使民信時日、敬鬼神、畏法令也，所以使民決
嫌疑，定猶與也。故曰：「疑而筮之，則弗非也，日而行事，則必踐
之。」〔註21〕

值得特別指出的是，「卜筮不過三」〔註22〕乃是就擇日而言，並非就某事某日

〔註18〕〔漢〕鄭玄注〔唐〕賈公彥《儀禮注疏》卷三十七，阮元《十三經注疏》，臺
　　　　灣大化書局，1989年版，第2472～2473頁。
〔註19〕〔漢〕鄭玄注，〔唐〕賈公彥疏《儀禮注疏》卷一，阮元《十三經注疏》，臺
　　　　灣大化書局，1989年版，第2038頁。
〔註20〕〔漢〕鄭玄注，〔唐〕賈公彥疏《儀禮注疏》卷三十七，阮元《十三經注疏》，
　　　　臺灣大化書局，1989年版，第2473頁。
〔註21〕〔唐〕孔穎達《禮記正義》上冊，影印南宋越刊八行本，安平秋、楊忠主編
　　　　《重要文獻——影印經學要籍善本叢刊》，北京大學出版社，2014年版，第
　　　　88頁（即足利學校藏越刊八行本《禮記正義》宋修印本第五卷第五葉）。
〔註22〕先儒對「卜筮不過三」，歷來見仁見智。鄭玄《注》云：「求吉不過三。魯四
　　　　卜郊，《春秋》譏之。」（〔唐〕孔穎達《禮記正義》上冊，第90頁）。王肅云：
　　　　「禮以三為成也，上旬、中旬、下旬，三卜筮不吉，則不舉。」賈公彥《疏》：
　　　　「鄭意：『不過三』者，謂一卜不吉而凶，又卜以至於三。三若不吉，則止。
　　　　若筮亦然也。故魯有四卜之譏。」崔靈恩云：「謂『不過三』，用若大事，龜
　　　　筮並用者，先用三王筮，次用三王龜，始是一也，三如是，乃為三也。若初
　　　　始之時，三筮，三龜皆凶，則止。或逆多從少，或從多逆少，如此者皆至於
　　　　三也。單卜、單筮，其法惟一用而已，不吉則擇遠日，不至於三也。前以用

而筮問三次，如喪事筮日，賈公彥云：「今月下旬先卜來月下旬，不吉卜中旬，不吉卜上旬。」〔註23〕意即並非就某事某日而筮問其吉凶三次，然而卻是三人就同一事同一日進行吉凶的占斷，史將之記錄、存檔。「卜筮不相襲」，即是三人占從二人之言後，不就同一事再卜筮，否則正如《蒙·卦辭》所言爲「瀆」。《左傳·哀公十年》載：

> 夏，趙鞅帥師伐齊，大夫請卜之。趙孟曰：「吾卜於此起兵，事不再令，卜不襲吉。

趙孟之意：卜筮如軍令，若得知卜筮之吉凶而再卜，則如瀆令一樣，褻瀆了神靈，神靈不會再垂降以吉利。趙鞅就救鄭國一事而稽疑，事在魯哀公九年，《左傳》云：

> 晉趙鞅卜救鄭，遇水適火。占諸史趙、史墨、史龜。史龜曰：「是謂『沈陽』，可以興兵，利以伐姜，不利子商。伐齊則可，敵宋不吉。」史墨曰：「盈，水名也；子，水位也。名位敵，不可干也。炎帝爲火師，姜姓其後也。水勝火，伐姜則可。」史趙曰：「是謂『如川之滿，不可游也』，鄭方有罪，不可救也。救鄭則不吉，不知其他。」

此例晉史三人就同一兆象「水適火」進行解說，皆以爲救鄭不吉利，此是「三人占，則從二人之言」的典型例子。魯哀公十年，趙孟亦不再以救鄭一事或伐齊一事而卜筮，此符合周王朝的卜筮之禮。

（四）庋藏記載稽疑活動的簡文

周之占筮體制異於兩代，卜官歸類保存蓍、龜，又對情筮文錄而存之，此是生成典筮文之重要條件。《史記·龜策列傳》云：「夏、殷欲卜者，乃取蓍龜，已則棄去之，以爲龜藏則不靈，蓍久則不神；至周室之卜官常寶藏蓍龜。又其大小先後各有所尚，要其歸等耳。」〔註24〕此指出了周代卜官對記

三王之龜筮者，有逆有從，故至三也。此唯用一，故不至三也。」（〔唐〕孔穎達《禮記正義》上冊，第92頁）《欽定儀禮義疏》駁王肅之說，其云：「據《儀禮》惟有筮遠日之文，不云『三筮，筮日之禮』，先筮近日，後筮遠日。不從，則直諏用下旬遠日，蓋亦足以致聽於鬼神之意，而祀事則不可廢。」（清乾隆十三年敕撰《欽定儀禮義疏》卷一，《文津閣四庫全書》經部第36冊，商務印書館景印2005年版，第251～252頁）

〔註23〕〔唐〕孔穎達《禮記正義》上冊，影印南宋越刊八行本，安平秋、楊忠主編《重要文獻——影印經學要籍善本叢刊》，北京大學出版社，2014年版，第91頁。

〔註24〕〔漢〕司馬遷《史記》卷一百二十八，〔宋〕裴駰集解，〔唐〕司馬貞索隱，

錄稽疑活動所用的簡策的歸類、存檔。保藏冊書祝辭、卜筮之文是周代王官的一個慣常做法。《尚書・金縢》載周公爲武王之疾而向鬼神請命之事，其謂：「〔周公〕乃卜三龜，一習吉。啓籥見書，乃並是吉。公曰：『體，王其罔害。予小子新命於三王，惟永終是圖。』公歸，乃納冊於金縢之匱中。」〔註25〕《史記・魯周公世家第三》又載：「初，成王少時，病，周公乃自揃其蚤沈之河，以祝於神曰：『王少未有識，姦神命者乃旦也。』亦藏其策於府。」〔註26〕周公保藏記載祝詞、卜龜之簡〔註27〕，此眞實地反映了周代王官重視保存卜龜記錄的現象。

推尚記錄並保存占筮簡策的現象後來成爲周代重要的占筮機制。《周禮・春官》云：「凡卜筮，既事，則繫幣以比其命。歲終，則計其占之中否。」鄭玄《注》云：「杜子春云：『繫幣者，以帛書其占，繫之於龜也。』玄謂：既卜筮，史必書其命龜之事及兆於策，繫其禮神之幣而合藏焉。」〔註28〕周代史官或筮人記錄占筮吉凶及其解筮之言辭於簡策，並最終歸類存檔的機制〔註29〕，成爲《周易》爻辭取材的最主要的來源。

綜上所述，有周一代筮典《周易》的形成得益於周代的稽疑體制，雖然西周時期，筮占並非王朝主流的稽疑形式，並且《周易》筮典在周初至西周之中期的一段歷史時期內，尚未成熟，處於忠於職守的筮人階層改造《連山》《歸藏》、構建有周一代筮典的文本生成階段。西周王官在歸類、整理占筮文籍之中，去粗取精，擇其典例，賡續周文王所創造的爻辭撰寫義例，最終生成了《周易》爻辭體系。

張守節正義，中華書局，2013 年版，第 3890 頁。

〔註25〕〔漢〕孔安國傳，〔唐〕孔穎達正義《尚書正義》卷十二，黃懷信整理，上海古籍出版社，2007 年版，第 498 頁。

〔註26〕〔漢〕司馬遷《史記》卷三十二，〔宋〕裴駰集解，〔唐〕司馬貞索隱，張守節正義，中華書局，2013 年版，第 1830～1831 頁。

〔註27〕孫詒讓云：「即書其命龜之語於策而藏之之事。」（〔清〕孫詒讓《周易正義》第四冊，王文錦、陳玉霞點校，中華書局，2013 年版，第 1963 頁）

〔註28〕〔漢〕鄭玄注，〔唐〕賈公彥疏《周禮注疏》卷二十四，阮元《十三經注疏》，藝文印書館，2013 年版，第 375～376 頁。

〔註29〕董作賓稱：「商人契於龜板者，多爲命龜之辭，及貞卜之事。此與周以後大異。……周人卜辭非遲刻之於龜也。」（董作賓《商代龜卜之推測》，《安陽發掘報告第一至四期》，南天書局有限公司，1978 年版，第 110 頁）

第二節　《左傳》《國語》所見筮例、筮法

　　《左傳》《國語》所載春秋時期諸侯各國的占筮之例，歷來是儒者探尋先秦《周易》文本及《三易》筮法的寶貴材料，對之進行專門研究的成果亦頗爲豐盛〔註30〕。本節將在先達時賢研究成果的基礎上，再作探索。以《左傳》《國語》所載筮例中的爻辭，重審《周易》爻辭的編纂情況，可資對《周易》文本生成的深度研究。

　　《左傳》《國語》所載筮例，是周代王官及諸侯國史官保藏占筮記錄的占筮機制的眞實體現。這些春秋時期的寶貴筮例，既反映出春秋時期《周易》較之《連山》《歸藏》在地位上的變化，也展示了《周易》文本所承載的禮義的重要思想以及所閃爍著的智慧之光。《左傳》所載與《周易》文本相關的文獻資料，我們主要簡要考論其與今本《周易》爻辭內容相同或相似者。

　　今本《周易》的爻辭體系是經過王官集體有意識的加工潤色，並以單篇簡文或口耳相傳的方式在社會上流傳。其記憶爻辭的準確性程度與占筮者的身份有著不可忽視的關係，如《左傳》所載第一則筮例，占筮者爲周史，所以其所用以解說的爻辭與王官本《周易》相同，此爲史官所如實記錄，而被《左傳》作者採入其書。《左傳·莊公二十二年》載：

　　　　陳厲公，蔡出也，蔡人殺五父而立之。生敬仲，其少也，周史有以《周易》見陳侯者。陳侯使筮之，遇《觀》☷☴之《否》☶☷，曰：

　　　　「是謂『觀國之光，利用賓于王』……」〔註31〕

對此則筮例的眞實性，先達潘雨廷先生質疑道：「絕無周史以《周易》爲陳侯筮之事，亦不可信當時已備《周易》卦爻辭。」〔註32〕周史依據《觀·六四》

〔註30〕如宋儒雷思齊《易筮通變》、元儒胡一桂《周易啓蒙翼傳》、清儒毛奇齡《春秋占筮書》、清儒王宏《周易筮述》、清儒李塨《周易筮考》、清儒趙繼序《周易圖書質疑·春秋論易考》等先達之著述皆用力甚深。近人時賢繼往開來，成果亦甚爲可觀，如尚秉和《〈左傳〉〈國語〉易象釋》、李鏡池《〈左傳〉〈國語〉中易筮之研究》、潘雨廷《論〈左傳〉與易學》、劉大鈞《〈左傳〉〈國語〉筮例》、吳前衡《春秋〈易〉文本》、李周龍《周易十翼與左傳國語的易說》等論文，以《左傳》《國語》所載筮例子爲研究素材，從象、文本生成、文本接受等角度闡釋了春秋時期《周易》的文本系統及其解說體系。

〔註31〕〔漢〕鄭玄注，〔唐〕賈公彥疏《周禮注疏》卷九，阮元《十三經注疏》，藝文印書館，2013 年版，第 163～164 頁。

〔註32〕潘雨廷《易學史發微》，復旦大學出版社，2001 年版，第 78 頁。

之爻辭，推尋二百餘年中陳敬仲子孫之運數，此固然存在有失實錄之處，但是周史曾以《周易》筮斷陳敬仲之事未必爲虛。退一步而言，即使是《左傳》作者爲田氏替齊張本，其擇取《周易》筮例子作爲有說服力的依據，也彰顯出了《周易》在《左傳》作者的年代的地位：一是，以《周易》占筮在春秋後期，戰國初年已居於主流地位；二是《周易》的占筮已超越其占筮本身的決疑內容，其從言說新近之事，到推尋筮問對象（如陳敬仲）身後之事，進一步而言，即筮者（如周史）借助以《周易》筮斷所提供的言說空間，可能會推動歷史向筮者所言說的方向發展。由此反觀此則筮例，可以蠡測《左傳》作者因持有「筮者與歷史之間互動」的觀念，而在對周史筮例的解說中，借周史之口，勾繪了陳敬仲身後數世子孫的運程，其意在解說歷史發生的「合理性」，並彰顯筮史在歷史發展進程中的地位。從某種程度上可以說，《左傳》作者在尋求身份與文化的認同感，以突出史官階層在智力上的優越感，而此與史官在戰國之後身份的下移，形成了心理落差。所以《左傳》作者在書寫中意欲獲得現實與理想的平衡，以示判斷、推定歷史走勢的話語權尚未喪失。

　　此則文獻是《左傳》所記的首則筮例，其在易學史中具有彌足珍貴的意義，在此僅論其爻辭之於《周易》爻辭體系的意義，而其對解筮文的意義將在後文加以闡釋。在此則筮例，周史所引爻辭與今本《周易》內容一致，其重要意義在於：它提供了春秋人解說所筮之卦的重要信息。首先，筮得兩個重卦，第一個卦是主卦，第二個卦是從卦，從卦起著確定主卦變爻的重要作用，其服從「有且只有一個變爻之時，使用主卦變爻的爻辭解說吉凶」的原則。其次，「遇此卦（卦名＋卦畫）之彼卦（卦名＋卦畫）」是當是筮卦者的慣常用語，其先稱卦名後表卦畫的方式，與今本《周易》文本表示卦的方式不同，今本《周易》卦的表示模式一般是先卦畫後卦名。最後，解筮者以主卦變爻的爻辭爲解說的主旨，敷衍成章。

　　然而值得特別指出的是，此條爻辭前無爻顯「六四」〔註 33〕，對與爻題的形成年代，前賢亦有所論斷〔註 34〕。但與先達所論異轍，我們認爲：《左傳》

〔註33〕高亨、金景芳等先生將此表示卦爻所處位置的陰陽性及其位置的稱謂，命名爲「爻題」，本文取用此語。

〔註34〕高亨先生稱：「《周易》古經，初時殆無爻題，爻題似晚周人所加。《左傳》《國語》凡記筮事，皆云遇某卦之某卦。」（高亨《周易古經今注》，中華書局，1984 年版，第 14 頁）吳前衡先生說：「通觀《左》《國》全部筮案，卻全無爻

《國語》無稱引爻題，此是與其占筮本身密切相關：

其一，以《周易》筮法占筮，其「遇某卦（如觀☲）之某卦（如否☲）」已完全揭示出筮卦者所得之「對卦（主卦與別卦）」以及主卦變化之爻位，其爻位的變化已一目了然，無必要再在爻辭前加「六四」〔註35〕。

其二，有「九、六」之變，有「用九、用六」之「用」，已表明《周易》爻辭前有爻題。《乾》《坤》兩卦與周文王有著密切的關係，周文王將周族八卦占法初步改造爲六十四卦體系，雖然其未能亦不可能獨創出一部成形的筮典，但在拘禁於羑里的漫長歲月裏，其將殷之《歸藏》的某些卦繫以爻辭，並標注爻題，其體例的原創性是有周一代筮典文本《周易》生成的首功，所以後世史官將《周易》作者繫於周文王亦實不爲過。

其三，漢代文籍稱引《周易》爻辭亦無標注爻題〔註36〕，但並不等於漢代《周易》亦尚未有爻題。

總之，經初步研究，我們認爲：爻題乃伴隨著爻辭的產生而得以形成；《左傳》《國語》爻辭前無有爻題之稱，其與後世如漢代文籍稱引《周易》爻辭性質相同，而並非春秋《周易》文本無爻題的顯證。

以上所論是《左傳》所載第一則筮例，其爻辭除了無爻題之外，其餘內容與今本《周易》爻辭並無二致。《左傳·僖公十五年》載：

初，晉獻公筮嫁伯姬於秦，遇《歸妹》☲之《睽》☲。史蘇占之，曰：「不吉，其繇曰：『士刲羊，亦無盄也；女承筐，亦無貺也。

稱字樣出現，亦無運用『爻性』和『爻位』解卦的痕跡，可知春秋《易》文本沒有爻稱。」（吳前衡《春秋〈易〉文本》，《周易研究》1997年第1期，第17頁）

〔註35〕值得注意的是，《左傳·昭二十九年》載魏獻子問龍的眞虛情況於晉太史蔡墨，蔡墨云：「……《周易》有之：在《乾》之《姤》，曰『潛龍勿用』；其《同人》，曰『見龍在田』；其《大有》，曰『飛龍在天』；其《夬》，曰『亢龍有悔』；其《坤》，曰『見群龍無首，吉』；《坤》之《剝》，曰『龍戰於野』。若不朝夕見，誰能物之？」（〔晉〕杜預注，〔唐〕孔穎達正義《春秋左傳正義》卷五十三，阮元《十三經注疏6》，藝文印書館，2013年版，第924頁）本來蔡墨可言「在《乾》之初九」云云，其云「在《乾》之《姤》」亦是習慣所致，《周易》筮典突出了卦與卦之間的變化，在稱引爻辭之時，以「此卦之彼卦」的形式進行援引，是春秋時期引《易》的體例。但此並非等同就同一卦而言，無爻題之稱。

〔註36〕《淮南子》有多處稱引《周易》爻辭，如《繆稱訓》云：「故《易》曰：『同人於野，利涉大川。』又如《齊俗訓》云：「故《易》曰：『履霜，堅冰至。』等等，均無連爻題而稱之。

西鄰責言，不可償也。』」〔註37〕

今本《周易·歸妹·上六》，其爻辭爲：「女承筐，无實；士刲羊，无血。无攸利。」與上引筮例相較，今本爻辭顯得簡潔而更富有概括性，如其將「西鄰責言，不可償也」昇華爲「无攸利」；又如調整了「女」與「士」的行文次序，使爻辭彰顯出卦爻的陰陽之性，又突出對卦爻位的變化所產生的意義。此外，可以獲知在春秋時期《周易》爻辭有被稱爲「繇」〔註38〕的情況。

　　此則筮例具有重要的文本意義，即它反映了經王官編纂的《周易》爻辭體系有被重修、潤色的過程，並最終生成了相對穩定的今本《周易》爻辭體系〔註39〕。所以此筮例所見之爻辭保留了《周易》舊文本的面貌〔註40〕。以《周易》筮法占筮，在長期的占筮實踐中，史官或筮人積累了豐富的占繇之簡文，最後從中擇取一部分編纂成《周易》文本，以備王朝稽疑之時選用。

〔註37〕〔晉〕杜預注，〔唐〕孔穎達正義《春秋左傳正義》卷十四，阮元《十三經注疏6》，藝文印書館，2013年版，第232頁下～233頁上。

〔註38〕清儒毛奇齡稱：「繇即易詞。」（〔清〕毛奇齡《春秋占筮書》卷二，《四庫提要著錄叢書》編纂委員會編纂《四庫提要著錄叢書》經部第44冊，北京出版社，2011年版，第247頁）

〔註39〕被王朝專門從事卜筮活動的王官採編入《周易》的爻辭，在形成今本《周易》爻辭體系之前，存在被編輯、替換等情況。

〔註40〕先儒對此則爻辭多取前二句爲《周易》之爻辭。孔穎達《正義》云：「《易·歸妹·上六》爻辭：『女承筐，無實；士刲羊，無血。無攸利。』此引彼文而以『血』爲『刉』，『實』爲『貺』；唯倒其句，改兩字而加二『亦』耳。其意亦不異也。二句以外，皆史蘇自衍卦意而屬之辭，非易文也。易之爻辭亦名爲繇。」是認爲「西鄰責言，不可償也」並非《周易》爻辭之語。宋儒馮椅云：「古之占如此：不盡用文王之辭；因其事，占其象，而推其理也。然此特其著者耳，意亦多支離傅會者。故孔子贊《易》而群言盡廢也。」（〔宋〕馮椅《厚齋易學》卷二十七，《易輯傳》第二十二，《景印文淵閣四庫全書》經部第16冊，臺灣商務印書卦1986年版，第522頁）馮氏雖未能考察先秦時期典籍文本形成過程中，被王官不斷編輯、修訂的情況，但指出了兩則爻辭的文本差異，亦彌足珍貴，故於此予以表出。對於「士刲羊，亦無盍也；女承筐，亦無貺也」之語，清儒毛錫齡認爲：「此四句節錄《歸妹·上六》爻詞。」（〔清〕毛奇齡《仲氏易》卷十七，《景印文淵閣四庫全書》第41冊，臺灣商務印書館，1986年版，第343頁）王道焜、趙如源同編《左傳杜林合注》則云：「林：《歸妹·上六》爻辭止言『女承筐，無實；士刲羊，無血』，此蓋占繇之辭。」（〔晉〕杜預注，〔宋〕林堯叟注，〔明〕王道焜、趙如源《左傳杜林合注》卷十，《景印文淵閣四庫全書》經部第171冊，臺灣商務印書館，1986年版，第433頁）此指出了此則筮例爻辭爲「占繇之辭」。

其初之時，由擇取的具體的某一次占筮的繇辭是直接的彙編，加工、潤飾不多，尚保留了占辭較多原始成分。

上述之筮例正體現了爻辭的這種特性，此有利於我們更好地探尋《周易》文本的來源。此是《左傳》所載筮例的一大學術價值，其另一個重要的文獻價值在於：保留了春秋時期卜者或筮者解讀《周易》爻辭的文本信息。《左傳·僖公二十五年》載晉文公將納周王而使卜偃筮斷吉凶之事，其云：

> 遇《大有》䷍之《睽》䷥，曰：「吉。遇『公用享于天子』之卦。
> 戰克而王饗，吉孰大焉！

今本《周易·大有》九三爻辭爲：「九三，公用亨于天子。」較之兩者，有「享」與「亨」一字之別。依卜偃「王饗」之言，其將九三爻辭「亨」解讀爲「享」，取「饗」義〔註41〕。《鼎·彖》云：「以木巽火，亨飪也。聖人亨以享上帝，而大亨以養聖賢。」此「大亨以養聖賢」之「亨」與今本《周易》爻辭「公用亨于天子」之「亨」同義，而與王弼所言之「通」相異〔註42〕。

《左傳·宣公十二年》又載知莊子論彘子逆反荀林父之命而行師之事，其云：

> 此師殆哉！《周易》有之，在《師》䷆之《臨》䷒，曰：「師出
> 以律，否臧，凶。」〔註43〕

此則稱引《周易》爻辭的方式亦甚值得注意，其不謂「《師》初九曰」或直接稱「《周易》有之，曰」，而是以對卦的形式援引《周易》爻辭。如前文所述，此並非《周易》文本此時尚未爻題的明證〔註44〕，知莊子之所以以此種方式引用《周易》爻辭，是爲了論說彘子吉凶的需要，此可從知莊子後面之言語裏得以明瞭。知莊子審時度勢，推定彘子「必有大咎」，其無疑可決，故僅借

〔註41〕 宋儒朱震云：「卜偃時讀《易》作『公用享於天子』，杜預亦然；京房曰：『享，獻也。』干寶曰：『享，燕也。』姚信作『享祀』義。雖小異，然讀爲『享』，則同。今從舊讀。」（〔宋〕朱震《漢上易傳》卷二，《景印文淵閣四庫全書》第 11 冊，臺灣商務印書館，1986 年版，第 58 頁）

〔註42〕 王弼、孔穎達則取「通」義，《注》云：「公用斯位，乃得通乎天子之道也。」孔穎達《正義》云：「五爲王位，三既與之同功，則威權之盛莫盛於此，乃得通乎天子之道，故云『公用亨於天子』。」

〔註43〕 〔晉〕杜預注，〔唐〕孔穎達正義《春秋左傳正義》卷二十三，阮元《十三經注疏6》，藝文印書館，2013 年版，第 392 頁上。

〔註44〕 吳前衡先生稱：「此例……表明學術易發軔之初尚無爻稱，只能襲用占筮易的表達形式。」（吳前衡《春秋〈易〉文本》，《周易研究》1997 年第 1 期，第 21 頁）

對卦所承載的意義而推明事勢〔註45〕。

知莊子稱引《易》爻辭而推知人事的言《易》之例，突出了《周易》「尙變」的思想特徵。宋儒朱震云：「《周易》論變，故古人言《易》雖不筮，必以變言其義。」〔註46〕此指出了「對卦」中主卦與之卦之間的變化關係對引《易》明事的重要意義。不假之筮占而直接引《易》明事之現象的發生，改變了《周易》僅僅用以占筮的發展軌道。此時，熟諳《周易》文本的群體不再限於職守其業的筮人或史官，卿士如荀首者亦能嫻熟地稱述，此有利於《周易》脫離占筮的拘囿，而使其成爲假卦之數象而推明人事的經典，即通過人們之間的說《易》、引《易》等用《易》活動，而促使《周易》成爲啓發人們智慧並進而創造智慧的典籍〔註47〕。

綜上所述，《左傳》所載與《周易》爻辭相關的文獻資料，是我們探究《周易》文本編撰、修訂以及成形等情形的素材：《左傳》所見與今本《周易》爻辭相同者，表明在其時這些爻辭已經被採錄入《周易》，並保持了穩定的流傳狀態；《左傳》所見與今本《周易》爻辭相似者，暗示著其時這些爻辭尙未經王官的最後編輯、昇華與定型，其可能是原本爻辭的面貌；不假占筮而以對卦的變爻之意義言說人事趨向，此種言《易》現象的興起，後啓戰國士人言《易》的風氣，對《周易》文本經典地位的形成產生了積極而深遠的影響。

〔註45〕清儒王宏將此類引《易》之例稱爲「不假筮而知吉凶者」（〔清〕王宏《周易筮述》，《景印文淵閣四庫全書》經部第41冊，臺灣商務印書館，1986年版，第125頁）

〔註46〕〔宋〕朱震《漢上易傳・叢說》，《叢書集成續編》第1冊，上海古籍出版社，1994年版，第291頁。

〔註47〕《左傳・襄公二十五年》載：「子大叔歸覆命，告子展曰：楚子將死矣：不修其政德，而貪昧於諸侯，以逞其願，欲久得乎？《周易》有之在《復》䷗之《頤》䷚，曰：迷復凶。其楚子之謂乎？欲復其願，而棄其本，復歸無所，是謂『迷復』。能無凶乎？」是子大叔熟諳《周易》文本。《左傳・宣公六年》載：「鄭公子曼滿與王子伯廖語，欲爲卿注。伯廖告人曰：『無德而貪，其在《周易》，《豐》䷶之《離》䷝，弗過之矣。』」是鄭大夫伯廖亦通曉《周易》文本。《左傳・昭公元年》載趙孟與秦國醫和之言，其云：「趙孟曰：『何謂蠱？』對曰：『淫溺惑亂之所生也。……在《周易》，女惑男，風落山，謂之《蠱》䷑。』」是秦國醫官和亦熟曉《周易》文本。總之，諸國各級官員對《周易》文本的稱引，表明了他們對《周易》文本的熟悉，亦體現出《周易》文本所蘊含的人事方面的智慧及經驗已被人們所重視，並加以闡釋。

第三節 《上經》爻辭的生成

論及《周易》爻辭的製撰及其生成，最先需特作詳述者莫過《乾》《坤》兩卦。《周易·繫辭上》云：「生生之謂易，成象之謂乾，效法之謂坤。」〔註48〕《繫辭下》又云：「子曰：『《乾》《坤》，其《易》之門邪？乾，陽物也；坤，陰物也。陰陽合德，而剛柔有體，以體天地之撰，以通神明之德。」〔註49〕此指出《乾》《坤》兩卦之於《易》道之意義，即領悟兩卦意蘊是入《易》學堂奧之門。

一、《乾》《坤》爻辭生成考論

較之其他六十二卦，《乾》《坤》爻辭有取象、取義上的不同。依《周易·說卦》之文，☰為馬，無龍之象，而☳方為龍。☷為牛，亦無龍之象，然《乾》《坤》兩卦最令人玩味的莫過於龍之形象。由《乾》《坤》兩卦以龍之氣象編撰爻辭，可略見其爻辭製撰方法的特殊之處。

《乾·初九》云：「潛龍，勿用。」於卦象而言，☳為龍，而☰為馬，為何《乾》之爻辭卻無言馬，反而以龍為物象闡明《乾》之爻義呢？一個主要的原因是《乾》之爻辭為周文王拘於羑里之時所繫，其最初並無意於創建象、言協調的筮典，而是出於表達內心所思所感的需要，所以在特殊處境撰寫的爻辭，彰顯出異彩。準此，周文王擇龍為物象而使表意模糊不定，是規避風險而存身的需要。而之所以用龍為卦象，此與龍的形象有關，馬王堆帛書《周易·二三子問》載：

> 二三子問曰：「《易》屢稱於龍，龍之德何如？」孔子曰：「龍大矣。……龍既能雲變，又能蛇變，又能魚變，飛鳥正蟲唯所欲化，而不失本形，神能之至也。」〔註50〕

此表明了龍在人們心眼中有應景而變的能力。龍應時而動〔註51〕，隨遇而安，

〔註48〕〔魏〕王弼注，〔唐〕孔穎達疏《周易注疏》卷十，日本足利學校遺跡圖書館後援會影印南宋初年刊本，1973 年版，第 632 頁第 18 葉後～633 頁第 19 葉前。

〔註49〕〔魏〕王弼注，〔唐〕孔穎達疏《周易注疏》卷十二，日本足利學校遺跡圖書館後援會影印南宋初年刊本，1973 年版，第 734 頁第 21 葉後。

〔註50〕張政烺《張政烺論易叢稿》，李零等整理，中華書局，2011 年版，第 150～151頁。

〔註51〕《說文解字》云：「龍，鱗蟲之長。能幽能明，能細能巨，能短能長，春分而登天，秋分而潛淵。」（〔漢〕許慎《說文解字》，中華書局，2013 年版，第

在天、在地、在淵皆能應付自如，而不迷失本性。而就其潛隱於淵而言，《二三子》又載：

> 孔子曰：「龍潛矣而不陽，時至矣而不出，可謂潛矣。大人安佚矣而不朝，苟厭在廷，亦猷龍之潛也。其行滅而不可用也。故曰：潛龍勿用。」〔註52〕

龍潛隱於陰暗之深淵，而不顯露其陽剛之態，春分之時亦不登天而行雲施雨，而繼續隱藏於淵，此是孔子心眼中之「潛」。然此解實非爻辭之本意，周文王之爻辭意在以爻位的獨特方式闡明龍在不同處境的表現，並最終將落腳點移位至人事，即處於需要潛隱之時，切莫用事。顯然，龍之潛藏，並非不肯作爲，而是審時度勢、蓄勢待發，其遇春分必登於天，以令雲行雨施，而非「時至矣而不出」。其實，在先哲看來：堅忍不拔、待時而動是龍的一個品性〔註53〕；具有能屈能伸的生存能力，是龍生命內在的強大氣場〔註54〕。據文獻所載，龍若處於順境之時，如在「有鱗之蟲三百六十」〔註55〕之時，或處「池魚滿三千六百」〔註56〕之際，便爲鱗蟲之首，率眾而游；在淺水、涸澤而漁的情況下，則潛藏其身。龍的這些特徵，於馬身上無有，所以周文王選擇龍以更好地激勵自己。

爻辭言「潛龍，勿用」，其意在用物事暗喻人事。《乾》爻辭除了九三直言人事，餘者皆有以此方式撰寫之文辭。如九二爻辭云「見龍在田」，此以爻位的形式體現龍行事中正、不易不偏，能充分利用有利條件與環境，壯大自己的力量。

《文言》云：「見龍在田，時舍也。」王弼《注》：「見而在田，必以時之通舍也。」「舍」即「亨」之義，是「元亨利貞」之「亨」，意爲時運方始亨

245頁）此認爲龍居于鱗蟲類別的高端，其變化多端、待時而動、水陸兩生。此言神化了龍的形象，但確切地明示了龍適應環境的能力優秀、生命力頑強等特徵。

〔註52〕 張政烺《張政烺論易叢稿》，李零等整理，中華書局，2011年版，第151頁。
〔註53〕 《文言》載：「子曰：『龍德而隱者也。不易乎世，不成乎名，遯世無悶，不見是而無悶。樂則行之，憂則違之，確乎其不可拔，潛龍也。」
〔註54〕 《易傳》云：「往者，屈也；來者，信也。屈信相感而利生焉。尺蠖之屈，以求信也；龍蛇之蟄，以存身也。」此以尺蠖、龍蛇生存之道辯證地指出：屈曲是爲延伸、前進之用；時不利己，則藏器於身，先保身圖存，然後再謀發展。
〔註55〕 方向東：《大戴禮記彙校集解》，中華書局，2008年版，第1328頁。
〔註56〕 〔漢〕許慎《說文解字》，中華書局，2013年版，第281頁。

通。事物的發展壯大，必然要借助外部的環境，方能成其美事。龍在什麼時候出潛離隱，而爲天地普施雨水、維護天地的生態平衡呢？在古哲看來，是因爲人間之和善、治政秩序之有爲，有識龍、養龍之士，故能引龍而至。《左傳・昭公二九年》載晉太史蔡墨之言，其謂：「水正日玄冥……龍，水物也，水官棄矣，故龍不生得。」孔穎達《疏》云：「水官不修，故無水內之靈獸也。」〔註57〕在古人那裡，君王之治亂與靈獸的存亡有著因果關係。人類認識到龍能呼雲喚雨、品物流形，爲潤養萬物而上天降水。《左傳・昭公二九年》又載：

> 秋，龍見於絳郊。魏獻子問於蔡墨，曰：「吾聞之，蟲莫知於龍。以其不生得也，謂之知，信乎？」對曰：「人實不知，非龍實知。」〔註58〕

龍與人類的關係和睦取決於人類正確的認識：人不知如何養龍、致龍，不司水正之職，則龍隱匿其形跡，並最終絕育滅種；人若會養龍、御龍，行水官之務，則龍出現而至於人世，爲人所用。

《乾》卦九二以爻所處位置表明龍的境遇與其行爲表現。鄭玄云：「九二，見龍在田。二於三才爲地道，地上即田，故稱田也。」〔註59〕龍與人共處於地之上，人有識龍如蔡墨者，有養龍如董父者，故龍往而歸依之。如此，可證明龍能通於人情、能投明主，故能發揮其才性。而物盡其性、人盡其能，鬼神盡其告示，此是君臣同舉善政的基本保障。龍現於人世，通曉人性：與人爲伍之時，能爲人所駕馭，表現出順從人意的品性；龍又能感知治世、亂世，在治世之時，歸附於人，爲人所用，是雲行雨施的使者與能手。在靠天爲主的耕牧時代，水土的涵養是收成的最基本要素，而行爲中正、馴順之龍是令雲行雨施的靈獸，是天下太平的一個標誌。

《文言》云：「寬以居之，仁以行之。《易》曰：『見龍在田，利見大人。』君德也。」此言太平之世能爲龍提供寬鬆、仁厚的生長環境。這種環境是龍居住於地上、助行人事的關鍵。而龍能利用此種良好環境繁殖，延續後

〔註57〕 〔晉〕杜預注，〔唐〕孔穎達疏《春秋左傳正義》卷五十三，阮元《十三經注疏6》，臺灣藝文印書館，2013年版，第923頁下～924頁上。

〔註58〕 《春秋左傳正義》卷五十三，阮元《十三經注疏6》，藝文印書館，2013年版，第922頁上。

〔註59〕 〔漢〕鄭玄著、〔宋〕王應麟輯《周易鄭康成注》，中華書局，2012年版，第13頁。

代，是智慧型動物趨利避害的本能。龍這種在所處環境及將要居處的環境之中，具有的高度的感知能力與協調能力，在《周易》裏被表而出之，被人化了。

從九二爻直至九四爻，龍的行為越為穩健。《乾》爻辭云：「九四，或躍在淵，无咎。」此表現龍意識到自己動能的不足，並尋求外力的援助。若據《左傳》蔡墨之言，龍為水中之物，躍出、進入深淵本為平淡無奇之事，但爻辭以一個「或」字勾勒了此種特殊情況。崔憬曰：「龍自試躍天，疑而處淵。」〔註 60〕是龍自覺上天的動能尚未充足，故潛入水中以蓄積能量，進而尋覓上天的途徑。《二三子》載：「（龍）乎深淵，則魚蛟先後之，水流之物莫不隨從。」〔註 61〕深淵為龍提供了繁富的食物補充，並能尋到同類的援助，增強上天的氣場。故《文言》將龍此舉斷為「非離群也」，不僅不離群，反而合群之力，以圖進取。長沙馬王堆一號漢墓的帛畫有助於我們理解此種情況：發掘報告稱帛畫由天上、人間、地下三部分組成〔註 62〕，與此稍異，我們認為就帛畫形態而言，它僅展示了天上、人間，而人間部分青龍、赤龍是此部分的樞紐，憑藉類似魚蛟的兩條巨魚的輔佐以及靈獸神鳥等的助力，龍攜墓主等靈魂騰雲駕霧直上天堂。龍此種能集聚眾力的品性，正是《乾》卦爻辭的題中之義。

馬王堆彩繪帛畫還描繪了青龍、赤龍上天的情形。《乾·九五》云：「飛龍在天，利見大人。」飛龍的數量並非為一兩隻。《乾象》稱：「六位時成，時乘六龍，以御天。」是飛龍為「六龍」。六龍在時機適宜之時，能與同類「同聲相應，同氣相求」，上於天而為上帝所駕馭〔註 63〕。

馬王堆一號漢墓的帛畫上部展示了有翼龍與無翼龍，有翼龍用翼托舉一女子登月，兩龍之上，正中央是人首人身蛇尾的神靈〔註 64〕。雖然帛畫主題是引魂昇天，但從中可看出龍溝通天、地、人的地位與角色。尤值得指出的

〔註 60〕〔清〕李道平《周易集解纂疏》，中華書局，1994 年版，第 32 頁。

〔註 61〕張政烺《張政烺論易叢稿》，李零等整理，中華書局，2011 年版，第 150～151 頁。

〔註 62〕湖南省博物館等《長沙馬王堆一號漢墓發掘簡報》，文物出版社，1972 年版，第 6 頁。

〔註 63〕《二三子》稱載「孔子曰：龍大矣。龍形遷叚賓於帝。」（張政烺《張政烺論易叢稿》，李零等整理，中華書局，2011 年版，第 150 頁）即人們觀望龍的身體遷移上升，並預見其賓從天帝。

〔註 64〕傅舉有等《馬王堆漢墓文物》，湖南出版社，1992 年版，第 19 頁。

彩繪帛畫〔註65〕　　　　　　　　　　帛畫上部分〔註66〕

出，帛畫所畫的龍上升、停歇等皆步調一致，領頭者不是龍：上天領頭者是
人首鳥身的神鳥。《乾·用九》將此意蘊揭示爲「見群龍無首，吉」，爲什麼
「群龍无首」爲吉利之象？此實質包含著龍無擅作主張而能接受正道引導的
秉性，群龍並非眞的無首、亂成一團，而是其首非龍，而是其他靈獸或人類，
帛畫中兩龍的引導是神鳥，《離騷》所言「麾蛟龍使梁津兮」、「駕八龍之婉婉
兮」〔註67〕，龍的指引者乃駕馭者的命令。

　　龍有行事中正、不易不偏的氣象，對此，「亢龍」則從另一角度給予闡釋。
《乾》爻辭云：「上九，亢龍，有悔。」「亢龍」是什麼樣的龍？孔穎達《疏》
云：「上九，六陽之至大而極盛，故曰亢龍。」《文言》載：「上九曰：亢龍，
有悔。何謂也？子曰：『貴而无位，高而无民。賢人在下位而无輔，是以動而
有悔也。』」此從不同的視角解釋了「亢」之義，即極位。處於極位、狀態最
佳的龍，《周易》爲何將之稱爲「有悔」？究其根由，其肇自周文王的憂患意
識。《繫辭上》云：「震无咎者存乎悔。」《繫辭下》云：「二多譽，四多懼，
近也。柔之爲道，不利遠者。其要无咎，其用柔中也。」此皆指出行事存悔
過及畏懼過錯之心，則能趨向無咎。處於至高位置的龍能自悔過，則亦能免

〔註65〕湖南省博物館、中國科學院考古研究所《長沙馬王堆一號漢墓》下集，文物
　　　　出版社，1973 年版，第 50 頁圖七一。
〔註66〕湖南省博物館、中國科學院考古研究所《長沙馬王堆一號漢墓》下集，文物
　　　　出版社，1973 年版，第 51 頁圖七二。
〔註67〕〔宋〕洪興祖《楚辭補注》，中華書局，2015 年版，第 34～35 頁。

於終極之咎。《文言》之「亢龍有悔，窮之災也」，《象》之「亢龍有悔，盈不可久也」，其實亦是從預防災禍的角度而言，凸顯出周人文化中的「憂患意識」。與《乾‧上九》相關聯的九三，也是這種精神圖示的展現，其云：「君子終日乾乾，夕惕若厲，无咎。」「无咎」，是對憑藉人在現實中的作爲而給予的判語。顯然，人的行爲在情境中的正確反應，是化解危機的必要條件。此種憂患是有預知、預防機制的保護意識，它並非消極地被裏挾入手足無措的黑暗之中，而是以近似唯象的方式給人們提供了規避風險的進路，即《既濟‧六四》爻辭所稱「繻有衣袽，終日戒」，其告示人們：當處於險境時，人心活動與人的行爲應作出戒備。

此外，《坤‧上六》爻辭云：「龍戰于野，其血玄黃。」《象》：「龍戰於野，其道窮也。」「戰」爲何意？王弼《注》：「陽所不堪，故戰于野。」孔穎達《疏》：「陽所不堪，故陽氣之龍與之交戰。」〔註68〕朱熹則云：「陰盛之極，至與陽爭，兩敗俱傷。」〔註69〕等等，皆以「戰鬥」解「戰」義。馬王堆帛書《易傳》卻爲我們打開另一個微窗口。《二三子問》載：

> 《易》曰：龍戰于野，其血玄黃。孔子曰：「此言大人之廣德而施教於民也。夫文之李（理）采（彩）物畢存者，其唯龍乎？……龍戰于野者，言大人之廣德而下接民也。其血玄黃者，見文也。聖人出濟教以導民，亦猷龍之文也，可謂玄黃矣。」〔註70〕

如此，「戰」即「接」，「玄黃」即「見文（色彩鮮麗）」，與王、孔、朱諸人所解異趣。帛書所解與後出的《說文》所言「壬，位北方也，陰極陽生，故《易》曰：『龍戰于野。』戰者，接也」〔註71〕同。戰，必是兩個或兩個以上的事物的交戰或交接、融合，從而引起事物的變化、發展。龍與誰交戰或交接？龍爲何戰于野？文本顯然未說其他人或物，而龍有雄雌，所以相互交接者是雄龍與雌龍。又依《說文‧壬》「壬……象人裹妊之形，承亥壬以子生之敘也」，此文在解說「戰」爲「接」之後，「戰」之意，具體而言，即陰陽的交接。

〔註68〕 〔魏〕王弼注，〔唐〕孔穎達疏《周易注疏》卷二，日本足利學校遺跡圖書館後援會影印南宋初年刊本，1973 年版，第 74 葉。

〔註69〕 朱熹《周易本義》，中華書局，2009 年版，第 46 頁。

〔註70〕 張政烺《張政烺論易叢稿》，李零等整理，中華書局，2011 年版，第 150 頁。

〔註71〕 〔漢〕許慎撰，〔宋〕徐鉉校定《說文解字》，中華書局，2013 年版，第 311 頁上。

「玄黃」，《說卦》云：「《震》爲龍……爲玄黃。」《坤·上六》之爻辭明示了☷之陰極而陽至之時的狀態，即一陽將生，《坤》☷將陽息成《復》☷，爻辭以「出血」的文辭稱述此一狀態。如嬰兒的出世，母體總會因生產而出血，其是新生的象徵。「玄黃」則是陰陽相交之時所呈現的顏色，即事物從一種狀態轉至另一種狀態的標誌〔註72〕。在此，「其血玄黃」〔註73〕即是指陰陽交接之時，如母體產子後疲頓的狀態，以此來闡明陰即將轉弱，陽將增強。

《乾》《坤》兩卦爻辭勾勒了龍的七種形態及行爲表現，其言物而意在言人，即以物象或物事來暗喻人事。此是《周易》爻辭撰寫的一個思維特徵。如《泰·初九》：「拔茅茹，以其彙，征吉。」《正義》曰：「此假外物以明義也。」〔註74〕即假借拔此茅根而牽引彼茅根的物之常理，加強作者所述之「以其彙（以類相從而行事）」之形象性。「拔茅茹」，是同類事物因某個事件，而產生一致行爲的一個具體的事例。《泰·九二》：「包荒。」《正義》曰：「此包荒皆假外物以明義也。」〔註75〕此爻辭借助「包荒（包納荒蕪之物）」之義，用以小見大的方式，彰顯《泰·九二》之爻包含容受事物的弘大胸懷，與卦辭「小往大來」之「大」相呼應。《无妄·六二》：「不耕穫，不菑畬，則利有攸往。」此假籍田農之事而明爲臣之道。《无妄·九五》：「无妄之疾，勿藥有

〔註72〕 天地之氣交接之時，其可稱「玄黃」。《文言》云：「夫玄黃者，天地之雜也，天玄而地黃。」（足利本《周易注疏》，第80頁）馬身沾染上塵埃或山體雜駁之色，亦可稱爲「玄黃」，如《毛詩·國風·周南·卷耳》云：「陟彼高岡，我馬玄黃。」即馬因陟爬高岡而染上天地之間的塵埃。「玄黃」，《毛傳》則謂：「玄馬病則黃。」我們不取此義。

〔註73〕 廖名春稱：「『丌血玄黃』之『血』當讀作『率』，『率』即首領。……所以，坤卦上六爻辭的本義，既不是『天玄地黃』，也不是『陰陽交合』，更不是『言大人之廣德而下接民也』、『見文也』，而是說群龍爭戰至天邊野外，它們的首領已勞瘁不堪了。陰與陽爭勝則病，這才是坤卦上六爻辭的主旨。」（廖名春《〈周易〉經傳與易學史新論》，中國人民大學出版社，2014年版，第19～20頁）《坤》爲順，爲「利牝馬之貞」，其上六爲順之至，由得其正位，怎會與「群龍」爭勝呢！「龍戰於野」，是龍與龍之間的「戰」，而並非「龍」與其他物體的「戰」，其「戰」在野，野爲地，於六畫之爻，初、二爲地，即是龍戰於地，由此成《復》，下卦爲《震》，《震》爲玄黃，是「龍戰」之結果。

〔註74〕 〔魏〕王弼注，〔唐〕孔穎達疏《周易注疏》卷三，日本足利學校遺跡圖書館後援會影印南宋初年刊本，1973年版，第162頁。

〔註75〕 〔魏〕王弼注、〔唐〕孔穎達疏《周易注疏》上冊卷三，日本足利學校遺跡圖書館後援會影印南宋初年刊本，1973年版，第163頁第21葉前。

喜。」其《正義》云：「此假病象以喻人事。」〔註76〕《遯‧九三》：「畜臣妾吉。」《正義》云：「以『畜臣妾吉』，明其不可爲大事也。」〔註77〕以此推彼，而意在彼，這是爻辭寫作的一種思維方式。《姤‧初六》：「繫於金柅，貞吉。有攸往，見凶。羸豕孚蹢躅。」《正義》云：「陰質而淫躁，牝豕特甚焉，故取以爲喻。」〔註78〕等等，不一而足。

　　《坤》之爻辭的撰寫方式與《乾》相類，我們初步亦認爲其爲周文王所繫之辭。

　　《坤‧初六》云：「履霜，堅冰至。」處《坤》䷁之始，在眾陰之底，爲陰之漸厚重者。履霜即「禮霜」，其爲秋天祭祀的一種儀式。《禮記‧祭義》云：「君子合諸天道：春禘秋嘗。霜露既降，君子履之，必有悽愴之心，非其寒之謂也。春雨露既濡，君子履之，必有怵惕之心，如將見之。」〔註79〕由此可見「履霜」「履雨露」乃是「禮霜」「禮雨露」之意，表示順應時節，行其祭祀之禮。行其秋祭之禮後，不久堅冰將至，所以按事理而繫之「堅冰至」。觀此爻辭，若以《說卦》之象解之，則難成通說。《說卦》云：「《乾》，爲寒冰。」此與䷁下卦爲䷁，無寒冰之意。又若以之卦《復》䷗解之，此卦內卦☳，爲足，爲動，與主卦內卦☷爲地，連綴成義，即是「人足履於地之象」，可用「履霜」實之。但又與《復》之卦義相牴牾，《復》爲一陽生之卦，是陰將去之時，而今陰始盛，尚未轉衰。由此觀之，亦不可通。又參新近刊布之清華簡《筮法》，其第二十九節爲《爻象》，其載：「四之象爲地，⋯⋯爲雪，爲露。」〔註80〕此與《坤》初六之爻辭有象之對應。而《筮法》之筮法係八卦占法，而非今本《周易》筮法。故若清華簡《筮法》之材料來源真實可靠，今本《坤‧初六》可能與清華簡《筮法》有相同的解筮知識。準此，則今本《坤》之爻辭有來自八卦占法的運思方式的影響。此或是《坤》爻辭煥發異彩的主因。

〔註76〕　〔魏〕王弼注、〔唐〕孔穎達疏《周易注疏》上冊卷三，日本足利學校遺跡圖書館後援會影印南宋初年刊本，1973年版，第279頁第9葉前。

〔註77〕　〔魏〕王弼注、〔唐〕孔穎達疏《周易注疏》上冊卷六，日本足利學校遺跡圖書館後援會影印南宋初年刊本，1973年版，第347頁第12葉前。

〔註78〕　〔魏〕王弼注、〔唐〕孔穎達疏《周易注疏》上冊卷七，日本足利學校遺跡圖書館後援會影印南宋初年刊本，1973年版，第432頁第16葉後。

〔註79〕　〔漢〕鄭玄注，〔唐〕孔穎達疏《禮記注疏》卷二十四，《十三經注疏5》，藝文印書館，2013年版，第807頁上。

〔註80〕　李學勤主編《清華大學藏戰國竹簡（肆）》，中西書局，2013年版，第120頁。

　　《坤・六二》云：「直方大，不習无不利。」六二居下卦之中，爲地道，周文王以「直方大」概其質；又體認地之性，認爲地不假修營而萬物歸之，若人亦如斯性應世，則可得其利。顯然，此爻辭的撰寫讚述了《坤》之物象「地」的性質，並將之導向人事，體現了法地而行之觀念。

　　《坤・六三》云：「含章可貞，或從王事，无成有終。」六三爲人道，人當法地之道而知含藏其美，如此正人之品性，即可安身立命。思慮及此，故周文王以「含章可貞」繫於六三。周文王又反觀自身，若能沈穩內斂，藏其鋒芒，謙卑以事帝王，雖或無功，但終得其安身之利。由地道而推明人道，故爻辭云「或從王事，无成有終」。

　　《坤・六四》云：「括囊，无咎无譽。」六四亦爲人道，繼六三愼其行之後，此述愼其言。此亦是人法地道之謂：地無言，而萬物爲之聲；地含嗇，而萬物爲之果。所以爻辭認爲人應不以其言害其身，亦不尚因言而得榮譽。

　　《坤・六五》云：「黃裳元吉。」六五爲天道，繼六三、六四爻謹言愼行之後，又以儀態昇華之。黃裳是展現臣之儀容的一個重要飾物，其附麗於人之中身，而垂於下，象徵著中正與謙順。《左傳・昭公十二年》載子服惠伯論《易》之言，其云：

　　　　外強內溫，忠也；和以率貞，信也。故曰：「黃裳元吉。」黃，
　　中之色也；裳，下之飾也；元，善之長也。中不忠，不得其色；下
　　不共，不得其飾；事不善，不得其極〔註81〕。

子服惠伯以「忠」與「信」釋此爻辭，其義在於「中和」，即人內心之恭忠。人之心溫和恭愼，其行於外則爲儀容之正，而服飾之正是儀容的一個至關重要的方面，所以爻辭以「黃裳」稱之而以小見大。謹言愼行又儀態端正，則吉莫大焉，所以爻辭以「元吉」判之。

　　綜上所述，《乾》《坤》兩卦的爻辭較之餘卦，彰顯異彩：《乾》有五條爻辭借龍之氣象而暗喻人事，九三爻辭渲染出過於憂患之氛圍，此是作者身處險境之時內心世界的眞實寫照；《坤》之爻辭借地之性質而贊明人道，其難從與之卦的參稽之間探究其爻辭之源，而新近刊布的清華簡《筮法・爻象》可資佐證，其爻辭並未來自《周易》之筮法。所以《乾》《坤》爻辭撰成義例與余卦異轍。其原因主要有兩個：一是《乾》《坤》兩卦爻辭爲周文王拘於羑里

―――――――――――――――――――――――
〔註81〕〔晉〕杜預注，〔唐〕孔穎達等正義《春秋左傳正義》卷四十五，《十三經注
　　　　疏6》，藝文印書館，2013年版，第792頁下。

之時草創，其不求象、言之相協，而求天地人三情之通，以述己志；二是其並非用後世《周易》筮法所演。

二、《上經》餘卦爻辭的生成

以《說卦》所約定的卦象而製撰爻辭，是《周易》爻辭生成的最主要來源，可稱之爲「因象繫辭」。《說卦》所載卦象是創作《周易》爻辭最基本、亦最重要的要素。其他被虞翻等先儒所稱爲「逸象」的部分，顯得雜蕪而枝蔓，所以爲本文所不取。沿用傳統經解之著述的體例，下文將續前文所解《乾》《坤》兩卦，對《下經》所餘二十八卦之爻辭不厭其煩，逐條從象、言、意等內容上進行考鏡，以探尋其根源。

《屯·初九》云：「磐桓，利居貞，利建侯。」處《屯》䷂之始，在下卦☳之初，而☳爲決躁，居於決躁之卦之初，其行進有所憂慮，所以爻辭云「磐桓」。初九應於上卦☵之始，而☵可表憂慮，人處在憂慮之中，則其行謹愼，先思慮再三，然後再作決斷，此亦是「磐桓」之義。《屯》初九爻變，其卦之《比》䷇。《比》下卦☷，爲土，爲眾。是《屯》初九先憂慮其難境，後決斷而行之，得土得眾，此爲營造家園、建功立業之象，所以爻辭云「磐桓，利居貞，利建侯」。

《屯·六二》云：「屯如邅如，乘馬班如，匪寇婚媾，女子貞不字，十年乃字。」在內卦☳之中，而《震》其於馬也，爲舉足，爲作足，故六二有乘馬之象。六二又應於上卦☵之中爻，皆爲《屯》之中正者。筮者筮其婚媾之狀況，使人問女之意願；又筮其婚媾之吉凶，而遇《屯》䷂之《節》䷻，《節》下卦☱，爲少女，待婚媾之少女尚未長成，不宜行婚媾之事，當節制其求婚媾之心志。是《屯》之六二在求婚媾之際，其心雖有所動，其馬車盤旋再三，然受禮義所驅，終返而待少女之長成，所以爻辭云「屯如邅如，乘馬班如，匪寇婚媾，女子貞不字，十年乃字」。此彰顯了婚姻中禮義之意義。《屯》六二寫入了筮者（主人）求婚媾之時的車馬場面以及人們的心理狀況，此體現出王官在撰寫爻辭之時，特意突出符合倫常的婚姻對男子的重要意義，其具有周代禮制的色彩，展示了男子求婚媾的局面，是生動的歷史畫面，值得再三體味。

《屯·六三》云：「即鹿无虞，惟入於林中，君子幾不如舍，往吝。」六三居於下卦☳之上極，以陰居陽，爲《屯》之不正者。於此之時，六三當謹愼其行，不可無其援助而冒進。此爻辭乃是筮者（主人）筮畋獵，筮人由此

稽疑而所撰寫之言辭。《屯》六三爻變，其卦之《既濟》䷾。《既濟》六二至六四互體成☲，爲弓，爲隱伏，即以弓矢射獵物，而獵物隱遁並埋伏起來。是《屯》六三雖能以弓射擊獵物如鹿者，若無有從事如虞官者引導，即使以弓矢射中獵物，亦切莫深入其隱伏之地如林者，否則猛獸隱伏於林，恐將有害於君子，所以爻辭作者告誡畋獵者「君子幾不如舍，往吝」。

《屯·六四》云：「乘馬班如，求婚媾：往吉，无不利。」六四在上體☵之始，其與初九有正應，初九盤桓，無能遂其志，六四以陰居陰，爲陰之盛者，即六二之少女已長成，筮者往而求之，即能如魚得水，獲其吉利。此是筮者再筮婚媾，而得《屯》䷂之《隨》䷐。《隨》六三至九五互體成☶，爲長。是《屯》六四有「少女已長至可出嫁之年，已可夫唱婦隨」之象，所以爻辭云「求婚媾：往吉，无不利」。

《屯·九五》云：「屯其膏，小貞吉，大貞凶。」九五居於尊位，爲《屯》之主，爲充盈之時，此時萬物需其博施廣濟，以各成其大。若民眾盈其物資，即爲小之正事，爲吉利；若君臣與民爭利，巧取豪奪，不擇手段地搜刮民脂民膏，此不利於大之正業，其政將傾，凶事將至。《屯》九五爻變，其卦之《復》䷗。處《復》之時，當與民以利，休養生息，以肥民眾之家。是《屯》九五所盈之財富，當散其利於民，藏富於民則爲吉利，斂財於民則爲凶吝。總上述之意，所以爻辭撰寫如上。

《屯·上六》云：「乘馬班如，泣血漣如。」上六居《屯》之上極，無得其正應；又在外卦☵之頂，爲憂慮之至，以致鬱結成心病，所以爻辭云「泣血漣如」。《屯》上六爻變，其卦之《益》䷩。《益》上卦☴，其究爲躁卦。是《屯》上六其心憂慮，其情狂躁，所以馬車徘徊不定其向，其泣淚如血，所以王官將其爻辭製撰如上。

《蒙·初六》云：「發蒙。利用刑人，用說桎梏，以往吝。」初六處《蒙》䷃之始，如植物之發芽，所以爻辭云「發蒙」，以表示事物的蒙始狀態。事物處於此時，當予以護持，加以照料，去其蒙昧及稚嫩，而不應動以刑罰，施以桎梏。若尚用刑罰，以斯而往，將有悔吝。《蒙》初六爻變，其卦之《損》䷨。《損》下卦☱，爲口舌，可表示人之言語。是《蒙》初六當以言語勸服蒙稚之人，以使其能貞正，而切莫動之以刑罰。

《蒙·九二》云：「包蒙吉。納婦吉，子克家。」九二以剛陽之質居於陰位，其與六四有應，六四爲陰爻，又在正位，爲《蒙》之正者。如筮納婦吉

否，得此卦則爲吉，所以云「納婦吉」。九二又在互體卦☳之始，而☳爲長子，長子能克荷九二處在《坎》難之家事，亦爲吉利。顯然，爻辭簡省了「子克家」之吉凶判詞。《蒙》九二爻變，其卦之《剝》☶。《剝》下卦☷，爲母，爲均，爲眾。是《蒙》九二所納之婦爲母，其子能承繼家業，此爲九二之陽能持均衡之道，包容於物，而眾人歸之，而貞正之婦來嫁之，則是其一，其子承父之品性及家業，則是其二，其均爲吉利之象，所以爻辭云「包蒙吉」。

《蒙·六三》云：「勿用取女，見金夫，不有躬，无攸利。」六三在下卦☵之上體，以陰乘陽，居非其正，故欲筮婚媾，則不宜取不貞正之女，所以爻辭告誡筮者以「勿用取女」之辭。「見金夫，不有躬」是「勿用取女」之由。《蒙》六三爻變，其卦之《蠱》☶。《蠱》下卦☴爲長女；上卦爲☶爲少男，長女迷惑少男而成配，女壯則不利於治家。是故《蒙》六三有「長女嫁於少男，無禮而蒙昧，不能尊其夫君」之象，所以王官判之以「見金夫，不有躬，无攸利」，乃王官觀察或聞知其女之品性，審度其情勢，方有此爻辭。

《蒙·六四》云：「困蒙，吝。」六四在外卦☶之始，雖居於《蒙》之正位，但卻無其援應；六四又在互體卦☷之上體，爲當動以發其蒙昧者，而今無初六發蒙之應，所以孤掌難鳴，無以脫離困境，所以爻辭云「困蒙，吝」。又，《蒙》六四爻變，其卦之《未濟》☲。總此諸象，知《蒙》六四有「困於《坎》難，難以脫其身」之象，所以有危吝之虞。

《蒙·六五》云：「童蒙吉。」六五以陰居陽，履得尊位，爲《蒙》之主。居得尊位，能謙虛求教，不專橫獨斷，有若童蒙者，所以爻辭云「童蒙吉」。《蒙》六五爻變，其卦之《渙》☴。《渙》上卦☴，爲長。是《蒙》六五之童能發其蒙，而得以成長爲童，童雖依然蒙昧，但其面貌已經煥然一新，假以時日，勤加教訓，終可克九二之家，此亦是「童蒙吉」之義。

《蒙·上九》云：「擊蒙，不利爲寇，利禦寇。」上九處《蒙》之終，以剛居上，爲能以剛強而擊退蒙昧強寇者，所以王官云「擊蒙」。此爻辭是筮禦寇、爲寇而所作之辭。《蒙》上九爻變，其卦之《師》☷。《師》下卦☵，爲盜，可指寇，師出以律可禦寇；又爲隱伏，可指防備。是《蒙》上九在敵寇蒙昧野蠻之時，當有所隱伏以待敵寇之偷襲，以防止強寇之至，此亦是爻辭之義。

　　《需‧初九》云：「需于郊，利用恒，无咎。」初九居《需》之初，身正而往應於六四，而九三至九五互體成☲，爲日，爲南，六四居於《離》中，是初應六四之日。又據《周易》筮法主變，於此例而言，《需》䷄爲主卦，初爻變成陰爻，成《井》䷯。《井》下卦爲《巽》，爲長，結合《需》卦初往應六四之日，可知其應於長日。《禮記‧郊特牲》載：「郊之祭也，迎長日之至也。大報天而主日也。兆於南郊，就陽位也。」〔註82〕此言在郊祭天而迎接長日之將至。爻辭言「需于郊」正是筮待於郊迎長日之日子及其他事宜。此條爻辭的重要作用還在於補《郊特牲》所載以「卜郊，受命於祖廟，作龜於禰宮」之闕，即亦有「筮郊」。

　　《需‧九二》云：「需于沙，小有言，終吉。」九二處下卦《乾》之中，與九三、六四互體成☱，爲口舌，爲說，與言語有關。又九二爻變，之卦爲《既濟》䷾，二之位爲《既濟》卦辭所言之「中吉」，所以參照之以撰寫《需‧九二》之爻辭，所以云「終吉」，即《既濟》卦辭之「中吉」，可與《既濟》六二對應，亦可與《需》九二爻位之對應，卦辭之「中吉」即是《需》爻辭之「終吉」。沙是營建泰壇的材料。「需于沙」〔註83〕指出了爻辭的創作背景，其同「需于郊」、「需于泥」、「需于酒食」一樣，是對爻辭製撰背景的說明，以讓習《易》者明其爻辭之義。

　　《需‧九三》：「需于泥，致寇至。」需䷄，上卦爲☵，《說卦》云：「坎爲盜。」〔註84〕寇亦有盜之本性與行事風格，所以爻辭以寇言☵〔註85〕，並

<hr>

〔註82〕 對「迎長日之至」之語，歷來儒者解說不一。鄭玄《注》云：「此言『迎長日者，建卯而晝夜分，分而日長也。」孔穎達《疏》：「案：《書傳》云：『迎日謂春分迎日也』，即引『寅賓出日』，皆謂春分。知此『迎長日』非春分者。此云『兆於南郊，就陽位』，若是春分朝日，當在東郊，故知非也。」（《禮記注疏》卷二十六，臺灣藝文印書館，2013年版，第497頁上）是鄭氏以爲春分應長日，孔氏以爲非春分，但未明言「迎長日」爲何時。議者其他之說，可參考清儒黃以周《禮記通故》卷十二《郊禮通故》（〔清〕黃以周《禮書通故》第2冊，中華書局，2007年版）秦蕙田《五禮通考》卷一（〔清〕秦蕙田《五禮通考》，《景印文淵閣四庫全書》經部第135冊，臺灣商務印書館，1986年版）《周禮》《禮記》等記載祭天之禮數較爲零散，故此暫存而不論。

〔註83〕 如前文所述，以象數說《易》者往往拘泥於爻辭與卦象的一一對應關係，虞翻曰：「『沙』謂五，水中之陽稱『沙』也。二變之陰，稱小。《大壯》：《震》爲言，《兌》爲口。四之五，《震》象半見，故『小有言』。二變應之。故『終吉』。」（〔唐〕李鼎祚《周易集解》卷二，《景印文淵閣四庫全書》經部第7冊，第638頁下）

〔註84〕 〔魏〕王弼注、〔唐〕孔穎達疏《周易注疏》卷十三，日本足利學校遺跡圖書

依此寫成爻辭。九三居於上卦《坎》之下，爲下卦《乾》之極，至健而進，致使外寇來至。此是筮問致寇、爲寇的情況，並由九三所處上、下卦體位置，判定人事之處境，而上下卦象是撰寫爻辭的要素。

《需·六四》云：「需于血，出自穴。」《需》上卦☵爲血卦，六四處於上卦之下，有血滴之象；又九二至六四互體爲☱，爲羊，所以六四爻有「羊滴血」之象，故此爻辭言血祭。穴當爲牛羊豕等牲口所居之處。《需》六四爻變，之卦爲《夬》䷪，上卦爲☱，爲毀折，即於祭而言爲刲羊之類。

《需·九五》云：「需于酒食，貞吉。」〔註86〕《需》上卦☵又爲水，清水爲玄酒，九五居尊位，享鬼神以酒，九五陽爻可表裸鬼神以酒〔註87〕。九五爻變，《需》䷄之《泰》䷊，其六五之陰爻可表食。王官參照爻之變化，九五變而得《泰》，故有「貞吉」之判詞。

《需·上六》云：「入于穴，有不速之客三人來，敬之，終吉。」居於《需》之上極，以陰處陰，爲貞正之體。又上六爻變，《需》䷄變成《小畜》䷈。《小畜》上卦爲☴，爲入，爲進退。所以《需》上六入於穴，或挑選牲口如羊者贈與不速之客，或以享客之禮待之，如此表敬重之意，所以能得「終吉」。「有不速之客三人來」〔註88〕，編撰者刪簡了爻辭之本事，所以無法明確其事之實情，但爻辭是以之爲背景而撰成當爲可信。

《訟·初六》云：「不永所事，小有言，終吉。」處《訟》䷅之始，以陰

館後援會影印南宋初年刊本，1973 年版，第 785 頁第十二葉前。

〔註85〕 清儒李道平云：「象水流地中，潛竊而行，故『爲盜』也。」（〔清〕李道平《周易集解纂疏》卷十，潘雨廷點校，中華書局，1994 年版，第 714 頁）

〔註86〕 荀爽曰：「五，互《離》《坎》。水在火上，酒食之象。《需》者，飲食之道。故《坎》在《需》家爲酒食也。雲，須時欲降；《乾》，須時當升。五有剛德，處中居正，故能帥群陰，舉《坎》以降。陽能正居其所，則吉。故曰『需於酒食』也。」（〔唐〕李鼎祚《周易集解》卷二，《景印文淵閣四庫全書》經部第 7 冊，第 639 頁下）顯然，「水在火上」並非「酒食之象」，而是《既濟》之象。

〔註87〕 《禮記·郊特牲》云：「飲，養陽氣也，故有樂；食，養陰氣也，故無聲。」（《禮記注疏》卷二十五，藝文印書館，2013 年版，第 483 頁下）《需·象》云：「君子以飲食宴樂。」此九五爻辭與《象》之主旨呼應。

〔註88〕 王弼《注》云：「上六處卦之終，非塞路者也，與三爲應，三來之己，乃爲己援，故無畏害之辟，而乃有入穴之固也。三陽所以不敢進者，須難之終也。難終則至，不待召也。己居難終，故自來也。處無位之地，以一陰而爲三陽之主，故必敬之而後終吉。」（足利本《周易注疏》上冊卷二，第 108 頁第 24 葉後）

柔之體居於陽位，爲不尙爭訟者。初六因知爭訟爲危難之所由，故不尙與人相訟，其必隱忍相讓，因而能以柔克剛，使其訟事能在短期內了結，如斯而應對糾紛，可獲得吉利，而無有危咎之虞。又，《訟》初六爻變，其卦之《履》☰。《履》下卦☱，爲口舌，於鬥訟之事，即爲相互辯明之象。是《訟》初六在爭訟之始，能曉之以禮義，能通之以情理，務使糾紛速速終止，雖有小範圍的言語交鋒，但終竟化險爲夷，及時化解爭端。總上述之意，所以王官撰辭如上。

《訟·九二》云：「不克訟，歸而逋，其邑人三百戶，无眚。」九二處於下卦☵之中，而☵爲難；九二又在互體☲之下，所以九二在體《未濟》之中，訟而未濟，所以爻辭云「不克訟」。《訟》九二爻變，其卦之《否》☰。《否》下卦☷，爲土，爲眾，可表居於有眾人之邑。之卦《否》表示訟之不順，爲不克其訟；其訟不克，恐將見害，所以返歸而逃離他鄉並以筮斷其吉凶，因《訟》☵之坎難之象被《否》☷之象所取代，《訟》互體卦☲之戈兵之象亦爲《否》☰之象所更替，此即能止於可安居之邑，身無血光之災，所以筮人判之以「无眚」。

《訟·六三》云：「食舊德，貞厲，終吉。或從王事，无成。」六三以柔弱之體居於陽位，爲訟事之示弱者；又居於有孚信之互體卦☲之中，是有其光明之德行者。是《訟》在訟事興起之際，能有所示弱，又能以其孚信而息訟，其能貞正處理訟事，所以終竟能得其吉利。又或筮從王事之吉凶，雖有光明之德行，然有訟事之虞，難成其事。《訟》六三爻變，其卦之《姤》☰。《姤》九三止九五互體成☰，爲王；《姤》下卦☴，爲不果。是《訟》從上而輔弼王，而因處在爭訟之困境，難以全力以赴王事，所以無以成其正業，所以爻辭云「或從王事，无成」。

《訟·九四》云：「不克訟，復即命渝。安貞，吉。」九四以陽處陰，爲《訟》之謙和者。《訟》之謙和者，不克其訟，則返而省其身，變其爭訟之心。《訟》九四爻變，其卦之《渙》☴。《渙》上卦☴，爲不果，四在《巽》之始，爲訟不克之初。是《訟》九四能於敗訴之後，使其面貌煥然一新，改變其爭訟之心，所以爻辭云「不克訟，復即命渝」。之卦《渙》六三至九五互體爲☶，爲止。《訟》九四若能固守其不興訟之心，並順從其敗訟之現實，則能得安寧貞正，此爲訟事之吉利，所以爻辭云「安貞，吉」。

《訟·九五》云：「訟元吉。」九五處於上體☰之中，爲《訟》之主，能

以剛健而決其訟。履得尊位而能決獄而息訟，所以爲吉。《訟》九五爻變，其卦之《未濟》☲。《未濟》上卦☲，爲光明，爲孚信。是《訟》九五有光明、孚信之象，以斯決獄，眾人信服，所以訟之吉者，莫大於此，所以爻辭云「訟元吉」。

《訟·上九》云：「或錫之鞶帶，終朝三褫之。」處《訟》之上極，以陽剛之體而處陰位，爲爭訟而得勝者。鬥訟而亢極，爲《訟》之不正者，雖獲得鞶帶之賜，終竟未得其吉利。《訟》上九爻變，其卦之《困》☱。《困》上卦☱，爲毀折。是《訟》上九雖得《訟》九五所賜之鞶帶，但其好訟而勝，以鬥訟爲樂，終將被人所不敬，以致他人欲生事而褫奪其勝利之成果，所以爻辭云「終朝三褫之」。顯然，爻辭省卻了吉凶之判詞。

《師·初六》云：「師出以律，否臧凶。」初六居《師》☷之始，爲整齊師眾者。以陰居陽，爲師出而失律之象。《師》初六爻變，其卦之《臨》☱。《臨》下卦☱，有出之象；《師》下卦☵，爲耳。是《師》初六有「聞軍令而動」之象，所以爻辭云「師出以律」。若其師出而不以律，其軍心亂，則臨陣易潰散，所以爻辭云「否臧凶」。

《師·九二》云：「在師中吉，无咎，王三錫命。」九二以剛居中，應於六五，爲能得六五之任命者，是承六五之寵而爲《師》之主者。《師》九二爻變，其卦之《坤》☷。《坤》內卦☷爲眾。是《師》九二能得眾之擁護，又得六五之賜命，所以爻辭云「在師中吉，无咎」。爻辭以「王三錫命」來說明九二之將帥之地位，此亦從之卦《坤》下卦三畫之陰爻得以體現。

《師·六三》云：「師或輿尸，凶。」六三以陰處陽，而上六亦爲陰，無其正應。六三履非正位，又處在內卦☵之上極，而《坎》其於輿也，爲多眚。師出，其或有多眚之輿，即未能取勝，所以車載將士之屍骸，此爲凶兆，所以爻辭云「師或輿尸，凶」。《師》六三爻變，其卦之《升》☴。《升》下卦☴，爲進退，爲不果。是《師》六三之軍隊先進軍，後退軍，有出師不利之象，所以筮人告誡筮者以「凶」之辭。

《師·六四》云：「師左次，无咎。」六四居得其正，爲《師》之正者。在上卦☷之初，能得其地而安營紮寨，又履下卦《坎》險之上，得防守之地利，所以爻辭云「師左次，无咎」。《師》六四爻變，其卦之《解》☵。《解》上卦☳，爲動，於師而言之，即爲殺敵。是《師》六四紮營而能防守，殺敵而能克之，此爲出師無咎之象。

　　《師‧六五》云：「田有禽，利執言，无咎。長子帥師，弟子輿尸，貞凶。」六五以陰而居於尊位，為《師》之主。為《師》之主者，出其軍令，布其戰略，帥其軍眾，而嚴其號令，所以若將士萬眾一心，執行主帥之命令，即無過失，所以爻辭云「利執言，无咎」。爻辭作者借助「田有禽」來喻知人事，此是爻辭物事、人事相映成趣的一個寫作風格，其不僅增益了文辭的生動性，還增強了告誡的說服力。《師》六五爻變，其卦之《習坎》☵。《習坎》上卦☵，依《師》六三之解說，其可表示載將士屍骸之輿；《師》《習坎》九二至六四均互體為☳，為長子，為五之長子。是《師》六五有「長子帥師，而師險於困境」之象。長子為承繼大鼎者，而以之為帥出師，若師敗則有亡身之虞，此即爻辭所言「長子帥師，弟子輿尸」之義，五之長子帥師，或有馬革裹屍之險，而五之弟子載其屍體歸國，故其出師之名雖正，但長子或喪身戰場，此為凶兆，故王官特以此爻辭戒之。

　　《師‧上六》云：「大君有命，開國承家。小人勿用。」居《師》之上極，為出師凱旋而歸者。上六履得其位，為《師》之正者。班師回朝，當論功行賞，所以爻辭云「大君有命，開國承家。小人勿用」。《師》上六爻變，其卦之《蒙》☶。《蒙》上卦☶，為止。是《師》上六之師已畢其功，為息其戈兵之時，在此之時，爵命諸有功之將帥，懲罰違背軍令者，等等，皆在於天子一人，所以爻辭云「大君有命」。

　　《比‧初六》云：「有孚比之，无咎。有孚盈缶，終來有它吉。」初六處《比》☷之始，在內卦☷之底，而☷為眾，即居《比》之首，始得眾人之親比；六二又在《坤》順之時，為能順眾人之心者，因而萬眾所歸，雖未得其正位，而能規避其過失，所以爻辭云「有孚比之，无咎」。此從筮者位勢的角度說明其吉凶。《比》初六爻變，其卦之《屯》☵。《屯》下卦☳，為震動；《比》下卦☷，為柄，即《比》初六有「用柄器灌注缶以玄酒」之象，以此行灌禮，能孚於鬼神，故此爻辭云「有孚盈缶」。《比》初六既始得大眾之信從，又能以孚信祭祀鬼神，履行禮義，所以雖未居其正位，終竟會有如六四者來親比之，壯大其實力，所以爻辭云「終來有它吉」。

　　《比‧六二》云：「比之自內，貞吉。」六二居於下卦☷之中，履得正位，又有上卦九五之正應，且其上下皆為陰爻，有眾星捧月之象，所以爻辭云「比之自內」，即能得內卦初、三之親比，為《比》之主，所以爻辭云「貞吉」。《比》六二爻變，其卦之《習坎》☵。《習坎》下卦☵，為難。是《比》六二能得眾

人之擁戴而能力克坎難，吉莫大焉，此亦為「貞吉」之義。

《比‧六三》云：「比之匪人。」六三以陰居陽，居非其正，當與上六應，而上六無應之，離之甚遠，故只得親比於內卦之六二，所以爻辭云「比之匪人」。《比》六三爻變，其卦之《蹇》䷦。《蹇》內卦☶，為止。是《比》六三止於其位，往應於上六則無得上之親比，此亦是「比之匪人」之意。

《比‧六四》云：「外比之，貞吉。」六四在外卦☵之初，其比於九五，與九五各履得正位，為《比》之貞正者，能忠實輔弼九五，又時而往而助其同類初六，所以得吉利，故爻辭云「外比之，貞吉」。《比》六四爻變，其卦之《萃》䷬。《萃》上卦☱，為說，表悅之意。是《比》六四能親悅於九五，為王所任用，所以為吉。

《比‧九五》云：「顯比，王用三驅，失前禽，邑人不誡吉。」九五履中得正，亦為《比》之主，是王者能揚顯其親比之人，即眾人親比歸順王者，則王者顯其爵位，任其要位，所以爻辭云「顯比」。王者筮邑人之真心歸依與否，筮得《比》䷇之《坤》䷁。《坤》上卦☷，為三陰爻，爻辭以「三驅」實之；☷又為土，為邑。是《比》九五雖不誡邑人，然對其真心歸依有所憂慮，故以筮稽疑，得吉利之象，所以以「王用三驅，失前禽」來暗喻王內心之狀況。

《比‧上六》云：「比之无首，凶。」上六處《比》之終，居得其正，當有其親比者，而今卻居無定心，對欲往而親比者皆無最深交者，為《比》之泛泛者，如斯行《比》之道，六二不往而親之，六五又知其比之不深，所以凶兆畢現。《比》上六爻變，其卦之《觀》䷓。《觀》上卦☴，其竟為躁卦，處當有所親比之道，而其履行親比之道浮躁，難定其所歸依者，此必遭致眾人離心，所以爻辭云「比之无首，凶」。

《小畜‧初九》云：「復自道，何其咎，吉。」初九處《小畜》䷈之始，在下卦☰之初，而☰為健，為畜養之初，能健行其道，又與上卦☴之始有正應，為無過失者，所以爻辭云「復自道，何其咎」。《小畜》初九爻變，其卦之《巽》䷸。《巽》下卦☴，為入，能使民眾入其境而不離遷，是其國有養民厚生之理政之道，治國若此，吉莫大焉。總此諸象，所以《小畜》初九爻辭以「吉」判之。

《小畜‧九二》云：「牽復吉。」居下卦☰之中，在健之中，亦為能養民者。《小畜》九二爻變，其卦之《家人》䷤。《家人》下卦☲，有民得光明籠

罩之象；其卦六二至六四互體成☵，爲加憂，爲能心牽其民者。是《小畜》九二有光明之德行，有心繫民生之象，此亦是王官撰寫「牽復吉」之由。

《小畜·九三》云：「輿說輻，夫妻反目。」九三居於下卦☰之上極，履得正位，爲能健行其畜養之義務者，然其所應在上，上九非其正應，故爲不利於九三之象。《小畜》九三爻變，其卦之《中孚》䷼。《中孚》下卦☱，爲毀折，爲說，可表脫離、脫出之象（與☴表入之義相反）；《小畜》《中孚》上卦☴，爲木，木可爲車輻〔註89〕。是《小畜》九三有「車脫輪輻」之象，故爻辭因此象而撰爲「輿說輻」。筮者因「輿說輻」而貞問吉凶，《小畜》九三處於正位，爲能養其妻者，其應在上，而上以陽居陰，爲女壯之象，是九三之夫之誠信不被上九之妻所信從，所以如輪輻脫離於輿，女離心於男，爲夫妻反目之象，此無疑爲凶兆。顯然，王官在撰寫此爻辭之時，因其凶兆不言而喻，所以省略了其吉凶之判詞。

《小畜·六四》云：「有孚，血去惕出，无咎。」六四處上卦☴之始，爲《小畜》之正者，是能養物者；又在互體卦☲之中，是有孚者，所以爻辭云「有孚」。《小畜》六四爻變，其卦之《乾》☰。《乾》九三有警惕之象，而其九四出下卦九三之外，而距上九尚遠，不爲亢極，所以傷害不深。觀此諸象，所以王官云「血去惕出，无咎」。

《小畜·九五》云：「有孚攣如，富以其鄰。」九五居得尊位，爲《小畜》之主，爲畜養天下者；又居互體卦☲之上極，爲孚光普照者；又在上卦☴之中，而☴爲長，即九五之孚信能恒久，所以爻辭云「有孚攣如」，以表其孚信之貞固，其孚信廣及鬼神，澤潤蒼生。《小畜》九五爻變，其卦之《大畜》䷙。從小之畜養至大之畜養，是其至於富強之狀態，是能兼濟天下者，故此爻辭云「富以其鄰」。

《小畜·上九》云：「既雨既處，尚德載。婦貞厲：月幾望，君子征凶。」上九居《小畜》之終，以陽處陰，爲當尚德而承載於物者。又，《小畜》上九爻變，其卦之《需》䷄。《需》上卦☵，爲水，可表雲雨；《小畜》上卦☴，爲不果，可表不雨，所以爻辭云「既雨既處，尚德載」。《需》上卦☵，爲月；《小畜》上卦☴，可表事物發展至程度高者，於月而言，皆爲滿月或接近滿

〔註89〕陸璣云：「山有栲：栲葉似櫟，木皮厚數寸，可爲車輻。」（〔吳〕陸璣《毛詩草木鳥獸蟲魚疏》卷上，《景印文淵閣四庫全書》經部第70冊，商務印書館，1986年版，第9頁下）

月之時，所以爻辭云「月幾望」。在月幾望之時，君子出征而離其家，此為畜養之凶兆，故此爻辭云「君子征凶」。君子在當與妻子團圓而盡其養家之義務之時，卻出征離家並有凶兆，所以婦人雖正於家道，然操持於一家，難承其家業之重，所以於家室而言為危厲之事，所以爻辭判以「婦貞厲」。

　　《履‧初九》云：「素履往，无咎。」初九處《履》☱之始，在下卦☱之底，為說，尚於禮義，以此而待物，為無過失。《履》初九爻變，其卦之《訟》☰。《訟》下卦☵，表陷入訟事之困境。是《履》初九即使身陷訟事，而能附決之以禮義，故此爻辭云「素履往，无咎」。

　　《履‧九二》云：「履道坦坦，幽人貞吉。」九二居下卦☱之中，為《履》之主。《履》九二爻變，其卦之《无妄》☳。《无妄》為無虛偽狂妄之卦，其下卦為☳，為大塗，大路平坦，是《履》九二所履之道平坦。《无妄》六二至九四互體為☶，為山，為徑路，幽人為隱居於山野之人，所行常為徑路，而在文明之世，幽人貞正而吉利，由此見其治道之正大，所以王官特撰其辭言「履道坦坦，幽人貞吉」。

　　《履‧六三》云：「眇能視，跛能履。履虎尾，咥人凶：武人為于大君。」六三以陰居陽，履非其位，處在內卦☱之上極，而☱為毀折，其於人而言，即為體障者；六三又在互體卦☲之中，而☲為目，三為陰爻，是光明之暗淡者，觀此卦之象，王官故以「眇能視」當之。《履》六三至九五互體為☴，為股，三在股之始，為近膝蓋的人體部位，此肢體有障礙，人即跛足；☴又為進退，跛足能進退自如，能行其禮儀，所以王官以此特殊例子而說明社會的文明狀態，故特撰辭如「跛能履」者。《履》六三爻變，其卦之《乾》☰。《乾》下卦☰，為君，其於山中獸而言，可指威武之虎；《履》下卦☱為口舌，於虎而言，即為虎口，故此《履》六三即有「人向上山之虎行跪拜之禮，而虎以其口咬人」之象，此為凶兆，所以筮人觀主卦、之卦之象，繫以此爻辭，以牽引出人事之言。之卦《乾》下卦☰為君，即王，為君王者，當施行仁政而備武以衛國，而今王者觀兵耀武，儼然如武人，此為理政之大忌，所以筮人憂之而撰辭如「武人為于大君」者。

　　《履‧九四》云：「履虎尾，愬愬，終吉。」九四居於九五之下，在其下而以陽處陰，為行禮而恭謹者，如以禮向虎尾而拜，為能忠於王者，所以終究得吉。《履》九四爻變，其卦之《中孚》☴。《中孚》上卦☴，有順巽之意，又有進退行其禮儀之象；《履》上卦☰為君，為臣能有孚於君，能踐

行君臣之禮，所以能得君之重用，其終竟能得吉利，所以爻辭云「愬愬，終吉」。

《履·九五》云：「夬履，貞厲。」九五處於尊位，爲能決斷國是者。定奪國之重大政策，是制定國之禮制之要事，所以爻辭云「夬履」。於此之時，當按貞正之程序，如身居危厲之境，愼之又愼，集思廣益，方可行之，王官憂其未能商討再三，故以「貞厲」而誡之。若能如此，則光明而得衆之象顯現，爲吉之兆，王官處於居安思危之憂患，將「吉」之辭省卻。《履》九五爻變，其卦之《睽》䷥。《睽》上卦☲，爲光明，是孚信之象；《睽》六三至六五互體成☵，是憂慮之象。是《履》九五處在文明之世，能有遠慮，其決斷國是，能思慮周詳，如履薄冰，此亦「夬履，貞厲」之來由。

《履·上九》云：「視履考祥，其旋元吉。」上九處《履》之終，以剛陽之體而居於陰位，是履行禮義之示範者，故能得獲其考績之吉祥，所以王官特撰「視履考祥」之辭表出之。《履》上九爻變，其卦之《兌》䷹。《兌》上卦☱，是出之象；《兌》《履》有互體卦☲，爲入之象，而三爲「入口」，上悅而往應之，行禮而有旋狀，能感化九三之君，使之能武備文治，萬民和悅，吉莫大焉。所以筮人體認此象之意，繫之以「其旋元吉」之判詞。

《泰·初九》云：「拔茅茹，以其彙，征吉。」初九在《泰》䷊之始，爲通泰之道初開之時，其應在六四，有其正應，往而應之，一同安享其太平之世，而有志趣相投，所以爲吉利。《泰》初九變，其卦之《升》䷭。《升》下卦☴，其初爲如草柔軟者，拔物之入於土者，即是其根，拔茅根而其類之根亦被牽連。爻辭作者以拔茅茹之物之理，其意在闡明人事，即初九始通泰，而能接濟六四，心繫之而往應之，以光大其安泰之道，所以爲吉利之兆。

《泰·九二》云：「包荒，用馮河；不遐遺，朋亡，得尚于中行。」九二體健處中，爲行泰道之剛健者。與六五有應，皆爲居中者，皆各爲上、下卦之主。九二能不辭勞苦而往應六五，即使其所同往之友朋逃亡，依然不改其志，此選取生活一個特殊的情景，以闡明泰道之被九二所推尚，故其行中正而剛健，一往無前，直至得遂其志。所以王官云「遐遺，朋亡，得尚于中行」。《泰》九二爻變，其卦之《明夷》䷣。《明夷》下卦☲，與互體卦☳，成《既濟》䷾之象；《泰》下卦☰，爲寒，爲冰，大河結堅冰而成可通之道。是《泰》九二馮河而能濟之，此因泰道之光明，其能籠罩荒野，而讓行者過其道，所以爻辭云「包荒，用馮河」，王官觀主卦、之卦之象，結合其卦之義，而擇取

特殊的生活情景而製撰爻辭如「包荒，用馮河」者。

《泰‧九三》云：「无平不陂，无往不復。艱貞，无咎：勿恤其孚，于食有福。」九三處下卦☰之終，履得正位，與上六有正應，爲《泰》之正者，其道通泰。然在國泰民安之世，亦有天災人禍，亦難免姦佞之臣及覬覦光明之國之外寇，所以若能在艱難之中亦能保持通泰之道，必爲無咎，所以爻辭云「艱貞，无咎」。《泰》九三爻變，其卦之《臨》☷☱。《臨》下卦☱，爲毀折；六三至六五互體成☳，是平地之意，平地將變爲不平；《泰》互體卦☳，有出而往之象，在通泰之世，往而能返，來去自如，君臣相應，夫妻唱和，雖有艱難，然有貞正之行，健行於其通泰之道，即其行無過失，思慮及此，所以王官云「无平不陂，无往不復。艱貞，无咎」，其意在告誡人們即使行於通泰之道，亦有不平曲折之道，然泰道正行，光明普照，天下安泰，能往能復，能於艱難之中，行於正道，無其過失，終得吉利，所以不必心憂其孚信不達，其必得食祿之福利。

《泰‧六四》云：「翩翩，不富以其鄰，不戒以孚。」六四處外卦☷之始，爲順之初，爲泰而安者。《泰》六四爻變，其卦之《大壯》☳☰。《大壯》上卦☳，爲震動；《泰》互體卦☱爲說。是《泰》六四因居安且富而喜悅，其態翩翩，得意之形顯現，此爲泰道之忌。富而不心牽其鄰之貧，不扶持而助之，不以履行孚信爲自我警戒，而失其穩重遠慮之常態，此爲凶兆，所以王官撰此爻辭以告誡筮者。

《泰‧六五》云：「帝乙歸妹，以祉元吉。」六五以陰處得尊位，爲謙遜而有安泰者。六五能下而應於九二，並爲二所納，二推尙中正之行，六五亦能與之唱和呼應，此若筮婚姻，即如帝乙歸妹，能得其福祉。《泰》六五爻變，其卦之《需》☵☰。《需》上卦☵，爲水，於婚媾而言，即爲夫妻交融之和諧如魚水。是《泰》六五於婚姻而言，即能待時而得通泰，婚媾如斯，吉莫大焉，所以爻辭云「元吉」。

《泰‧上六》云：「城復於隍，勿用師，自邑告命，貞吝。」上六居《泰》上極，爲泰道之盛。其與九三有正應，處於盛世，其亦當有強寇侵襲之虞，亦當預見外敵攻破城池，塗炭生靈之憂，施行文治，亦當兼有武備；若武備弱，則國之財富愈豐，其險愈近，難以長治久安。筮人見城池覆地，強寇漸退，而尙未用師，僅命令各邑之自保，故以「貞吝」告誡筮者，以喚醒其防備警戒之心，強其防禦之鬥志。《泰》上六爻變，其卦之《大畜》☶☰。《大畜》

上卦☶，為止；《泰》上卦☷，為土，是城池、邑土之象。觀此象，筮者因國有大畜，為文明盛世，而止步不前，無有國防之警備，所以有城池被外敵所覆滅，而尚未以師而抵禦警示，此恐難保其盛世，其將有危吝之虞，所以王官憂而撰「貞吝」之判詞。

《否・初六》云：「拔茅茹，以其彙。貞，吉亨。」居《否》☷☰之初，在下卦☷順之始。《否》初六爻變，其卦之《无妄》☰☳。《无妄》下卦☳，為動；《否》下卦☷，為地，茅茹生在地下，其各株之根有相牽連之象；《否》《无妄》初之上有互體卦☶，為手，是「以手拔《否》初六之茅茹」之象。故總此諸象之意，同《泰》初九之爻辭相同，皆撰為「拔茅茹，以其彙」，以闡明處於否道之事物亦相互牽連。《否》初六處在否閉之道之始，能順應時勢，又無奸詐狂妄之態，以陰處陽，為能示弱謙遜者，其性格安穩又能以此影響感化他人，所以爻辭以「貞，吉亨」判之。

《否・六二》云：「包承。小人吉，大人否亨。」六二處否閉之世，居得其正，其上下皆為陰爻，是為陰爻所環繞，而☷為眾，能得眾人之信從，眾人又得六二之扶助，所以爻辭云「包承」，即為眾人所包繞而六二居於正位能承其重，所以眾人得吉利，六二之大人亦能借助眾人之力而使否閉之路得以開通，所以爻辭云「小人吉，大人否亨」。《否》六二爻變，其卦之《訟》☰☵。《訟》初六至九四有體《未濟》之象，《否》二承下卦之眾陰，其變而有光明之象，並為孚信之始，是得民眾之信從者。筮人觀主卦、從卦之象，發揮其象之義，因而撰其爻辭如上。

《否・六三》云：「包羞。」六三處下卦☷之終，以陰柔之體處於陽位，為陰之壯者，而☷為地；《否》六二至九四互體為☶，為果蓏，是地能容納萬物而出其物產，猶如處於否閉之世，大人能包納眾人而其賢者自出，助之而興其業，所以爻辭云「包羞」。《否》六三爻變，其卦之《遯》☰☶。《遯》下卦☶，為果蓏，其為《否》之互體卦☶之下移，又為地包容萬物，而物自結成果蓏以應之，此亦「包羞」之意。

《否・九四》云：「有命无咎，疇離祉。」居外卦☰之始，為健之初，以陽處於陰位，為欲脫離否閉之道者。《否》九四爻變，其卦之《觀》☴☷。《巽》上卦☴，有命令之意，四處於其上卦之始，為命令之初；《否》六二至九四互體成☶，為止，四在其終，為止之主。故此，《否》九四有「其令能健行」之象，處於否閉之時，令行禁止，所以為無咎，其所附麗者亦能得其福祉，所

以爻辭云「疇離祉」。

《否‧九五》云：「休否。大人吉：其亡其亡，繫于苞桑。」九五居尊當位，爲《否》之主。九五又在互體卦☴之終，而☴爲不果，否道行而不果，是其泰道將行之兆，所以爻此云「休否」，爲其否道將休止之象。《否》九五爻變，其卦之《晉》☲。《晉》上卦☲有嚮明而治之象，而五尚處微明之時，於此否閉之道將亡之際，能維繫六三之眾，而鞏固其治政之根本，所以於王即爲吉利之兆，所以爻辭云「大人吉：其亡其亡，繫于苞桑」。

《否‧上九》云：「傾否。先否後喜。」上九處《否》之上極，否道將終，泰道將復，所以爻辭云「傾否」。《否》上九爻變，其卦之《萃》☱。《萃》上卦☱，爲說，有喜悅之象；☱，又爲毀折，即消除其否道。《否》上九又處在外卦☰之終，爲否之亢，亢極而損。總此諸象之意，即《否》上九居於否道亢極而將消退之時，六三之眾將有慶，所以爻辭云「先否後喜」。

《同人‧初九》云：「同人于門，无咎。」初九居《同人》☰之始，又處於內卦之初，與九四無應，故無往而應之。《同人》初九爻變，其卦之《遯》☶。《遯》下卦☶，爲門闕；《同人》下卦☲，爲目，有觀光之義。是《同人》初九有同人於門闕，是能和同人、一起分享風光者，所以爲眾人之所信從，故爻辭云「同人于門，无咎」。

《同人‧六二》云：「同人于宗，吝。」六二居中得位，與九五有正應，當光大其和同之道，胸懷天下，光照蒼生，此乃其正大之道。《同人》六二爻變，其卦之《乾》☰。《乾》下卦☰，爲君，爲父，同一個父所分流出的親人形成宗族；《同人》六二在下卦☲之中，有光明較爲暗淡之象。是《同人》六二和同於其宗親，其道未爲光大，其心偏狹，易入吝道，所以爻辭以「同人于宗，吝」以警戒之。

《同人‧九三》云：「伏戎于莽，升其高陵，三歲不興。」九三處內卦☲之終，而☲爲甲冑，爲戈兵，有軍隊之象；九三又居於互體卦☴之中，而☴有草木之意，總此諸義，九三有「軍隊伏在草木之中」之象，故此筮人以「伏戎于莽」狀之。《同人》九三爻變，其卦之《无妄》☳。《无妄》互體卦☶，與《同人》互體卦☴相較，其位上移，而☶有高之意；又《无妄》六二至九四互體成☶，爲山。是《同人》九三有「分其軍隊登於山上」之象，所以爻辭云「升其高陵」。《同人》九三之軍隊同在戰場，有埋伏之軍，有誘敵入於山陵之軍，以此相互照應之戰略以待於敵，穩如磐石，所以爻辭以「三歲不

興」狀其堅守崗位之貌。

《同人・九四》云：「乘其墉，弗克攻，吉。」九四以陽處陰，居非其位，在互體卦☴之終，而☴爲不果，於戰爭而言，即爲戰而不克。筮者因其軍登上敵軍城牆，而未能攻克敵軍，因此以筮稽疑其吉凶。顯然，「乘其墉，弗克攻」是其占筮之由，其卦遇《同人》☲之《家人》☴。《家人》外卦☴，爲退；其互體卦☵，爲隱伏，爲敵軍埋伏之象。鉤貫諸象之義，《同人》九四即有「己之部分軍隊同心協力登上敵軍城牆，而察其有強軍埋伏，及時退師而返」之象，以此能避免了無辜傷亡，所以爲吉利之象。

《同人・九五》云：「同人先號咷而後笑：大師克相遇。」九五居於尊位，爲《同人》之主，爲能和同師眾克制外敵者。《同人》九五爻變，其卦之《離》☲。《離》六二至六五有☵之象，爲血卦，是一同作戰之人或將有血光之災，所以泣淚如血；《離》又有互體卦☴，爲毀折，爲說，即可消滅敵軍而得免遇難，所以將士喜悅而笑。《離》外卦☲，爲相見之卦，即援軍來助，所以能克敵制勝。故此王官撰辭如上。

《同人・上九》云：「同人于郊，无悔。」處《同人》之終，爲最遠初九之門闕者，所以爻辭以「郊」稱之，以示其距初之遠。處於郊而有和同之人，所以其心快慰而無悔。《同人》上九爻變，其卦之《革》☱。《革》上卦☱，有出之象。同人出其門，而適於野，雖有危險，但有志同道合之人，於此爲無悔，此亦爲「同人于郊，无悔」之義。

《大有・初九》云：「无交害，匪咎。艱則无咎。」處《大有》☲之始，在下卦☰之初，而☰爲金，爲玉，可表財富、物資之意，是初九以其剛健而始有財富，雖與九四無應，但無相互迫害之象。《大有》初九爻變，其卦之《鼎》☴。《鼎》下卦☴，爲入，爲進退。是《大有》初九能收入資財，又爲能知進退者，所以在大有之時，不與人爲敵，而如臨艱難境況，所以九四不爲害於初九，不慕其資財而奪之，此爲無過失、無災禍之兆，所以爻辭製撰如上。

《大有・九二》云：「大車以載，有攸往，无咎。」九二居內卦☰之中，以陽剛之體而處於陰柔之位，是大有其資財而能散之於眾人、獻之於王者，以助王事。《大有》九二爻變，其卦之《離》☲。《離》六二至六四有☴之象，如《損》《益》大龜之例，其☴象中間添益陰爻表大之義，☴之中間有兩陽爻，表物之大者，而☴爲輿，增添了陽爻之☵之象，可用以表示大輿；《大

有》下卦☰，爲馬，故《大有》有馬拉大輿而行之象。《大有》九二與六五有應，載其資財往而應九五，是臣貢其物產於王者之象，能履行臣之義務，忠於職守，所以其無過失，所以爻辭云「大車以載，有攸往，无咎」。

《大有‧九三》云：「公用亨於天子。小人弗克。」九三在內卦之極，爲財富豐實者。處大有之世，三公大有作爲而能健行其職責，故得天子之宴待。《大有》九三爻變，其卦之《睽》☲。《睽》下卦☱爲羊，其互體卦☵有酒之意，是《大有》九三之公得天子饗以羊及美酒，此爲天子對公之敬愛。三公殷勤輔佐天子，肥王者之國，使王者大有，此等功勞可配天子之饗，而諸人雖亦有其貢獻於王者之大有，但未能克配王者之設宴款待，所以爻辭云「公用亨於天子。小人弗克」。

《大有‧九四》云：「匪其彭，无咎。」九四在外卦☲之始，而☲有光明之象。以陽處陰，是謙虛而有光明之德行者，故其能與初九相安而不相互爲害，故爻辭云「匪其彭」。《大有》九四爻變，其卦之《大畜》☶。《大畜》上卦☶，爲果蓏，是《大有》九四能積累其資財，行事光明磊落，所以爲無其過失，所以爻辭云「無咎」。

《大有‧六五》云：「厥孚交如，威如，吉。」六五履得尊位，爲《大有》之主。在外卦☲之中，爲光明之光交接而持續加強之時，所以爻辭云「厥孚交如」。《大有》六五爻變，其卦之《乾》☰。《乾》外卦☰，爲君，爲父，而爲君爲父者自有其威嚴。是《大有》處大有之世，其有王者之威嚴，其孚信又不斷增益，此爲吉利之象，故王官以「吉」判之。

《大有‧上九》云：「自天祐之，吉无不利。」居《大有》之上極，在外卦☲光明之終，爲大有而至明者。《大有》上九爻變，其卦之《大壯》☳。《大壯》上卦☳，其究爲健。是《大有》上九以剛健之體而處在陰位，爲大有而不亢者，所以能得天帝之福祐，以此道而往，所以能得其吉而無不利。

《謙‧初六》云：「謙謙君子，用涉大川，吉。」處《謙》☶之至下，又在內卦☶之始，以陰居陽，是順而有順、靜而又靜者，能貞而自牧、謙而又謙，故稱「謙謙君子」。《謙》初六爻變，其卦之《明夷》☷。《明夷》初至四有《既濟》☵之象，初處於互體卦☵之下，爲將涉難者。是《謙》初六以謙卑修身，能忍辱負重，又能引重致遠，所以用此品格可渡過難關，故云「用涉大川，吉」。

《謙‧六二》云：「鳴謙，貞吉。」六二履中得位，爲《謙》之正者。在

互體卦☳之初，而☳為加憂，心憂而自鳴，自鳴而不失謙虛之正，此方為貞正而得吉利，故此稱「鳴謙，貞吉」。《謙》六二爻變，其卦之《升》䷭。《升》有互體卦☱，為口舌，其可出言語。是《謙》六二以言辭表其憂患，而其舉止神態謙卑而貞正，故能得吉。此亦爻辭之意。

《謙‧九三》云：「勞謙。君子有終，吉。」九三在互體卦☵之中，而☵為勞卦。是九三勞止而能保持謙遜之性，故以「勞謙」概之。《謙》九三爻變，其卦之《坤》䷁。《坤》為眾，為順。是《謙》九三謙而又順，故能勞而不怨，眾望所歸。君子自始至終貞守謙遜之道，得眾之歸從，此為吉利之兆，所以云「君子有終，吉」。

《謙‧六四》云：「无不利撝謙。」六四在外卦☷之始，居互體卦☵之終，是以其謙抑之性而涉過險難者。《謙》六四爻變，其卦之《小過》䷽。《小過》外卦☳，為動，是有所作為之象。是《謙》六四謙抑而有所作為，能不畏險難，勇往直前，故稱「无不利撝謙」。

《謙‧六五》云：「不富以其鄰，利用侵伐，无不利。」六五在互體卦☳之終，而☳為震動，可表師出而地動之象，又可表殺伐之意。筮者以筮稽侵伐之疑，遇《謙》䷎之《蹇》䷦。《蹇》外卦☵，為隱伏，為盜，皆是侵襲而殺伐之象。是《謙》六五得眾之順從，以軍隱伏於敵國之周圍，待時而動，出而殺伐敵軍，此為戰無不勝之象，所以云「无不利」。「不富以其鄰」是筮人對筮者隨從國形勢的真實描寫，與「侵伐」構成了稽疑的情景。

《謙‧上六》云：「鳴謙。利用行師，征邑國。」上六亦是筮者筮行師、征邑國之吉凶所製撰之辭，其遇《謙》䷎之《艮》䷲。《艮》外卦☶，為止；《謙》外卦☷，為眾。是《謙》上六得眾而能制止叛亂之邑國，以傳達其內心之聲音，所以爻辭云「鳴謙」。相較於六二之自鳴，此是「共鳴」，諸國不滿某邑國之不謙遜，因而興師征之。

《豫‧初六》云：「鳴豫，凶。」處《豫》䷏之始，以陰柔之質而居陽，居非其正，應當時常警示自身勿入逸豫，若沉迷逸豫，自鳴得意，則易亡其身，此為凶事，所以爻辭以「鳴豫，凶」警示筮者。《豫》初六爻變，其卦之《震》䷲。《震》內卦☳，其於馬也，為善鳴，即馬的叫聲動聽，可借指悅耳的聲音。是《豫》初六聞悅耳之聲音而歡娛，而歡娛過甚，則凶咎來至，此為逸豫亡身之告誡，故王官製撰爻辭如上。

《豫‧六二》云：「介于石，不終日，貞吉。」處互體卦☶之初，而☶為

小石；六二又在內卦☷之中，是安穩而柔順者。在逸樂之時，能保持安如磐石之姿態，不終日沉湎於聲色，適可而止，所以爲《豫》之貞正者，故此不失吉利。《豫》六二爻變，其卦之《解》☵。《解》貞卦☵，爲加憂，是憂患之象。《豫》六二在逸樂之後，能反省其身，有憂患意識，所以不至於深陷聲色而不能自拔，能夠自正其身，所以能得吉利。

《豫·六三》云：「盱豫悔：遲有悔。」處互體卦☶之初，而☶有憂患之義。在逸豫之時，能有憂其過豫而言行、舉止失常，並加以自律，則能免於事後之悔恨；若憂逸豫過甚，輕則亡身，重則傾國，也即放任自流，沉迷於聲色犬馬，悔恨必至，故王官以「盱豫悔」述其情狀。《豫》六三爻變，其卦之《小過》☳。《小過》互體卦☴，三居於☴之中，爲事物發展程度之深者，於逸豫之悔恨而言，則危害已至，方眞正深感悔恨，但爲時已晚。思及於此，又觀三之象，王官又補充「遲有悔」而強調之，以增益勸告之感染力。

《豫·九四》云：「由豫，大有得，勿疑朋盍簪。」在上卦☳之始，應於初六，爲豫而得眾者，其能得眾，因眾人從九四而得其安樂，眾得其樂，歸其心於四，所以爻辭云「由豫，大有得」。《豫》九四爻變，其卦之《坤》☷。《豫》九四在互體卦☵之中，爲心病，是憂疑之貌；之卦《坤》，其四在☷之中，心病之象消退，所以爻辭戒之以「勿疑」。得眾而勿疑之，眾友朋必聚而速至而投奔於己，所以王官以「朋盍簪」作爲判詞。

《豫·六五》云：「貞疾，恒不死。」六五處互體卦☵之終，最具憂患精神，能有遠慮，故能避其近憂，是能以憂患存身者，是以王官以「貞疾，恒不死」而贊之。《豫》六五爻變，其卦之《萃》☱。《萃》能聚其眾，《豫》六五能憂其患，所以六五得眾之助，能化險爲夷，所以得其恒不死之吉利。

《豫·上六》云：「冥豫成，有渝无咎。」在《豫》之終，履位得正，是能節制其逸豫者，故云「冥豫成」。《豫》上六爻變，其卦之《晉》☲。《晉》爲進取之卦，其外卦☲有光明之象，逸豫過後而能嚮明而治，光大其正道，此爲無過失之行，所以爻辭云「有渝无咎」。

《隨·初九》云：「官有渝。貞吉：出門交有功。」處《隨》☱之始，在內卦☳之初，而☳爲動，於官爵升黜而言，即爲渝。此是筮者筮其官位變遷之吉凶，筮人由此所製撰之辭。《隨》初九爻變，其卦之《萃》☱。《萃》爲聚集眾人之卦，其貞卦☷，爲眾，爲柄，是《隨》初九出其門庭，而能結交

眾人，眾人隨之，而使初九立功而獲得權柄，所以云「出門交有功」，此爲正而有吉之兆，所以爲「貞吉」。

《隨・六二》云：「係小子，失丈夫。」六二在互體卦☶之始，而☶爲少男；下卦☳爲成年之長男。筮者若筮其長子、少子之吉凶情況，其遇《隨》䷐之《兌》䷹。《兌》內卦爲毀折，是失去之意，少男、長男之象皆漸消亡，不可兩全，六二之母則心繫其小子，欲保全之，故忍痛割愛而捨其長男，少子脫困而出，故此爻辭云「係小子，失丈夫」。

《隨・六三》云：「係丈夫，失小子，隨有求得，利居貞。」六三在貞卦☳之終，爲動之極者，爲能隨六三而脫離困境者。《隨》六三爻變，其卦之《革》䷰。《革》下卦爲☲，爲麗，是附麗之意；《隨》貞卦☳，爲長子，是六三之母附麗於長子，其心牽之，故其小子難以隨之而全，所以爻辭云「係丈夫，失小子」。《隨》六三至九五互體爲☴，其爲不果，互體《艮》兩爻爲其共有，此亦是小子未得保全之象。之卦《革》貞卦☲，有光明之象，是六三之長子堪擔大任，六三隨之而可求得安居之所，所以爻辭云「隨有求得，利居貞」。

《隨・九四》云：「隨有獲。貞凶。有孚在道，以明，何咎。」九四處於互體卦☴之上極，而☴爲果蓏，是能獲得資財之象，所以云「隨有獲」。九四又在悔卦☱之始，爲毀折之初，雖其德行貞正，但其資財消亡，故爲凶。《隨》九四爻變，其卦之《屯》䷂。《屯》初九至九五有☶之象，《隨》初九至九四亦有☶之象，前者之象比後者增益一陰爻，爲眾之增多，四因其有孚信於人，所以隨從者增多，以此而往，則無有過失，所以爻辭云「有孚在道，以明，何咎」。

《隨・九五》云：「孚于嘉吉。」九五居於尊位，履得其正，是《隨》之主，是能廣得其隨從者。九五又在體☶之象之上方，爲能光大其孚信者，眾人必自遠而至，吉莫大焉，故王官以「孚于嘉吉」述其情形。《隨》九五爻變，其卦之《震》䷲。《震》上卦☳，爲動，是《隨》九五之孚信聞名於外，眾人應之而動，此亦是「嘉吉」之兆。

《隨・上六》云：「拘係之，乃從維之。王用亨於西山。」上六居《隨》之終，六二至九四互體成☶，爲手，爲拘；六三至九五互體成☴，爲繩；上卦☱爲羊，所以䷐有「拘係羊」之象〔註90〕。故從卦象而言卦爻之本義，

〔註90〕虞翻曰：「應在《艮》。《艮》，手，爲拘。《巽》爲繩，兩系稱『維』，故『拘

被拘繫者是牲口如牛羊者，而並非人。又上六居於《隨》之極，以柔順居正位，服從維繫而不掙扎、反抗，是《隨》之至〔註91〕。準此，爻辭有「拘係之，乃從維之」之說。隨之所繫之「王用亨於西山」〔註92〕，是對前言之背景的說明，即解說問筮者（主人，如諸侯）稽疑用膳之牲以及用膳之地。《禮記·郊特牲》云：「天子適諸侯，諸侯膳用犢；諸侯適天子，天子賜之禮大牢。貴誠之義也。」〔註93〕犢即牛子，爲牛之貞潔且馴順者，以表示諸侯對天子的忠順。天子賞賜諸侯以牛羊豕之大牢，以示用大烹養賢之大義。準上，此條爻辭是典型的以卦象而敷衍爻辭之義的體例，其貫穿著周代禮制的精神。

　　《隨》上六爻變，其卦之《无妄》☰☳。《无妄》上卦☰，爲君；《隨》上卦☱，爲羊，於方位爲西，並且《隨》亦有互體卦☶山，是《隨》上六有「諸侯以羊享王於西山」之象，此爲諸侯之從王，爲吉利之象。爻辭省略了其吉凶之判詞。

　　《蠱·初六》云：「幹父之蠱，有子，考无咎，屬終吉。」在《蠱》☶☴之始，在貞卦☴之初，而☴爲長，爲高，是初六之子已長成年，可荷擔家業。

　　　　繫之，乃從維之』。在《隨》之上而無所隨，故『維』之。《象》曰：『上窮。』
　　　　是其義也。」（〔唐〕李鼎祚《周易集解》卷五，《景印文淵閣四庫全書》經部
　　　　第 7 冊，第 676 頁下）
〔註91〕　王弼注云：「《隨》之爲體，陰順陽者也。最處上極，不從者也。《隨》道已成，
　　　　而特不從，故『拘繫之』，乃從也。『率土之濱，莫非王臣』，而爲不從，王之
　　　　所討也，故『維之』。」（〔魏〕王弼注、〔唐〕孔穎達疏《周易注疏》上冊卷
　　　　四，日本足利學校遺跡圖書館後援會影印南宋初年刊本，1973 年版，第 279
　　　　頁第 17 葉後）我們之意與此相反，上六既爲《隨》之至，則是隨從之極，而
　　　　不當是不隨從。於此，宋儒程頤有正解，其云：「上六以柔順而居《隨》之極，
　　　　極乎《隨》者也。『拘繫之』，謂《隨》之極如拘持麋繫之。『乃從維之』，又
　　　　從而維繫之也，謂《隨》之固結如此。」（〔宋〕程頤《伊川易傳》卷二，《景
　　　　印文淵閣四庫全書》經部第 9 冊，臺灣商務印書館，1986 年版，第 224 頁下）
　　　　此解得上六爻辭本意。
〔註92〕　「亨」通「享」，有《損》卦辭「二簋可用享」之「享」同義，皆表「用膳」
　　　　之意。《周易·鼎·彖》云：「聖人亨以享上帝，而大亨以養聖賢。」（〔魏〕
　　　　王弼注、〔唐〕孔穎達疏《周易注疏》上冊卷八，日本足利學校遺跡圖書館後
　　　　援會影印南宋初年刊本，1973 年版，第 478 頁第 1 葉後）王弼將「亨」解爲
　　　　「通」（日本足利本《周易注疏》卷四，第 218 頁第 17 葉後），後世儒者多從
　　　　之，是拘於「元亨利貞」之「亨」義，恐非爻辭本義。
〔註93〕　〔漢〕鄭玄注，〔唐〕孔穎達疏《禮記注疏 5》卷二十五，阮元《十三經注疏》，
　　　　藝文印書館，2013 年版，第 480 頁上。

此筮問筮者繼承父之業之吉凶，所以爻辭直言「幹父之蠱」。其於卦象而言，《蠱》初六爻變，其卦之《大畜》☶，此之卦內卦☰，爲父，故以象對應之而言「父」。問筮者之父已故，所以稱「考」，而其父生前行爲無過失，所以云「考无咎」，此是稽疑的背景。觀察主卦、之卦之爻象及連綴其象義，《蠱》初六喪其父，而子承父業，初時有不果其業之象，但終能重振家業而肥其家，所以爻辭云「厲終吉」。

《蠱·九二》云：「幹母之蠱，不可貞。」處在貞卦☴之中，以陽處陰，履非其正，故其事非正。問筮者筮行其母之事，其卦遇《蠱》☶之《艮》☶。《艮》貞卦☶，爲止，是貞守其節操之意。是《蠱》九二居非正位，不可專行其母之事，不可爲之張揚、正名，以避免其凶咎，所以爻辭告誡之「不可貞」。

《蠱·九三》云：「幹父之蠱，小有悔，无大咎。」九三履正得位，在貞卦之終，雖有躁動之舉而成爲事後之悔咎，然其處在互體卦☳之始，爲能決躁者，所以其言行舉止無大過失，其悔咎小而可彌補。《蠱》九三爻變，其卦之《蒙》☶。《蒙》貞卦☵，三處坎難之終，又居互體卦☷眾之始，是將掃除障礙、始獲其眾之象。是《蠱》九三之長子雖偶有躁動之舉，但亡羊補牢，能力排險難，不負眾望，故能得眾而無大之過失，故此爻辭製撰如上。

《蠱·六四》云：「裕父之蠱，往見咎。」六四處悔卦☶之始，履得其位，爲《蠱》之正者。《蠱》六四爻變，其卦之《鼎》☲。《鼎》九二至九四互體爲☰，爲父；《鼎》悔卦☲，是光明、光大之意；《蠱》悔卦☶，是得其成果之意。是《蠱》六四能承父之業，並光大之，所以爻辭云「裕父之蠱」。《蠱》六四又在《艮》少男之處，爲六四之少子，以少子而往見初六之長子，嫡妾之子相見，而妾子之光明畢現，此恐爲長子及其輔佐者所害，故爲咎道之象，所以爻辭以「往見咎」以規勸之，以使六四之子藏其鋒芒，規避是非。

《蠱·六五》云：「幹父之蠱，用譽。」居悔卦☶之中，以陰處陽，爲用事謙遜者。《蠱》六五爻變，其卦之《巽》☴。《巽》外卦☴，是命令之意；五又在互體卦☴之終，是有孚信者。是《蠱》六五能纘父之前緒，令行禁止，皆有孚信，吉孰大焉！所以爻辭云「用譽」。顯然，爻辭簡省了吉凶之判詞。

《蠱·上九》云：「不事王侯，高尚其事。」居《蠱》之上極，以剛處柔，

爲能固守其志節者。《蠱》上九爻變，其卦之《升》䷭。《升》悔卦☷，爲眾。是《蠱》上九不爲世俗浮名虛利所動，雖不事王侯，但能助推其所事者之志向，能使大眾頌揚其所事之人，此爲吉利之兆，所以爻辭云「不事王侯，高尚其事」。

　　《臨·初九》云：「咸臨，貞吉。」處《臨》䷒之始，其與六四有正應，並居得其位，爲《臨》之正者，所以爻辭云「咸臨」。《臨》初九爻變，其卦之《師》䷆。《師》下卦☵，爲坎難；《臨》下卦☱，是脫離之意。是《臨》初九能脫離困境，光大其正業，所以云「貞吉」。

　　《臨·九二》云：「咸臨，吉无不利。」以剛居柔，在互體卦☳之始，動而往應六五，所以爻辭亦云「咸臨」。《臨》九二爻變，其卦之《復》䷗。《復》六二至六四互體爲☷，爲眾。是《臨》動而得眾，此爲能光復其事業者，所以爻辭云「吉无不利」。

　　《臨·六三》云：「甘臨，无攸利；既憂之，无咎。」處貞卦☱之上極，而☱爲口舌，由之而出聲音，可表聲樂之意，是六三其業大而恐沉湎於聲色犬馬之道，所以爻辭以「甘臨」而憂之。《臨》六三爻變，其卦之《泰》䷊。《泰》貞卦☰，爲君；《臨》貞卦☱，爲說，因其王業之正大而喜悅。是《臨》六三之君安樂於其王業，無有遠慮，而禍患必至，故王官以「无攸利」以勸誡之；若能居安思危，則無過失，故云「既憂之，无咎」。

　　《臨·六四》云：「至臨，无咎。」在悔卦☷之初，居得其正，是得眾而成其大業者，所以爻辭稱「至臨」。《臨》六四爻變，其卦之《歸妹》䷵。《歸妹》悔卦☳，爲長子，爲決躁。是《臨》之長子能承家業而使之至大，又能戒驕戒躁，所以有無過失之行止，故王官以「无咎」判之。

　　《臨·六五》云：「知臨，大君之宜，吉。」居於悔卦☷之中，以柔處剛，爲得眾之助而成大業者，所以爻辭云「知臨」。《臨》六五爻變，其卦之《節》䷻。《節》悔卦☵，爲坎難；《臨》悔卦☷，爲文，爲眾。是《臨》六五能知大業得來之艱難，能依賴大眾而出其制度文章，此爲光大王業之兆，所以爻辭云「大君之宜，吉」。

　　《臨·上六》云：「敦臨，吉，无咎。」處《臨》之終，在上卦☷之頂，是性溫順而穩重者，以此而維持其事業，爲吉而無咎者，所以爻辭云「敦臨，吉，无咎」。《臨》上六爻變，其卦之《損》䷨。《損》外卦☶，爲山；《臨》外卦☷，爲地，是主卦、之卦之上卦皆是厚重而敦實之物，此是王官以「敦

臨」述《臨》上六之由。在家肥國富之時，理政沈穩，所以能得其吉利，此是爻辭之義。

　　《觀・初六》云：「童觀。小人无咎，君子吝。」處《觀》䷓之始，在內卦☷之初，而☷爲眾，眾人之業小成，所以爻辭云「童觀」。此於大眾而言，是無過失之舉。然眾人各私其有，無應於六四之君子，所以於君子即爲吝道。《觀》初六爻變，其卦之《益》䷩。《益》爲損上益下之卦，君子損其利益以助眾人之家業，而眾人卻不能往而應之，此爲君子之悔吝，所以爻辭作如此之述。

　　《觀・六二》云：「窺觀，利女貞。」居於貞卦☷之中，履中得正，爲《觀》之正者。此筮者欲筮女子之貞正與否而所撰之爻辭，其遇《觀》䷓卦之《渙》䷺。《渙》貞卦☵，爲隱伏。是《觀》六二以隱伏的方式觀於物，所以稱「窺觀」。其所觀之方式於丈夫而言，未爲光大，而於女子而言，即體現女子之羞澀與貞正，所以爻辭云「利女貞」。

　　《觀・六三》云：「觀我生進退。」居於下卦☷之終，以陰居陽，是能善觀其地利者。《觀》六三爻變，其卦之《漸》䷴。《漸》貞卦☶，爲止；《觀》貞卦☷，爲大輿。是《觀》六三止其大車，靜觀周遭之情形，以作漸進或後退之策，所以爻辭作如「觀我生進退」。

　　《觀・六四》云：「觀國之光，利用賓于王。」六四在貞卦☷之上方，而☷可表諸臣之義；又居於悔卦☴之始，而☴可表進而近九五之王之意，是六四之位在諸臣之上，又得王之親比，得觀王之國之光明，所以爻辭云「觀國之光」。《觀》六四爻變，其卦之《否》䷋。《否》悔卦☰，爲君；《否》六三至九五互體爲☴，爲進退，是《觀》六四進可爲九五王之貴賓、重臣，故爻辭云「利用賓于王」。

　　《觀・九五》云：「觀我生，君子无咎。」九五履中得位，爲《觀》之主，是《觀》之至正者，所以其能自省其身，自觀己道，以正其身，並使其言行舉止皆無過失，所以爻辭云「觀我生，君子无咎」。《觀》九五爻變，其卦之《剝》䷖。《剝》悔卦☶，爲止，五處於其中，爲能察其身是否中正者，此亦是爻辭製撰之由來。

　　《觀・上九》云：「觀其生，君子无咎。」處《觀》之上極，爲能觀察民生者，其道至大而可觀，以斯而行其政，天下文明，所以爻辭云「觀其生，君子无咎」。《觀》上九爻變，其卦之《比》䷇。《比》爲親比眾人之卦，是《觀》

上九能親比萬民，使民生之道可觀。王官見諸象，察其世道人心，所以撰辭如上。

《噬嗑·初九》云：「屨校滅趾，无咎。」〔註94〕《噬嗑》䷔，下卦☳，為足，初九即是足部之腳趾。處刑罰或規則之初，所自懲或自戒在腳趾上施以「校」以自警，若能行此自警之道，則能進取得眾，即為爻變而成《晉》䷢。《晉》下卦為☷，為大輿，人輿行於地，與「屨校滅趾」不利行於地相反〔註95〕，所以為無過失，故爻辭云「无咎」。

《噬嗑·六二》云：「噬膚，滅鼻，无咎。」《噬嗑》䷔，六二爻變，《噬嗑》之《睽》䷥。《睽》下卦為☱，為口舌；《睽》九二至九四互體成☲，為目，口舌與目之間的鼻子，於卦象無之，有「被動刑削去鼻子」之象，所以爻辭就《噬嗑》之題旨「利用獄」而云「滅鼻」。「滅鼻」是對「噬膚」的具體解說〔註96〕。刑罰適當，而天下嚮明而治，所以主卦、之卦皆有☲象。又因刑法嚴明，所以王政無過失，所以卦辭云「无咎」。

《噬嗑·六三》云：「噬腊肉，遇毒，小吝，无咎。」《噬嗑》䷔，此爻辭「噬腊肉，遇毒」用了「噬嗑」之本義，其說明了王官撰寫此爻辭的背景，即是周王或某位貴族食臘肉而意外中毒，並通過筮人貞問凶吝之事〔註97〕。《噬嗑》六三爻變，《噬嗑》之《離》䷝。《離》六二至九四互體成☴，為不果，意即中毒而能解毒。食臘肉中其毒，有危及性命、健康之難，故為「小吝」；中臘肉之毒，並非劇毒，其毒可解，無性命之虞，所以無咎。又以此為教訓，即日後無此之患，亦為「无咎」。

《噬嗑·九四》云：「噬乾胏，得金矢，利艱貞，吉。」《噬嗑》䷔，九四居於上卦☲之下爻。☲於卦，為乾卦；☲又為火，為日，為戈兵〔註98〕。

〔註94〕「滅趾」，漢石經作「滅止」（馬衡編《漢石經集存》，藝文印書館，1976年版，第25頁，圖版三五）

〔註95〕《初九·象》云：「『屨校滅趾』，不行也。」（足利本《周易注疏》卷四，第242頁第29葉後）

〔註96〕於「噬膚，滅鼻」之象，虞翻云：「噬，食也。《艮》，為膚，為鼻。鼻沒水《坎》中，隱藏不見，故『噬膚，滅鼻』。」（〔唐〕李鼎祚《周易集解》卷五，《景印文淵閣四庫全書》經部第7冊，第685頁下）「《艮》，為膚，為鼻」，此異於《說卦》「《艮》為手」，雖虞氏等儒者以之為「逸象」，但終難免與文獻無徵之嫌。

〔註97〕王弼《注》以爻辭為借喻義，其云：「『噬』以喻刑人，『臘』以喻不服。『毒』以喻怨生。」（足利本《周易注疏》卷四，第243頁第30葉前）

〔註98〕陸績云：「肉有骨謂之胏，《離》為乾肉，又為兵矢。」（〔吳〕陸績《陸氏易

由諸卦象綜合考察，並連綴成文，其運思大率如此：物乾者，或火炙烤之使然，或日暴曬之，所以爻辭以「乾胏」當之；乾胏爲剛硬之物，金、矢亦然，從乾胏之中食得金矢，所食皆爲難啃之物。同六三爻辭，「噬乾胏，得金矢」亦爲爻辭製撰的背景，從乾胏之食物而食得金矢，爲不尋常之事，所以問筮者（主人）以筮斷其吉凶。所得之卦爲《噬嗑》，其九四之爻象與占筮命辭相合，所以王官將之選入《周易》。又九四爻變，之正成《頤》䷚，能自求口實，亦爲吉利。

《噬嗑·六五》云：「噬乾肉，得黃金，貞厲，无咎。」《噬嗑》䷔，六五居於上卦☲之中爻，相較於下爻的剛直，其以陰爻居於陽位，爲剛硬之物的柔和部分，所以爻辭以「乾肉」稱之。六五爻變，則《噬嗑》䷔之《无妄》䷘。《无妄》上卦爲☰，爲金，其九五居位得正。之卦得金，金可鑄造器物。所以食乾肉而其夾雜黃金之碎片，雖有誤吞之危厲，但終究從咀嚼的乾肉中將之濾出，所得爲可造器物之黃銅，又以柔居陽位，有无妄之品質，如有疾而自愈，是喜慶光明之氣象，所以爻辭云「无咎」。此爻辭「噬乾肉，得黃金」〔註 99〕亦是占筮的本事，儘管其已經王官之手而被刪要，但仍可知其爲稽疑之由，此不可不察〔註 100〕。

《噬嗑·上九》云：「何校滅耳，凶。」《噬嗑》䷔，上九處於上卦☲光明盛極之時，牢獄酷刑依然行於治政之中，此爲光明之凶，爲殺戮之始，不

解》，〔明〕姚士粦輯，《景印文淵閣四庫全書》第 7 冊，臺灣商務印書館，1986
　　年版，第 189 頁下）此說雖未言明「《離》何以爲乾肉」，但其說可資參考。

〔註 99〕虞翻云：「陰稱『肉』，位當。《離》日，中烈，故『乾肉』也。《乾》金黃，
　　　　故『得黃金』。」（〔唐〕李鼎祚《周易集解》卷五，《景印文淵閣四庫全書》
　　　　經部第 7 冊，第 686 頁上）

〔註 100〕《易》象數派以象數解《易》，相較義理派，有其精到之處，即可明爻辭之所
　　　　以然，此與《周易》文本的來源結合密切。然而，象數派不足之處亦甚爲明
　　　　顯，即拘囿於象，難以做到躍出象的範圍而反觀爻辭與卦象的關係，一味地
　　　　以象數解說《周易》，故終難免有穿鑿附會之說。就爻辭與卦名之義而言，爻
　　　　辭有取其卦名本義者，此在《噬嗑》得以體現，其六三至六五之爻辭是其典
　　　　例；有取其比喻義者，亦在《噬嗑》初九、六二、上九爻辭中表現出來。取
　　　　其卦名本義如《噬嗑》者，其爻辭已包含著稽疑的本事，雖義理派如王弼者
　　　　可以借喻義通之，但其本事卻亦需闡明。通過《噬嗑》六三至六五之爻辭，
　　　　可以看到王官在精擇爻辭編入《周易》之時，充分地考察到了稽疑本事與卦
　　　　象的某些對應關係，此是爻辭的精妙之處。但顯然爻辭與卦象難以一一對應，
　　　　因爲人之運思的靈通性及跳躍性，以及爲了體現文辭表意的生動性、形象性，
　　　　爻辭作者並非以一種體例而貫穿爻辭之創作當中。

利於維持健康、正常的政治秩序，所以王官將此卦象繫以「凶」之辭〔註101〕。此爻卦象明顯，在其之下是互體卦☶，爲耳朵，而上九爻履☱戈兵之極，其刀鋒向下，有如馘耳之災〔註102〕，所以亦爲凶。由上九爻變，《噬嗑》䷔之《震》䷲。《震》之上卦☳爲殺戮，所以凶象甚明。此上九爻辭與初九爻辭相呼應，其吉凶因爻位而異，體現了《周易》爻辭爻位對爻辭撰寫的至關重要的影響。

　　《賁‧初九》云：「賁其趾，舍車而徒。」〔註103〕《賁》䷕，下卦爲☲，其於馬也，爲作足，馬爲拉車的重要物力，故《離》可借指馬車。初九爻動，《賁》䷕之《艮》䷳，《艮》下卦☶爲山，爲徑路，不便於馬車之行，所以爻辭云「舍車而徒」。又因「舍車而徒」，所以「賁其趾」，即是保護腳趾，免受徒行於徑路之傷困。此時問筮者貞問行止之事，而得主卦《賁》與之卦《艮》，又由筮人撰寫爻辭，審其形式，斷其吉凶，並提出解決之道。最終經王官的選編而作爲《賁》初九的爻辭。

　　《賁‧六二》云：「賁其須。」〔註104〕《賁》䷕，九二居中而有明政，其動而之《大畜》䷙，有「物產豐富，倉廩殷實」之象，故君子及國人飾其容顏，以正容儀。髭鬚爲面上所附之物，爻辭以小見大，以鬚而借代人之容飾〔註105〕。

〔註101〕我們所見與王弼《注》有異，王氏云：「處罰之極，惡積不改者也。罪非所懲，故刑及其首，至於滅耳。及首非誡，滅耳非懲，凶莫甚焉。」（足利本《周易注疏》卷四，第245頁第31頁前～245頁第31頁後）
　　　　站在問筮者（主人）的立場去審察此條爻辭，其意在通過卦象給予問筮者以啓示，而《周易》爲王官之學，其首先服務於周王的稽疑需要，所以王官言說的重點自然在國政之事上敷衍成文，而並非在具體的斷獄之事上判其吉凶。所以王弼之說並非周之王官之本意。在此予以指出。

〔註102〕馘指戰勝而割下敵軍將士之左耳以記功，《詩經》有之，《魯頌‧泮水》云：「矯矯虎臣，在泮獻馘。」鄭玄《注》：「馘，所格者之左耳。」（《毛詩注疏》卷二十之一，藝文印書館，2013年版，第769頁上）由此觀之，「滅耳」之禍即爲滅頂之災。

〔註103〕「車」，漢石經作「轝」（馬衡編《漢石經集存》，藝文印書館，1976年版，第25頁，圖版三五），同義相通，作「轝」與《說卦》卦象相同，或爲古經原本用字。

〔註104〕對於「須」與卦象之對應，侯果云：「自三至上，有《頤》之象也；二在《頤》下，須之象也。」（〔唐〕李鼎祚《周易集解》卷五，《景印文淵閣四庫全書》經部第7冊，第688頁上）此說可供參考。

〔註105〕《賁》初九變而之《大畜》，下卦爲☰，爲首，王官不言首而言「須」，體現出其運思的不拘以及細密，即爲與初九之「趾」對應而言「須」：腳趾爲足之

　　《賁‧九三》：「賁如濡如，永貞吉。」《賁》䷕，六二至六四互體成☵，爲水，九三處於其中，有沾濡之象；九三又居下卦☲之極，並在☵之中，有目明耳聰之象。又《賁》下卦爲☲，六二至六四互體成☵，兩卦相疊而成《既濟》之象。再者，九三爻變，《賁》䷕之《頤》䷚，有頤養之義。如此，諸種卦象皆有吉利之義，所以王官云「永貞吉」〔註106〕。

　　《賁‧六四》云：「賁如皤如，白馬翰如，匪寇婚媾。」《賁》䷕，九三至六五互體爲☳，其於馬，爲馵足，爲作足，爲的顙，皆爲白馬之特徵〔註107〕，故可藉以指「白馬」〔註108〕。又六四爻變，《賁》䷕之《離》䷝。《離》六二至九四互體爲☴，爲白，合主卦、從卦觀之，亦有「白馬」之意。六四又處互體卦☳之上爻，而☵於輿而言，爲盜，盜、寇之行爲性質相通，乘白馬所駕之車爲寇，此與卦象相應：互體卦☳爲馬，互體卦☵是爲寇之車。然而《賁》六四居於正位，與初九有應，陰陽相應，皆得正位，故婚媾之事不用寇娶，而能水到渠成，所以爻辭云「匪寇婚媾」。「匪寇婚媾」於爻辭三見，其餘兩例如下：

　　　一小部分，王官以「賁趾」以見保護裝飾整個足部；同理，又以「賁須」與
　　　「賁趾」呼應，以見所賁者不局限於須，而是整個面部。可見，王官在撰寫
　　　爻辭之時，以卦象爲主，然而在構思之際，又巧妙地以各種方式來修飾其文
　　　辭，如以小見大，又如添加史事的成分，再如補充說明、再作闡釋，等等。
　　　總之，此類爻辭包含著王官細緻的思索能力。作爲王官之學的《周易》文本，
　　　其已經超越了筮書性質的範圍，在春秋時代即成爲人們的智慧之書，其巨大
　　　之影響一直延續至今。

〔註106〕虞翻曰：「有《離》之文以自飾，故曰『賁如』也；有《坎》之水以自潤，故
　　　曰『濡如』也。體剛履正，故『永貞吉』。」（〔唐〕李鼎祚《周易集解》卷五，
　　　《景印文淵閣四庫全書》經部第 7 冊，第 688 頁下）「體剛履正」之爻多矣，
　　　而王官繫此以「永貞吉」，必有其用意，探尋其象，我們不取虞氏之說，而爲
　　　上述之論。

〔註107〕孔穎達《疏》云：「其於馬也，……『爲馵足』，馬後足白，爲馵，取其動而
　　　見也；『爲作足』，取其動而行健也；爲的顙，白額爲的顙，亦取動而見也。」
　　　（足利本《周易注疏》卷十三，第 783 頁第 11 葉前～784 頁第 11 葉後）（筆
　　　者按：足利本「亦取動而見也」之「也」字漫漶，取阮元本《周易注疏》補
　　　足（參《周易注疏》卷九，阮元《十三經注疏》，藝文印書館，2013 年版，
　　　第 185 葉下）

〔註108〕於「白馬」與卦象之對應，陸績云：「《震》爲馬，爲白，故曰『白馬翰如』。」
　　　（〔吳〕陸績《陸氏易解》，〔明〕姚士粦輯，《景印文淵閣四庫全書》第 7 冊，
　　　臺灣商務印書館，1986 年版，第 189 頁下）其實，「馵馬、作馬、白顙」描
　　　述的是馬體某一部分的顏色，並不具有如「《巽》爲白」的普遍意義。

其一爲《屯》䷂六二，其爻辭云：「屯如邅如，乘馬班如，匪寇婚媾。女子貞不字，十年乃字。」《屯》六二應於九五，皆居位得正，陰陽相和。

其二爲《睽》䷥上九，其爻辭云：「睽孤，見豕負塗，載鬼一車，先張之弧，後說之弧。匪寇婚媾，往遇雨則吉。」上九陽往應六三之陰，亦爲婚媾之象。

觀三卦之體，皆有☵，其爲輿，爲通，爲盜：馬車能引重致遠，通達於途；迎親送嫁，男女通婚；車輛潛行，爲寇、禦寇。舟車之利，於此可見一斑。所以言「匪寇婚媾」，其卦體必現《坎》象。

《賁・六五》云：「賁于丘園，束帛戔戔。吝，終吉。」〔註109〕《賁》䷕，其上卦爲☶，爲山，六五居於其中，意爲山之中。又六五爻變，《賁》䷕之《家人》䷤。主卦、之卦皆無☷「布」及「吝嗇」之象，且之卦上卦成《巽》「長」之象，結合六五之象，其意爲裝飾丘園以長長之束帛，此爲鋪張，若作爲若此，即有隱患；如若能救奢於儉約，其終歸於吉利。

《賁・上九》云：「白賁，无咎。」《賁》䷕，上九以柔體居於陽位，處於「飾」之上極，能保淳樸之質，不尚奢華，推崇儉德，故即使其爻動而之《明夷》䷣，也能得無咎之安。

《剝〔註110〕・初六》云：「剝牀〔註111〕以足，蔑貞，凶。」《剝》䷖，其初六爻變，《剝》䷖之《頤》䷚。《頤》下卦爲☳，爲足；《剝》下卦爲☷，爲地，剝離牀足，合觀主卦、之卦初爻之象，結合其下卦之象的意義言之，即爲剝其牀足之象，所以爻辭云「剝牀以足」〔註112〕。牀爲人安息之所，其足

〔註109〕此條爻辭的句讀對理解其義起著重要作用，虞翻將之讀爲「賁於丘園，束帛戔戔，吝。終吉。」（《十三經古注》本同此）其云：「《艮》爲山；五，半山，故稱『丘』。木果曰『園』。故『賁於丘園』也。六五失正，動之成《巽》。《巽》，爲帛，爲繩：《艮》手持，故『束帛』。以《艮》斷《巽》，故『戔戔』。失位無應，故『吝』。變而得正，故『終吉』矣。」（〔唐〕李鼎祚《周易集解》卷五，《景印文淵閣四庫全書》經部第 7 冊，第 689 頁下）如此解爻辭，即爻辭與卦象皆一一對應，但《說卦》無「《巽》爲帛」之文，而有「《坤》爲帛」之文。

〔註110〕「剝」，阜陽漢簡作「僕」（韓自強《阜陽漢簡〈周易〉研究》，上海古籍出版社，2004 年版，第 45 頁）。此與《歸藏》卦名同（〔清〕萬希槐輯《十三經證異》卷一，湖北官書局活字本，1923 年版，第 22 頁）

〔註111〕「床」，馬王堆帛書《周易》作「臧」（張政烺《馬王堆帛書周易經傳校讀》，中華書局，2008 年版，第 47 頁，圖版三）漢石經《剝・六四》「床」同今本（馬衡編《漢石經集存》，臺北藝文印書館，1976 年版，第 25 頁，圖版三五）

〔註112〕對「床」、「足」之象，虞翻從陰陽消息的進行解說，其云：「此卦《坤》變《乾》

被剝離，即將失去安居之處，所以爲凶象。

《剝‧六二》云：「剝牀以辨，蔑貞，凶。」《剝》☲，其六二爻變，《剝》☲之《蒙》☶。《蒙》下卦爲☵，爲耳朵，於牀而言，即爲牀頭，此與初六之牀足對應，一上一下，如《賁》卦初九、六二爻言趾與須〔註113〕；《蒙》九二至六四互體爲☳，爲足，人足履踐於牀頭之上，爲拆牀之象。牀被拆壞，爲不正之兆，所以爲凶。

《剝‧六三》云：「剝之无咎。」〔註114〕《剝》☲，其六三爻變，《剝》☲之☶《艮》。☶下卦爲☷，爲止，九三履其上爻，爲止剝之正者，所以爲无咎〔註115〕。

《剝‧六四》云：「剝牀以膚〔註116〕，凶。」《剝》☲，其六四爻變，

也，動初成《巽》。《巽》，木，爲牀，復《震》在下，爲足，故『剝牀以足』。」（〔唐〕李鼎祚《周易集解》卷五，《景印文淵閣四庫全書》經部第 7 冊，第 690 頁上～下）

〔註113〕歷來「辨」意難解，虞翻云：「指間稱辯（編者按：辨，《周易集解》作「辯」，此同帛書《周易》）。《剝》，剝二成《艮》，《艮》爲指，二在指間，故『剝牀以辯』。」（〔唐〕李鼎祚《周易集解》卷五，《景印文淵閣四庫全書》經部第 7 冊，第 690 頁下）鄭玄曰：「足上稱辯，謂近膝之下，屈則相近，申則相遠，故謂之辯。辯，分也。」崔憬云：「今以牀言之，則辯當在第足之間，是牀桯也。」（〔唐〕李鼎祚《周易集解》卷五，《景印文淵閣四庫全書》經部第 7 冊，第 690 頁下）黃穎云：「牀簀也。」（〔清〕翟均廉《周易章句證異》卷一，《景印文淵閣四庫全書》經部第 53 冊，臺灣商務印書館，1986 年版，第 692 頁下）程頤云：「辨，分隔上下者，牀之幹也。」（〔宋〕程頤《伊川易傳》卷二，《景印文淵閣四庫全書》經部第 9 冊，第 244 頁下）王引之云：「今案辨當讀爲膞，《釋名‧釋形體》曰：『膝頭曰膊，圜（筆者按：圜《文淵閣四庫全書》本、《四庫叢刊》本《釋名》卷二《釋形體第八》皆作圖）也，因形圜圓而名之。或曰膞也。膞，扁也，亦因形而名之。』膞，蓋髕之轉聲。」（〔清〕王引之《經義述聞》卷一，萬有文庫本，商務印書館，1935 年版，第 27 頁）俞樾云：「今按辨當作胖，脅肉也。」（〔清〕俞樾《群經平議》卷一，《續修四庫全書》經部第 178 冊，上海古籍出版社，2002 年版，第 13 頁上）等等，所論皆難成定讞。我們從主卦、從卦的卦象出發，暫將其義定爲「牀頭」。

〔註114〕剝之無咎，漢石經作「剝無咎」（馬衡編《漢石經集存》，臺北藝文印書館，1976 年版，第 25 頁，圖版三五）。帛書《周易》亦同漢石經（張政烺《馬王堆帛書周易經傳校讀》，第 47 頁，圖版三）。陸德明《周易音義》亦同石經，其云：「一本作『剝之無咎』，非。」（〔唐〕陸德明《經典釋文》卷二，上海古籍出版社，2013 年版，第 91 頁）

〔註115〕荀爽曰：「眾皆剝陽，三獨應上，無剝害意，是以無咎。」（〔唐〕李鼎祚《周易集解》卷五，《景印文淵閣四庫全書》經部第 7 冊，第 690 頁下）

〔註116〕膚，漢石經作簋（馬衡編《漢石經集存》，藝文印書館，1976 年版，第 25 頁，

《剝》☷☶之《晉》☲☷。《晉》上卦爲☲，爲火；《晉》六三至六五互體成☵，爲水，皆爲能損壞床體者〔註117〕，如斯，則床毀而人身無處樓居，此爲剝之凶。

　　《剝・六五》云：「貫魚，以宮人寵，无不利。」〔註118〕《剝》☷☶六五爻變，《剝》☷☶之《觀》☴☷。《觀》六三至九五互體成☶，爲閽寺〔註119〕；上卦爲☴，爲入，閽人、寺人等宮人能讓人出入有次序，嚴格履行所掌之職，所以得到周王之賞賜。行賞之前，王官占筮其對王政之利凶情況，根據主卦、之卦之卦象稽其疑，爲吉利之象，所以爻辭云「无不利」。又之卦《觀》上卦☴，爲繩直，爲近利市三倍，以直繩穿過多條魚〔註120〕，所得之魚多，賞給宮人以食，此亦爲彰顯王之仁愛之舉，所以「无不利」。

　　《剝・上九》云：「碩果不食，君子得輿〔註121〕，小人剝廬。」《剝》☷☶，《剝》☷☶之《坤》☷☷。《剝》上卦☶，爲果蓏，爲萬物之所成；《坤》☷☷上卦

圖版三五）。陸德明《周易音義》云：「京作籚，謂祭器。」（《經典釋文》卷二，第 91 頁）

〔註117〕《剝・六四・象》云：「『剝床以膚』，切近災也。」（足利本《周易注疏》卷四，第 259 頁第 38 葉前）火、水皆可爲災。於床而言，火可燒毀床體，水可浸壞木床。

〔註118〕帛書《周易》作「貫魚食官人籠無不利」，于豪亮云：「此句似當讀爲『貫魚食宮人，籠（寵），無不利』。」（于豪亮《馬王堆帛書〈周易〉釋文校注》，上海古籍出版社，2013 年版，第 54 頁）廖名春將之釋讀爲：「貫魚，食宮人龍，無不利。」（廖名春釋文《馬王堆帛書周易經傳釋文》，《續修四庫全書》經部第 1 冊，上海古籍出版社，2002 年版，第 3 頁）丁四新將之釋讀爲：「貫魚，食宮人籠，無不利。」（丁四新《楚竹書與漢帛書周易校注》，上海古籍出版社，2011 年版，第 236 頁）連劭名亦同丁四新（連劭名《帛書〈周易〉疏證》，中華書局，2012 年版，第 39 頁）

〔註119〕由此觀之，「宮人」即當作「閽寺」解。《周禮・天官・閽人》云：「閽人，掌守王宮之中門之禁。」《周禮・天官・寺人》云：「寺人掌王之內人及女宮之戒令，相道其出入之事而糾之。」（《周禮注疏》卷七，藝文印書館，2013 年版，第 114 頁下～115 頁下）閽人、寺人雖爲賤職，然因與王、世婦等人接觸甚密，易得其寵及歡心，所以爻辭云「以宮人寵」。

〔註120〕清儒連斗山云：「五動變《巽》，爲魚。下連四陰爲眾魚。《巽》爲繩，《艮》爲手，以手牽繩，故象貫魚。」（〔清〕連斗山《周易辨畫》卷十三，《景印文淵閣四庫全書》經部第 53 冊，第 130 頁下）

〔註121〕清儒翟均廉云：「得輿，京房作德輿，荀爽、虞翻、董遇、李鼎祚作德車。虞云：《乾》爲君子，爲德；《坤》爲車，《乾》在《坤》，故以德爲車。晁説之曰：車，古文。惠棟曰：德車本或德轝。孔穎達、侯果作得輿。」（〔清〕翟均廉《周易章句證異》卷一，《景印文淵閣四庫全書》經部第 53 冊，臺灣商務印書館，1986 年版，第 693 頁下）

爲☷，爲大輿，其下卦爲地，有「大輿行於地」之象。又《剝》☶門闕，可指廬舍；《坤》☷上卦☷爲平地，廬舍被夷爲平地，乃勢利小人所爲，所以爻辭云「小人剝廬」。

《復·初九》云：「不遠復，无祗悔，元吉。」《復》☳，下卦☳，爲大塗，所以前行之途通暢；又爲決躁，能遠離浮利〔註122〕。初九是《復》之始，其動而進，則能得土地、獲眾心；又在決躁之初，最爲恭慎，所以能行無悔之事，所以爲大吉利，所以爻辭云「大吉」〔註123〕。

《復·六二》云：「休復吉。」《復》☳，履初九之上，居中得正，不爲躁動之冒進，而爲休止之靜美，所以爻辭言「休復吉」。又六二爻動，《復》☳之《臨》☷。《臨》下卦☱，爲附決，能親比於初九，又能自修而強大〔註124〕，吉莫大焉，所以爻辭云「休復吉」。

《復·六三》云：「頻復厲。无咎。」《復》☳，六三處於其下卦之極，爲決躁之至，而居柔履陰，不得其位，若頻頻欲進〔註125〕，則恐身有危厲〔註126〕。又六三爻變，《復》☳之《明夷》☷，其所利在艱難中固守堅貞之心志，能潛行光明之事，此爲無咎之舉，所以爻辭云「无咎」。

《復·六四》云：「中行獨復。」《復》☳，六四處於其上卦☷之下爻，居位得正，又履☳動之上，得☳初九《復》始之應己，所以其爻動而能復陽之剛，成《震》☳，其得眾而又能震驚百里，建功立業，而又不喪匕鬯，所以是吉利之象。爻辭省略了判詞，此亦是爻辭的一個不可忽視的例子。

《復·六五》云：「敦復，无悔。」《復》☳，六五居於上卦☷之中爻，其性柔順、敦樸，其爻變，則之《屯》☵，爲「利建侯」之卦，因其性柔韌、

〔註122〕據《說卦》之意：☳爲躁卦，「爲近利市三倍」；☳與之卦象相反，爲決躁之卦，動而剛健而無浮躁。

〔註123〕崔憬曰：「從《坤》反《震》，而變此爻，不遠復也；復而有應，故獲元吉也。」（〔唐〕李鼎祚《周易集解》卷六，《景印文淵閣四庫全書》經部第7冊，第693頁下）

〔註124〕孔穎達《正義》云：「《臨》，大也，以陽之浸長其德，壯大可以監臨於下，故曰臨也。」（足利本《周易注疏》卷四，第225頁）

〔註125〕清儒查慎行云：「蓋三居《震》終，其體易動，爲頻復之象。」（〔清〕查慎行《周易玩辭集解》卷四，《景印文淵閣四庫全書》經部第47冊，臺灣商務印書館，1986年版，第507頁上）

〔註126〕清儒朱軾：「謹按六三在兩卦之間，居《震》動之極，不能有常而頻復。頻者，復而失，失而又復。」（〔清〕朱軾《周易傳義合訂》卷五，《景印文淵閣四庫全書》經部第47冊，臺灣商務印書館，1986年版，第304頁上）

敦樸而又能始創功業，所以爲「无悔」。

《復·上六》云：「迷復，凶。有災眚，用行師，終有大敗。以其國君，凶。至于十年不克征。」《復》䷗，其上六爻變，則之《頤》䷚，當頤養賢才，且休養生息以圖自強之際，反覆沉迷於物，尚未富強而止步不前，則凶事隨之而至。其爲何凶，爻辭增益了其稽疑事項，即「有災眚，用行師，終有大敗。以其國君，凶。至于十年不克征」。其記載了稽疑應驗的結果，是對前面爻辭「迷復，凶」的呼應。

《无妄·初九》云：「无妄，往吉。」《无妄》䷘，其初九之爻處䷲動之始，爲剛健之體，又居正位，行无妄之事，故以此而往，則得眾人之助，所以爲吉〔註127〕。又䷘《无妄》初九爻變，其卦之《否》䷋。《否》下卦爲䷁，爲眾，爲地，得眾獲地，是爲往之吉。

《无妄·六二》云：「不耕穫，不菑畬，則利有攸往。」《无妄》䷘，其六二履《震》初九之上，居中得正，往而與九五有應。九五居《乾》之中，居得尊位，而能與六二有應，是六二之利，所以爻辭云「利有攸往」。又下卦䷲，其於稼，爲反生；六二至九四互體成䷳，爲果蓏，故六二有物產豐收之象。六二爻變，其卦之《履》䷉。《履》下卦䷹，其餘地也，爲剛鹵。地剛鹵，則莊稼難以成活，耕而不獲，菑畬不生，所以爻辭云「不耕獲，不菑畬」〔註128〕。得地如斯，則利在往而開闢新田地或獲得周王賞賜田地，此爲「利有攸往」之意。

《无妄·六三》云：「无妄之災，或繫之牛，行人之得，邑人之災。」《无

〔註127〕 清儒趙繼序云：「初爲《震》主，《震》爲動，故往吉。內初變《坤》，動而能順，故無咎也。重變《否》，君子貞，『無妄，往吉』，則得其貞者也，何應匪正之有眚乎。」（〔清〕趙繼序《周易圖書質疑》卷八，《景印文淵閣四庫全書》經部第 53 冊，臺灣商務印書館，1986 年版，第 522 頁下）

〔註128〕 孔穎達《正義》云：「『不耕獲，不菑畬』者，六二處中得位，盡於臣道，不敢創首，唯守其終。猶若田農不敢發首而耕，唯在後獲刈而已；不敢菑發新田，唯治其畬熟之地。皆是不爲其初而成其末，猶若爲臣之道，不爲事始而代君有終也。」（足利本《周易注疏》卷五，第 277 頁第 8 葉前）我們之意與此有差異，亦與虞翻之見有別。虞翻云：「有《益》耕象，無《坤》田，故不耕。《震》爲禾稼，《艮》爲手。禾在手中，故稱『獲』。田在初，一歲曰菑，在二、三歲曰畬。初爻非《坤》，故不菑而畬也。得位應五，利四變之《益》，則《坤》體成，有耒耤之利，故『利有攸往』，往應五也。」（〔唐〕李鼎祚《周易集解》卷六，《景印文淵閣四庫全書》經部第 7 冊，第 696 頁下）

妄》䷘，六三履下卦之上，所處非正位，其利在往應於上九。《无妄》六二至九四互體爲䷨，爲止，六三居於其中，難以成行，故或有「匪正之眚」。又《无妄》六三至九五互體成䷁，爲繩，與互體之䷠成「以手牽繫牛」之象，所以爻辭云「或繫之牛」〔註 129〕。六三爻變，其卦之《同人》䷌。同邑之人，其有同宗同門之人，故同人可借指邑人。邑人失牛而占筮，筮人稽斷其此年之災或在於失牛，而得牛者是過路之外人〔註 130〕，其爲邑人找尋牛而解除災咎提供了可靠的線索。

《无妄·九四》云：「可貞，无咎。」《无妄》䷘，九四履下卦䷳之上方，居上卦䷀之初，以剛健而處於陰位，其動而之《益》䷩。《益》六二至六四互體爲䷗，爲順，爲眾，有眾人歸順依從之意；《益》上卦爲䷸，爲入，亦爲有利益之象。故此爻辭云「无咎」。

《无妄·九五》云：「无妄之疾，勿藥，有喜。」《无妄》䷘，九五居正得中，處《无妄》之尊位，爲䷀君之中正者。其爻變而之《噬嗑》䷔，之卦六三至六五互體成䷜，爲加憂，爲心病，此是无妄之疾，其病由在於憂慮過度，而九五剛健之體不需用藥而能自愈〔註 131〕。又五爻居主卦之中正，又處之卦之䷝文明當中，有治亂明通之象，所以有化憂爲喜之象，所以爻辭云「有喜」。

《无妄·上九》云：「无妄，行有眚，无攸利。」《无妄》䷘，上九應於六三，皆爲履非其位，故均受《无妄》卦辭「其匪正有眚」之範圍。其爻變之《隨》䷐。《隨》上卦爲䷹，爲毀折。筮人稽疑行止，得《无妄》䷘之《隨》

〔註 129〕「牛」之象在卦中不現，䷁爲狗，䷝爲雞，皆爲六畜之一，爻辭一個「或」字，蓋其意在於推測除了狗，還有牛。王弼《注》云：「牛者，稼穡之資。」（足利本《周易注疏》卷五，第 279 頁第 8 葉前）牛有眚災，即不利於稼穡，或有饑荒災。此再證了王官在撰寫爻辭之時，並不刻意牽合卦象與運思的一一對應。

〔註 130〕王弼《注》將「行人」解爲「有司」，孔穎達《正義》因仍之。（足利本《周易注疏》卷五，第 277 頁第 8 葉前～278 頁第 8 葉後）清儒程廷祚云：「行人者，外也；邑人者，內也。」（〔清〕程廷祚《大易擇言》卷十四，《景印文淵閣四庫全書》經部第 52 冊，臺灣商務印書館，1986 年版，第 690 頁下）我們同此解。

〔註 131〕虞翻曰：「四已之正，上動體《坎》，《坎》爲疾病，故曰『無妄之疾』也。《巽》爲木，《艮》爲石，故稱『藥』矣。《坎》爲多眚，藥不可試，故『勿藥，有喜』。康子饋藥，『丘未達，故不嘗』。此之謂也。」（〔唐〕李鼎祚《周易集解》卷六，《景印文淵閣四庫全書》經部第 7 冊，第 697 頁上）此解甚爲精審。

☶，有馬車毀折之象，所以不利於行，行即有眚。

《大畜·初九》云：「有厲。利已。」《大畜》☶，初九居於其始，六四來而應己，畜少成多之象漸現；又《畜》下卦☰，爲玉，爲金，爲木果，初九居於下爻，爲其財富所積蓄之始。所以爻辭云「利已」。初九爻辭變，其卦之《蠱》☶。《蠱》下卦☴，爲近利市三倍，爲躁卦，若唯利是圖，專行利己之事，而不能端正其德行，厚待國民之生計，損公肥私，與民爭利，雖已獲利，但有政覆人危之吝，所以爻辭云「有厲」。「利已」是「有厲」的根由。此條爻辭彰顯了王官在爻辭中所貫穿的「居安思危」的憂患意識。

《大畜·九二》云：「輿說輹。」〔註132〕《大畜》☶，九二居非其位，與九三、六四互體成☱，爲毀折，即破壞由《乾》老馬所載之車，其車輹脫輿而出，有車翻人亡之危，其爲不吉利之象，爻辭省卻了吉凶的判詞。又九二爻變，其卦之《賁》☲。《賁》六二至六四互體成☳，其於輿，爲多眚，「輿說輹」是輿有眚的一種情況，其爲危厲之象。

《大畜·九三》云：「良馬逐，利艱貞，曰閑輿衛，利有攸往。」《大畜》☶，九三居位得正。下卦☰爲良馬，爲老馬；九三至六五互體成☳，爲動，綜合觀之，則九三有「良馬逐」之象。九三爻變，其卦之《損》☶，其六三至六五互體成☳，爲大輿；《損》下卦爲☱，爲毀折；九二至六四互體成☳，爲動，爲殺。大輿動而毀折敵軍，所以云「曰閑輿衛」，其動而安穩，所以「利有攸往」。

《大畜·六四》云：「童牛之牿，元吉。」《大畜》☶，其上卦☶，爲手，九四處於其下爻，可表手之活動；九三至六五互體成☳，爲足，六四居於其中。又九三爻往而成☷象，有牛之象，《大畜》上卦《艮》有少男之象，可借指事物少壯的狀態，所以爻辭以「童牛」言之。所以綜合六四與其他爻之象可知，童牛到達能施橫木於其角之時，即能投入生產，此爲大吉利，所以爻辭云「元吉」。

《大畜·六五》云：「豶豕之牙，吉。」《大畜》☶，九二至六四互體成☱，爲毀折。六五爻變，《大畜》☶之卦《小畜》☴。《小畜》九五之剛暴去，而成《大畜》，九五爻辭以陰爻處陽位，作者以「豶豕之牙」比喻以柔克

〔註132〕虞翻曰：「《萃》：《坤》爲車，爲輹。《坤》消《乾》成，故『車說腹』。腹或作輹也」〔〔唐〕李鼎祚《周易集解》卷六，《景印文淵閣四庫全書》經部第7冊，第698頁下〕此從陰陽消息的角度解說卦的形成，並就其來源之卦與所成之卦的卦象而言說爻辭。此是虞翻《易》說的一個特色。

剛，保護並廣納果蓏等物產，防止豕等動物為害〔註 133〕。如斯，所以爻辭云「吉」〔註 134〕。

《大畜·上九》云：「何天之衢，亨。」《大畜》䷙，上九履其極，為畜之至。觀其卦象，上卦為☶，為徑路；九三至六五互體成☳，為大塗，其九三爻履《乾》天之上，而《艮》路居《乾》天之上，皆為天之路，所以爻辭云「天之衢」。又上九爻變，其卦之《泰》䷊。其爻變而有大亨通之意，所以為「亨」，為無所不通，故爻辭首冠以「何」字〔註 135〕。

《頤·初九》云：「舍爾靈龜〔註 136〕，觀我朵頤。凶。」〔註 137〕處《頤》䷚之初，為始得口實，人們應慎其飲食，居安思危，否則將有饑荒之患。爻辭作者用「舍爾靈龜，觀我朵頤」的事例來解說初九之爻的吉凶，實寄託著

〔註 133〕「牙」之義，王弼《注》云：「豕牙，橫猾剛暴難制之物，謂二也。」是以「牙」為豕之牙齒。後儒多從之。宋儒陸佃另有新見，其云：「牙者，所以畜豶豕之杙也。今東齊海岱之間，以杙繫豕，謂之牙。」（〔宋〕陸佃《埤雅》卷五，清康熙乾隆間刊本，哈佛燕京圖書館經部典籍彙編，第 6 頁）是以「牙」為杙之尖端。明儒來知德因仍陸氏之說，其云：「牙者，《埤雅》云：『以杙繫豕也。』乃杙牙，非齒牙也。……變，《巽》為繩，繫之象也；《巽》木，杙之象也。言以繩繫走豕於杙牙也。」（〔明〕來知德《周易集注》卷六，《景印文淵閣四庫全書》經部第 32 冊，第 179 頁上～下）我們亦同陸氏。

〔註 134〕虞翻曰：「二變時，《坎》為豕。劇豕稱『豶』，令不害物。三至上體《頤》象。五變之剛，《巽》為白，《震》為出。剛白從頤中出，牙之象也。」（〔唐〕李鼎祚《周易集解》卷六，《景印文淵閣四庫全書》經部第 7 冊，第 699 頁下）

〔註 135〕孔穎達《疏》云：「『何』謂語辭，猶云『何畜』也。處畜極之時，更何所畜？乃天之衢。亨，無所不通也。」（足利本《周易注疏》卷五，第 88 頁第 13 葉後）

〔註 136〕「龜」之象，與卦畫的對應，若以整個卦畫有☲之象說之，亦勉可通之。朱子云：「《易》象自是一法，如「《離》為龜」，則《損》《益》二卦皆說龜，《易》象如此者甚多。凡卦中說龜底，不是正得一個《離》卦，必是伏個《離》卦，如『觀我朵頤』，是也。」（〔宋〕黎靖德編《朱子語類》卷六十六，王星賢點校，中華書局，1985 年版，第 1642 頁）《說卦》云：「《離》為龜。」龜殼剛硬，殼內柔軟，此與☲之象脗合，所以☲可指代外硬內柔如龜者。觀《頤》卦，其兩陽爻中間夾四個陰爻，表示龜之大者，即「靈龜」或元龜。又觀《損》《益》兩卦，《損·六五》云：「或益之十朋之龜，弗克違，元吉。」《益·六二》云：「或益之十朋之龜，弗克違，永貞吉。王用亨於帝，吉。」靈龜當比十朋之龜寶貴。

〔註 137〕虞翻曰：「《晉》：《離》為龜。四之初，故『舍爾靈龜』。《艮》為『我』，《震》為動，謂四失《離》入《坤》，遠應多懼，故凶矣。」（〔唐〕李鼎祚《周易集解》卷六，《景印文淵閣四庫全書》經部第 7 冊，第 701 頁下）

深意。同時，亦提示了其占筮本事：此筮之前，事之吉凶，已以龜卜稽疑，
其兆警戒問卜者（主人）切莫奢華鋪張；然而，主人不聽其勸，示我（筮人）
以朵頤之姿態，又恰筮得《頤》䷚之《剝》䷖，其應於龜卜之兆，皆有警示
屬行節儉之義，但以卜筮觀之於主人，其所作所爲於此有違，所以凶將隨之
而至。

《頤・六二》云：「顛頤，拂經于丘，頤征凶。」〔註138〕履初之上方，
以陰處陰，居位得正，然無應於五，即不能被五所養，而親比於初，初爲䷚
反生的果實，能供養六二所需，所以爻辭云「顛頤」〔註139〕。又六二變而之
卦《損》䷨，損下益上，於養而言亦爲「顛頤」。主卦、之卦的上卦皆爲䷚，
爲山，「山」與「丘」同物，可互通其義，又果蓏長於山，能養人畜，其果實
當被剝落而養下，而今卻被增益，此爲上卦之不行厚生之德，所以爻辭云「拂
經于丘」。如此養物，違背《頤》之常道，所以行之則爲凶，所以爻辭判之以
「凶」。

《頤・六三》云：「拂頤，貞凶。十年勿用，无攸利。」居於下卦䷚之極，
履非其位，非頤養之道，所以爲「拂頤」。其位正而之卦《賁》䷚，處當頤養
之時，而專行裝飾尚奢之道，則有敗家危國之患，所以爻辭作者繫之以「凶」。
爻辭作者又以「十年勿用，无攸利」，強調遵行《頤》道之意義。

《頤・六四》云：「顛頤，吉。虎視眈眈，其欲逐逐，无咎。」處上卦之
下爻，履下卦之上方，與下卦之初九相應，是求養於卜，所以爻辭云「顛頤」。
又六四居位得正，又有正應，所以爲吉。六四爻變而之卦《噬嗑》䷔，爲「利

〔註138〕此爻辭的斷句，據王弼《注》當如此。朱子云：「『顛頤』當爲句；『拂經於丘
頤』，句。『征凶』即其占辭也。」（〔宋〕黎靖德編《朱子語類》卷七十一，
王星賢點校，中華書局，1985 年版，第 1803 頁）武英殿本《周易注疏》同
王弼（《周易注疏》卷五，《十三經注疏》，清同治十年廣東書局據武英殿本重
刊本，第 18 頁上）。

〔註139〕王弼《注》云：「處下體之中，無應於上，反而養初：居下不奉上而反養下，
故曰『顛頤』。」（足利本《周易注疏》，第 292 頁第 15 葉後）是以六二養初
九爲顛頤。後儒多從之，宋儒張載申王氏，其云：「凡頤之止，以貴養賤，以
陽養陰，所謂『經』也。頤卦群陰皆當聽養於上，六二違之，反比於初，以
陰養陽，顛頤者也。」（〔宋〕張載《橫渠易說》卷一，《景印文淵閣四庫全書》
經部第 8 冊，臺灣商務印書館，1986 年版，第 690 頁下～691 頁上）宋儒張
浚另闢新見，其云：「下比初，以求養，曰『顛頤』。」（〔宋〕張浚《紫巖易
傳》卷三，《景印文淵閣四庫全書》經部第 10 冊，臺灣商務印書館，1986 年
版，第 88 頁下）。我們取信張浚之說。

用獄」之卦，即六四爻處境有危厲之象，爻辭以「虎視眈眈，其欲逐逐」描述此狀態。然而，履正得位，終竟無過失之行，所以爲「无咎」。

《頤・六五》云：「拂經，居貞吉。不可涉大川。」居於尊位，以陰爻處在陽位，無應於六二，履上而不養下，所以爲「拂經」。其六五爻變之《益》☶，《益》有損上益下之意，所以爲吉。又《益》上卦☴爲木，木可造舟楫；《頤》上卦☶爲止，故有舟楫不行之象，居於尊位，利於養賢而得益，不可獨負艱險而前行。所以爻辭云「不可涉大川」。

《頤・上九》云：「由頤，厲，吉。利涉大川。」居《頤》之上極，應於六三，能畜物而養眾；又親比六五，能以陽剛而引重致遠，亦因其處能致養之地，所以爻辭云「由頤」。然其以剛處於陰位，履非所正，有眾人皆索取而物產殆盡之危吝，所以爻辭云「厲」。而之所以云「吉」，是因爲上九爻變，其卦之《復》☷，《復》上卦☷爲吝嗇，即上九能養眾人又能履行節儉之道，所以能化險爲夷，所以爲吉。又之卦《復》上卦《坤》爲大輿，大輿安行於大地，所以有「利涉大川」之象。

《大過・初六》：「藉用白茅，无咎。」《大過》☱，下卦爲☴，《說卦》云：「巽爲白。」李道平云：「巽爲草木，剛爻『爲木』，柔爻爲草。」〔註140〕《詩經・召南・野有死麕》亦有云：「野有死麕，白茅包之。……白茅純束，有女如玉。」白茅象徵著純潔的意義，是某種儀式的必備之物〔註141〕，如祭祀之時，可作爲縮酒之用〔註142〕。此條爻辭表明了行祼禮要經過白茅漉酒，其體現了對神靈的敬重，所以能得到其之福祐，故「无咎」。

《大過・九二》：「枯楊生稊，老夫得其女妻，无不利。」〔註143〕《大過》

〔註140〕〔清〕李道平《周易集解纂疏》卷四，潘雨廷點校，中華書局，1994年版，第291頁。

〔註141〕元儒陳應潤云：「茅雖微物，在禮則重。諸侯立社，燾以黃土，苴以白茅，敬之至也。」（〔元〕陳應潤《周易爻變易緼》卷四，《景印文淵閣四庫全書》經部第27冊，臺灣商務印書館，1986年版，第97頁下）

〔註142〕《左傳・僖公四年》載管仲責讓楚成王之言，其云：「……貢包茅不入，王祭不共，無以縮酒，寡人是征。」杜預《注》：「包，裹束也；茅，菁茅也。束茅而灌之以酒，爲縮酒。《尚書》：『包匭菁茅。』茅之爲異，未審。」（《春秋左傳正義》卷卷十二，阮元《十三經注疏6》，藝文印書館，2013年版，第202頁上～下）

〔註143〕虞翻曰：「稊，穉也。楊葉未舒，稱『稊』。《巽》爲『楊』；《乾》爲『老』，老楊故枯。楊在二也，十二月時，周之二月。《兌》爲雨澤，枯楊得澤，復生稊。二體，《乾》老，故稱『老夫』。『女妻』謂上《兌》，《兌》爲少女，故曰

☴居於☱之中，如清儒李道平所言「《巽》……剛爻爲木」，九二爲陽爻，所以可表示木，楊是木的一種，因其木心堅實而能生發嫩枝，重獲活力。又九二爻變，《大過》☱的之卦爲《咸》☲。《咸》有事物感應時機而生長發育之意，所以爻辭云「枯楊生稊」。此是以物象暗喻人事，而以人事言之，即是「老夫得其女妻」。先解「女妻」，於卦象而言，上卦爲☱，爲少女，所以「女妻」即「與『老夫』女兒年齡相當的妻子」；又九二至九四互體成☴，爲老馬，爲父，意指「與少女父親年齡相當的丈夫」。互體☴與《大過》上卦☱共其九四之爻，可表夫妻共牢而食之義，所以王官將「老夫得其女妻」繫於九二爻之下。同時，亦說明了命筮者的意圖，即筮所娶之女妻是否吉利。將命卦與卦象相互貫通，體現了王官撰寫爻辭的巧妙安排。

《大過·九三》云：「棟橈，凶。」九三爻變，《大過》☱成《困》☵。《困》下卦爲☵，爲矯楺，爲加憂，爲心病，所以爻辭以「棟橈」來比喻人事的現狀。房屋之正梁不堅固，則房屋易崩塌，此爲凶。

《大過·九四》云：「棟隆，吉。有它吝。」九四居於下卦☴之上方，又處於上卦☱之下，是以剛強而在於陰柔之位，是能充實陰柔之弱虛，所以爲棟則能承其重，故爻辭云「棟隆」〔註144〕，即棟堅實而壯大之義。所以若稽疑房屋或建築之吉凶，筮得此卦則爲吉。此是王官在多次的占筮活動中的總結。又上卦《兌》爲毀折，九四處於其卦之下體，是在毀折之始，是告誡大過之時，當謹防外力的蓄意破壞，所以爻辭以「有它吝」而使問筮者（主人）能有所防備，而不至於使吉利轉爲凶吝。「有它吝」無明言爲何吝，體現了王官對具體的筮例所撰爻辭的提煉與精簡，而又能包含王官所特別貫注的「憂患意識」。

《大過·九五》云：「枯楊生華〔註145〕，老婦得其士夫，无咎，无譽。」

『女妻』。大過之家，過以相與，老夫得其女妻，故『無不利』。」（〔唐〕李鼎祚《周易集解》卷六，《景印文淵閣四庫全書》經部第 7 冊，第 703 頁下～704 頁上）此說多爲得之。

〔註144〕「棟隆」之意與爻位的對應關係，在《大過》中是一個難解之題，歷來儒者亦多有探尋，但少有說解透徹者。宋儒李過之說值得注意，其云：「上卦上弱下實，下實則可載，故四居上卦之下而曰『棟隆吉』。」（〔宋〕李過《西溪易說》卷六，《景印文淵閣四庫全書》經部第 17 冊，臺灣商務印書館，1986 年版，第 700 頁下）我們在此也爲初尋其意。

〔註145〕以楊比興婚姻，《詩經》有之，《齊風·東門之楊》云：「東門之楊，其葉牂牂。昏以爲期，明星煌煌。」（〔漢〕毛亨傳、〔漢〕鄭玄箋、〔唐〕孔穎達疏《毛

觀《大過》䷛，下卦爲☴，九三至九五爲☰，二卦相互構卦，即成《姤》䷫之象，爲女之至壯之時，九五又處於其極，所以爲「老婦」〔註146〕。又九五爻變，《大過》䷛之《恆》䷟。《恆》上卦爲☳，爲長男。所以綜合主卦《大過》、從卦《恆》而論之，即爲「老婦得其士夫」之象。此條爻辭體現著周禮對男女婚姻的官方態度。老婦嫁給士夫，是特殊時期的禮俗。《周禮·地官·大司徒》載：「〔大司徒〕以荒政十有二聚萬民：……十曰多昏……」〔註147〕《周禮·地官·媒氏》又載：「〔媒氏〕中春之月，令會男女，……司男女之無夫家者而會之。」〔註148〕是周之禮制在荒饑之年殺禮而多婚；中春二月可令鰥寡與未婚者相會，以期再婚，此與「多昏」之義亦合。《詩經·衛風·有狐》亦載有此種情形，其云：「有狐綏綏，在彼淇梁。心之憂矣，之子無裳。」〔註149〕是載喪偶之婦人憂慮無家室之男子無裳保暖的心境〔註150〕。所以在此禮制之下，王官將判詞「无咎，无譽」繫於「老婦得其士夫」之下。

《大過·上六》云：「過涉滅頂，凶。无咎。」〔註151〕上六處《大過》䷛之上極，是爲「過涉」。又上卦☱爲水澤；九三至九五互體成☰，爲首，居於☱水之下，是有「人之頭部沒於水中」之象，所以爻辭云「滅頂」。人遇滅頂之過過涉，有性命之憂，故爲「凶」。

《習坎·初六》云：「習坎，入于坎窞，凶。」處於《習坎》䷜之初，爲

詩注疏》卷七之一，阮元《十三經注疏》，藝文印書館，2013 年版，第 253 頁上）

〔註146〕我們所解與虞翻之說有異，虞云：「『老婦』謂初，《巽》爲婦，《乾》爲老，故稱『老婦』也。」（〔唐〕李鼎祚《周易集解》卷六，《景印文淵閣四庫全書》經部第 7 冊，第 704 頁下）即以初六爲「老婦」。

〔註147〕〔漢〕鄭玄注、〔唐〕賈公彥疏《周禮注疏》卷十，阮元《十三經注疏》，藝文印書館，2013 年版，第 157 頁下。

〔註148〕〔漢〕鄭玄注、〔唐〕賈公彥疏《周禮注疏》卷十四，阮元《十三經注疏》，藝文印書館，2013 年版，第 217 頁上～下。

〔註149〕〔漢〕毛亨傳、〔漢〕鄭玄箋、〔唐〕孔穎達疏《毛詩注疏》卷三之三，阮元《十三經注疏》，藝文印書館，2013 年版，第 141 頁上。

〔註150〕鄭玄《箋》云：「時婦人喪其妃耦，寡而憂是子無裳。無爲作裳者，欲與爲室家。」（〔漢〕毛亨傳、〔漢〕鄭玄箋、〔唐〕孔穎達疏《毛詩注疏》卷三之三，阮元《十三經注疏》，藝文印書館，2013 年版，第 141 頁上）

〔註151〕虞翻云：「《大壯》：《震》爲足。《兌》爲水澤，《震》足沒水，故『過涉』也。頂，首也。《乾》爲頂，頂沒《兌》水中，故『滅頂，凶』。」（〔唐〕李鼎祚《周易集解》卷六，《景印文淵閣四庫全書》經部第 7 冊，第 700 頁下）我們不取「《震》足」之義，僅就上下卦象直言之。

涉足坎難之始，最處坎之深處，又與六四無應，所以爻辭云「入于坎窞，凶。」又初六爻變，其卦之《節》䷻。《節》下卦☱為毀折，其亦為「凶」。

《習坎·九二》云：「坎有險，求小得。」履《習坎》䷜初六坎窞之上方，所履非正位，所以有危險。又九二至六四互體為☳，九二處於其活動之中，為剛健之行，欲於險中求得掙脫之路徑，此可從六三至九五互體卦☶（為徑路）得見。

《習坎·六三》云：「來之坎坎，險且枕〔註152〕，入于坎窞，勿用。」履《習坎》䷜下卦之極，又處上卦☵之下方，下為坎窞，上亦為坎窞，水入之，所以爻辭云「來之坎坎」。又因「來之坎坎」，所以「險且枕」。又六三爻變，《習坎》䷜之《井》䷯，此有「舟楫被水所淹沒之象」，所以爻辭云「入於坎窞」，其為不利用事之象，所以「勿用」。

《習坎·六四》云：「樽酒簋貳〔註153〕，用缶，納約自牖，終无咎。」履下卦☵之上，處上卦☵之下，其以柔居陰位，雖下無所應，有失卻援助之險，但居位得正，能行禮事，所以終為無過失，所以爻辭云「終无咎」。「樽酒簋貳，用缶，納約自牖」是其「无咎」之因，此類爻辭是應對之策或情景的脫困之辦法的說明，其參看了問筮者（主人）在現實中的所作所為而撰寫吉凶判詞，其未必同卦畫之象有一一對應之關聯，但其所體現的禮制觀念與爻辭撰寫背景值得表出。此爻辭彰顯了人們處於坎難之時，祭品、禮器等可從簡，但其禮必行，行必誠信。此爻辭以至為簡約的禮數，闡明了國家或人們陷入大困境之時的用禮情形，凸顯了周禮的重要的地位。

《習坎·九五》云：「坎不盈，祇既平，无咎。」居《習坎》䷜上卦之中，履位得正，能不為坎難所害。觀《習坎》䷜之卦體，六三至九五互體成☶，為山，水中有山，即水中之沙洲或高地，為能暫脫坎難之地，所以爻辭云「坎不盈，祇〔註154〕既平，无咎」。

〔註152〕險，陸德明云：「古文及鄭向本作檢，鄭云：『木在手曰檢。』」（〔唐〕陸德明《經典釋文》卷二《周易音義》，上海古籍出版社，2013年年版，第95頁）枕，陸德明云：「鄭玄云：『木在首曰枕頭。古文作沈。』」（〔唐〕陸德明《經典釋文》卷二《周易音義》，第95頁）

〔註153〕《周易注疏卷五考證》云：「陸本無貳字。」（《周易注疏》卷五《考證》，《十三經注疏》，清同治十年廣東書局據武英殿本重刊本，第4頁下）

〔註154〕祇，陸德明云：「鄭玄云：『祇當為坻，小丘也。』京作禔，《說文》同，音支；又上支反，安也。」（〔唐〕陸德明《經典釋文》卷二《周易音義》，上海古籍出版社，2013年年版，第95頁）我們取鄭玄之說。

　　《習坎・上六》云：「係用徽纆，寘於叢棘，三歲不得，凶。」履《習坎》☵上卦之極，亦居正位，若能利用九五暫居水中高地之地利，就地取材，假以工具，或可脫困；欲苟一時之安，得過且過，則有凶吝之災，所以爻辭云「凶」。「係用徽纆，寘於叢棘，三歲不得」是上六爻辭處境及出路的形象說法。上六履☶丘之上，暫得地利；若能思變，其爻動而之《渙》☴，有脫離險井險坎之象〔註155〕，此爲吉利。

　　《離・初九》云：「履錯然，敬之，无咎。」處《離》☲之初，往而附麗九四，而九四卻無應。又《離》☲六二至九四互體成☴，爲躁卦，九四處躁卦之極，其亦意欲附上，而不與初九呼應〔註156〕。若初九以剛強阻九四之上進，此爲無禮之舉，則恐犯過失；若能禮待九四，施行有節有序之禮義〔註157〕，保持警戒之心，則無過失，所以爻辭云「履錯然〔註158〕，敬之，

〔註155〕《渙》上卦☴，爲繩直。徽、纆皆爲繩索之名。陸德明云：「劉云：『三股曰徽，兩股曰纆，皆索名。』」（〔唐〕陸德明《經典釋文》卷二《周易音義》，上海古籍出版社，2013年年版，第96頁）。又《渙》六三至九五互體成☶，爲手，合此象之意義，即有「以手繫繩索」之象。《渙》上卦☴又爲木，其下之陰爻有草叢之象，可表草叢；其陽爻可皆指樹木，爻辭以「棘」實之，可也。

〔註156〕宋儒沈該云：「『履錯然』，四未照也。」（〔宋〕沈該《易小傳》卷三下，《景印文淵閣四庫全書》經部第10冊，臺灣商務印書館，1986年版，第547頁上）即九四無照應初九。

〔註157〕宋儒張浚云：「交物莫大於敬。《離》，文明萬物相見時；《離》初，禮所始行也。」（〔宋〕張浚《紫岩易傳》卷三，《景印文淵閣四庫全書》經部第10冊，臺灣商務印書館，1986年版，第96頁上）應乎物亦莫大於禮，以適合之禮待人接物，是文明之舉止。

〔註158〕錯然，王弼《注》云：「警慎之貌也。」（足利本《周易注疏》卷五，第319頁第29葉前）孔穎達《疏》因仍之。唐儒史徵云：「錯然謂不安之貌也。」（〔唐〕史徵《周易口訣義》卷三，《景印文淵閣四庫全書》經部第8冊，臺灣商務印書館，1986年版，第48頁下）宋儒程頤云：「錯然謂交錯也。」（〔宋〕程頤《伊川易傳》卷二，《景印文淵閣四庫全書》經部第9冊，臺灣商務印書館，1986年版，第270頁上）宋儒沈該云：「錯然，驚懼之貌也。始求所麗，而上明未照，跡不自安，是以『履錯然』也。」（〔宋〕沈該《易小傳》卷三下，《景印文淵閣四庫全書》經部第10冊，臺灣商務印書館，1986年版，第547頁下）明儒蔡清云：「錯，顛錯也。」（〔明〕蔡清《易經蒙引》卷四下，《景印文淵閣四庫全書》經部第29冊，臺灣商務印書館，1986年版，第300頁上）明儒陳士元云：「錯然者，謂其步趨紛亂，不成行列也。」（〔明〕陳士元《易象鉤解》卷二，《景印文淵閣四庫全書》經部第31冊，臺灣商務印書館，1986年版，第688頁上）明儒楊慎云：「錯，古《易》作舃。」（〔明〕熊過《周易象旨決錄》卷二，《景印文淵閣四庫全書》經部第31冊，臺灣商務印書館，1986年版，第503頁下），等等。可見，「錯然」無定一之說，我

无咎。」

　　《離·六二》云：「黃離，元吉。」履初九之上，得位居正，爲得文明之中正者，所以爻辭以色之中者「黃」言之〔註159〕。又六二爻動，其卦之《大有》☰，其爲大亨之卦，文明健行於天下，爲政通人和之象，此是大吉之利，所以爻辭云「元吉」。

　　《離·九三》云：「日昃之離，不鼓缶而歌，則大耋之嗟，凶。」居《離》☲下卦之極，有光明盛極而衰之象：九三至六五互體成☲，爲毀折，九三處毀折之卦，即有日光消減之象，可借指人之晚年。其九三之爻變，則卦之《噬嗑》☲，其九三至六五互體成☵，爲加憂，爲心病；又初九至九四，共六三之爻而體《頤》☲，處頤養晚年之時而憂愁有加無減，說明了社會養老體系的不作爲，反映了社會治亂暗昧的狀態。爻辭以老年群體的生存處境來書寫社會的動蕩不安，其云「不鼓缶而歌，則大耋之嗟」，如此，爻辭既與卦畫有一定的關聯〔註160〕，又能審時度勢，以小見大，針砭時弊，指出讓大耋者能擊缶而歌，方爲太平之世，如此方可化凶爲吉。

　　《離·九四》云：「突如其來如，焚如，死如，棄如。」履下卦☲之上方，處上卦☲六五之下，居非其位，其勢欲上而附麗於六五，而六五與之無應，其又不應於初九之禮待，所以最終被敬而遠之，所以爻辭云「棄如」。又《離》☲六二至九四互體成☲，爲木，爲風，其與☲下卦共六二、九三之爻，故有「木處於火」之象，木在火中，又得風之助力，從而由微弱轉爲旺盛，所以爻辭云「突如其來如，焚如」。火勢盛極而衰，木火終竟化成灰燼，所以爻辭云「死如」〔註161〕。又九四之爻變，其卦之《賁》☲，其六二至六四互體成☵，爲水，水剋火，所以《離》☲九四爻其火勢炎上，旺極而止，水熄之，風散之，故其如活物之死亡。火借風力而旺，是風爲助力；火勢轉弱，木燃成灰，風吹散之，是風棄之如敝履，所以爻辭云「死如，棄如」。爻辭以四個如修飾動詞，展示了火從微弱至旺盛、由極盛轉消亡、消亡而見棄的狀態。

　　　　們聯繫下文「敬之」之意，推定其意爲「安頓有序」。

〔註159〕孔穎達《疏》云：「黃者，中色。」（足利本《周易注疏》卷五，第320頁第29葉後）

〔註160〕九家《易》曰：「鼓缶者以目下視，《離》爲大腹，瓦缶之象。」（〔唐〕李鼎祚《周易集解》卷六，《景印文淵閣四庫全書》經部第7冊，第709頁下）

〔註161〕宋儒張浚云：「卦有互《巽》體，《巽》爲木、爲風，木火以風行，『突如其來如，焚如』也。火出木盡，『死如棄如』也。」（〔宋〕張浚《紫巖易傳》卷三，《景印文淵閣四庫全書》經部第10冊，第97頁上）是也。

　　《離·六五》云：「出涕沱若，戚嗟若，吉。」居《離》☲上卦☲之中，以陰柔之體處得尊位，是爲君者，爲人君而能心繫民生，哀民生之多艱而涕零如雨，悲戚歎惜，此是勵精圖治、欲正德厚生之始，其將使天下重現盛世之光，所以爲吉。顯而易見，爻辭「出涕沱若，戚嗟若」〔註162〕是對筮者（主人）精神面貌的抒寫，將其寫入爻辭，與王官所秉持的「憂患意識」密切相關。又六五爻變，其卦之《同人》☲，《同人》有得眾同心同德之義，此爲嚮明而治之吉象，所以爻辭云「吉」。

　　《離·上九》云：「王用出征，有嘉折首，獲匪其醜，无咎。」履《離》☲上卦☲之極，履非其位，爲光明轉向暗噁之際，此時外有匪患，所以王以筮稽疑，爻辭「王用出征」是此爻辭的撰寫背景。「有嘉折首，獲匪其醜，无咎」是對出征吉凶結果的判詞。上九爻變，其卦之《豐》☲，其上卦☲爲殺，《離》☲上卦爲甲冑，爲戈兵，所以《離》上九之爻有「以戈兵斬敵」之義，爻辭作者據此而斷王出征得勝。

第四節　《下經》爻辭的生成

　　《咸·初六》云：「咸其拇〔註163〕。」〔註164〕處《咸》☲之初，又是下卦☲之首爻，而《艮》爲手，首爻爲大拇指〔註165〕。初六爻變，其卦之

〔註162〕此爻辭既是對筮者占筮之時情感的寫實，又與卦畫之象有一定的關聯。清儒潘思矩云：「五居重明之中，互《兌》體之上。『出涕沱』，若目澤流也；戚而嗟，若《兌》口噈也。」（〔清〕潘思矩《周易淺釋》卷二，《景印文淵閣四庫全書》經部第 51 冊，臺灣商務印書館，1986 年版，第 81 頁上）是言可通。

〔註163〕拇，陸德明云：「拇，子夏作踇，荀作母，云陰位之尊」（〔唐〕陸德明《經典釋文》卷二《周易音義》，上海古籍出版社，2013 年版，第 97 頁）宋儒俞琰云：「當作踇。」（〔宋〕俞琰《周易集說》卷六，《景印文淵閣四庫全書》經部第 21 冊，臺灣商務印書館，1986 年版，第 44 頁下）虞翻作母（〔清〕李道平《周易集解纂疏》卷五，潘雨廷點校，中華書局，1994 年版，第 316 頁），李鼎祚（筆者按，母，《文淵閣四款全書》本《周易集解》誤作拇，參：〔唐〕李鼎祚《周易集解》卷七，《景印文淵閣四庫全書》經部第 7 冊，臺灣商務印書館，1986 年版，第 712 頁下）、惠棟等人從虞翻（〔清〕惠棟《周易述》卷五《周易下經》，鄭萬耕點校，中華書局，2007 年版，第 90 頁）據卦象，實當作拇，指手指。

〔註164〕初六爻辭，楚竹書《周易》作「欽亓拇」（濮茅左《上海博物館藏楚竹書周易》，第 60 頁），馬王堆書《周易》作「欽亓栂」（張政烺《馬王堆帛書周易經傳校讀》，《釋文》，第 59 頁六一上）。

〔註165〕孔穎達《疏》云：「拇是足大指也。」（〔魏〕王弼注，〔唐〕孔穎達疏《周易

《革》☲☱，革舊從新，此是文明教化之功。手是人們行事的重要肢體。爻辭作者以人之拇指的行爲舉止而突出人受感化的情況，採用了以小見大的表達方式。〔註166〕

《咸·六二》云：「咸其腓，凶；居，吉。」〔註167〕居《咸》☱☶下卦之中，履其正位，爲當無爲而治之時，居正而嚮明，此是吉象，所以爻辭云「居，吉」〔註168〕。又《咸》六二至九四互體成☴，爲股，六二在《巽》股之下，爻辭以「腓」實之，而《巽》爲躁動之卦，處當休養生息之時而躁動欲進，所以爲凶。爻辭「咸其腓」，以腓藉以指人。又六二爻變，其卦之《大過》☱☴，《大過》下卦☴爲躁卦，爲不果，當靜不靜，當止不止，而反入務進之道，將有凶吝，所以爻辭以「凶」判之。〔註169〕

《咸·九三》云：「咸其股，執其隨，往吝。」〔註170〕履《咸》☱☶六二

注疏》卷六，日本足利學校遺跡圖書館後援會影印南宋初年刊本，1973年版，第329頁第3葉前）後儒多宗之。而據《說卦》之文，☳爲足，☶爲手，孔氏之解與此相牴牾。我們以《說卦》之文爲據，是以「拇」爲大拇指。

〔註166〕宋儒都絜云：「此《咸》之《革》也，而爻辭云爾者，初六於體爲《艮》，陰靜而止，在下體之下，微而無能爲者也，然《艮》不終止，能止而能行；《艮》不終靜，能靜而能動，於是捨內而趨外，捨下而趨上，自陰應陽，翻然而改，可謂革而當者矣。」（〔宋〕都絜《易變體義》卷七，《景印文淵閣四庫全書》經部第11冊，臺灣商務印書館，1986年版，第703頁下）此實則道出了爻辭生成的一個機制，即參考之卦的卦象而撰寫爻辭。

〔註167〕六二爻辭，楚竹書《周易》作「欽亓腓，凶，尻吉」（濮茅左《上海博物館藏楚竹書周易》，第60頁），馬王堆帛書《周易》作「欽亓瘣」（張政烺《馬王堆帛書周易經傳校讀》，《釋文》，第59頁六一上）。

〔註168〕崔憬曰：「腓，腳膊；次於母上，二之象也。得位居中，於五有應，若感應相與，失《艮》止之禮，故凶。居而承比於三，順止而隨於當禮（筆者按，當禮，《文淵閣四款全書》本《周易集解》作禮當，參：〔唐〕李鼎祚《周易集解》卷七，《景印文淵閣四庫全書》經部第7冊，臺灣商務印書館，1986年版，第712頁下），故吉也。」（〔清〕李道平《周易集解纂疏》卷五，潘雨廷點校，中華書局，1994年版，第317頁）此從象數的意義解釋爻辭，可作參考。

〔註169〕宋儒都絜云：「此《咸》之《大過》也，而爻辭云爾者，初六應在於四，而九四以陽居陰，意在正應，巽而感乎下者也。初往而從之，善矣。若夫六二應在於五，而九五以剛居剛，志在上六，不能巽而感乎卜，與四之應初豈可同日語哉！六二往而隨之，既越九三之剛矣，又越九四之剛焉，以柔越二剛，而上應乎剛，是猶澤滅木，《大過》之義，而將有妄作之凶矣。然柔順中正，能改其過，而盡《艮》止之義，故不往而居，然後變凶而爲吉焉。」（〔宋〕都絜《易變體義》卷七，《景印文淵閣四庫全書》經部第11冊，臺灣商務印書館，1986年版，第704頁上）

〔註170〕九三爻辭，楚竹書《周易》作「欽亓腓，埶亓陸，吝」（濮茅左《上海博物館

之上方，處下卦《艮》之極，又居互體卦《巽》之中，而《巽》爲股，爲進退。股爲常動之肌體，控制著人進退的速度與方向。〔註171〕股當止而不止，受感而欲攜六二而進，不安居以待上六來應，將有悔吝，所以爻辭云「往吝」。〔註172〕

《咸‧九四》云：「貞吉，悔亡。憧憧往來，朋從爾思。」〔註173〕履《咸》☰下卦☷之上方，爲感而付諸行動者，其往而應於初六；初六若來，即與之相應。九四爻變，其卦之《蹇》☵，其上卦☵爲加憂，爲心病，是爲某人某事憂思之意，所以爻辭云「憧憧往來，朋從爾思」。〔註174〕因九四有憂患的意識，心向貞正，心慮所從之朋的品行，能擇善而從，所以爻辭云「貞吉，悔亡」。

《咸‧九五》云：「咸其脢，无悔。」〔註175〕居《咸》☰上卦☷之中，

<hr>

藏楚竹書周易》，第60頁），馬王堆帛書《周易》作「欽亓瀆，執亓隨，闇」（張政烺《馬王堆帛書周易經傳校讀》，《釋文》，第59頁六一上）。

〔註171〕王弼《注》云：「股之爲物，隨足者也；進不能制動，退不能靜處，所感在股，志在隨人者也。」（〔魏〕王弼注，〔唐〕孔穎達疏《周易注疏》卷六，日本足利學校遺跡圖書館後援會影印南宋初年刊本，1973年版，第330頁第3葉後）

〔註172〕王弼《注》云：「志在隨人，所執亦以賤矣，用斯以往，吝其宜也。」（〔魏〕王弼注，〔唐〕孔穎達疏《周易注疏》卷六，日本足利學校遺跡圖書館後援會影印南宋初年刊本，1973年版，第330頁第3葉後）崔憬曰：「股，腓而次於腓上，三之象也。剛而得中，雖欲感上，以居《艮》極，止而不前，二隨於己，志在所隨，故『執其隨』。下比二也，而遂感上，則失其正義，故『往吝』，窮也。」（〔唐〕李鼎祚《周易集解》卷七，《景印文淵閣四庫全書》經部第7冊，臺灣商務印書館，1986年版，第713頁上）

〔註173〕九四爻辭，楚竹書《周易》作「貞吉，亡悬，憧□□□□□志」（濮茅左《上海博物館藏楚竹書周易》，第60～62頁），馬王堆帛書《周易》作「貞吉，悬亡。童童往來，備從璽思」（張政烺《馬王堆帛書周易經傳校讀》，圖版第9頁六一上～10頁六一下）。

〔註174〕宋儒都絜云：「此《咸》之《蹇》也，而爻辭云爾者，九四以剛居柔，下位不正而有悔。必正而後吉，吉而後悔亡。此言其本體之義也。下文則言變體之義。蓋《易》六爻之義，以剛在前爲阻，若《節》之初九是也；以剛在下爲難，若《屯》之六二是也。《咸》之九四，上下皆剛，所以進退不可，而憧憧往來，若所謂蹇難也。險在前也，見險而能止者也。二剛近已，欲感之而不可，乃思初六之正應而得之，故曰『朋從爾思』。」（〔宋〕都絜《易變體義》卷七，《景印文淵閣四庫全書》經部第11冊，臺灣商務印書館，1986年版，第704頁下～705上）

〔註175〕九五爻辭，楚竹書《周易》作「欽亓拇，亡悬」（濮茅左《上海博物館藏楚竹書周易》，第62頁），馬王堆帛書《周易》作「欽其股，無悬」（張政烺《馬

履位得正。九五爻變，其卦之《小過》䷽，《小過》上卦☳與下卦☶成向背之象，所以爻辭以背脊肉「脢」言之，兩物情志交感，爲《咸》之正者，所以無悔。〔註 176〕

《咸·上六》云：「咸其輔頰舌。」〔註 177〕履《咸》䷞之上極，爲感之極致，且其居位得正，往而應九三，是交感而悅，悅而不躁動者，所以爻辭云「咸其輔頰舌」，言其言辭中正得體，能感化九三，使其勿冒進。〔註 178〕

《恒·初六》云：「浚恒，貞凶，无攸利。」〔註 179〕處《恒》䷟之初，在下卦☴之底，而《巽》爲長爲高，可借指事物程度之深者，所以爻辭云「浚恒」〔註 180〕。《恒》初六爻變，其卦之《大壯》䷡，物壯轉老，無有所利，所以爻辭云「貞凶，无攸利。」〔註 181〕

王堆帛書周易經傳校讀》，圖版第 10 頁六一下）。

〔註 176〕王弼《注》云：「脢者，心之上，口之下。進不能大感，退亦不爲無志，其志淺末，故無悔而已。」（〔魏〕王弼注，〔唐〕孔穎達疏《周易注疏》卷六，日本足利學校遺跡圖書館後援會影印南宋初年刊本，1973 年版，第 332 頁第 4 葉後）虞翻曰：「脢，夾脊肉也，謂四已變，《坎》爲脊，故『咸其脢』。得正，故『無悔』。」（〔唐〕李鼎祚《周易集解》卷七，《景印文淵閣四庫全書》經部第 7 冊，臺灣商務印書館，1986 年版，第 713 頁下）此兩說代表了義理、象數兩派對此爻辭的解讀，是研究此爻辭生成的重要參考資料。

〔註 177〕上六爻辭，楚竹書《周易》作「欽頌，夾胇」（濮茅左《上海博物館藏楚竹書周易》，第 62 頁），馬王堆帛書《周易》作「欽亓朕，陜舌」（張政烺《馬王堆帛書周易經傳校讀》，圖版第 10 頁六一下）。

〔註 178〕虞翻曰：「耳目之間稱輔頰。四變爲目，《坎》爲耳，《兑》爲口舌，故曰『咸其輔頰舌』。」（〔唐〕李鼎祚《周易集解》卷七，《景印文淵閣四庫全書》經部第 7 冊，臺灣商務印書館，1986 年版，第 713 頁下）

〔註 179〕初六爻辭，楚竹書《周易》作「𢿥㤅，貞凶，亡卣利」（濮茅左《上海博物館藏楚竹書〈周易〉》，第 64 頁），馬王堆帛書《周易》作「夐恆，貞凶，無攸利」（張政烺《馬王堆帛書周易經傳校讀》，《釋文》，第 55 頁四三上）。

〔註 180〕侯果云：「濬，深；恒，久也。初本六四，自四居初，始求深厚之位者也。」（〔唐〕李鼎祚《周易集解》卷七，《景印文淵閣四庫全書》經部第 7 冊，臺灣商務印書館，1986 年版，第 715 頁上～下）

〔註 181〕宋儒都絜云：「此《恒》之《大壯》也，而爻辭云爾者，蓋天下有恒道焉，有恒理焉，始於弱而終於壯，始乎淺而終乎深者。蓋所謂恒焉，故一陽爲《復》，二陽爲《臨》，至於四陽並長而復爲《大壯》，其《象》言『大者，壯也』者蓋言陽至是而壯也。豈於一陽初復而遂能壯哉，況於初六之柔巽而在下者，乎於一柔之在初，而有四剛並壯之意，則是以壯爲恒，以深爲恒，而無始終之序矣，故有『濬恒，貞凶』始求深之辭焉。蓋『濬』言深，而初言始也。」（〔宋〕都絜《易變體義》卷七，《景印文淵閣四庫全書》經部第 11 冊，臺灣商務印書館，1986 年版，第 706 頁上）

　　《恒·九二》云：「悔亡。」〔註182〕居下卦☴之中，雖履非其位，能有應於六五，所以尚能守世之常道。又九二爻變，《恒》☶之《小過》☷，即《恒》九二之行爲能止於中正，所以爻辭云「悔亡」。〔註183〕

　　《恒·九三》云：「不恒其德，或承之羞，貞吝。」〔註184〕履《恒》☴下體之終，☴爲不果，九三處於「不果」之下卦之極，即居躁動之極，爲不能恒守其德性者，所以爻辭警示筮者「不恒其德，或承之羞」〔註185〕之語。〔註186〕九三爻變，其卦之《解》☵，其下卦爲☵，爲豕，爲水（可指酒），意爲應以豕、酒等祭於神靈，或進獻王公，然而筮者卻不堅守誠信，終貳其心，所以即使是履得正位，究爲「貞吝」。〔註187〕

〔註182〕九二爻辭，楚竹書《周易》作「𢘓亡」（濮茅左《上海博物館藏楚竹書〈周易〉》，第64頁），馬王堆帛書《周易》作「𢘓亡」（張政烺《馬王堆帛書周易經傳校讀》，《釋文》，第55頁四三上），此兩書爻辭同。

〔註183〕虞翻云：「失位，悔也。動而得正，處中多譽，故『悔亡』也。」（〔唐〕李鼎祚《周易集解》卷七，《景印文淵閣四庫全書》經部第7冊，臺灣商務印書館，1986年版，第715頁下）宋儒都絜云：「此《恒》之《小過》也，而爻辭云爾者，蓋才稱其位者，理之常也；才過其位，則非理之常而有悔矣。然於體爲《巽》，而剛得乎中，又於卦爲《恒》而於中能久，則其才之過其位也，蓋亦小矣。與夫《大過》之九二『枯楊生華』而老夫女妻『過以相與者』有間焉，故曰『九二，悔亡』，能久中也。蓋言剛過則悔，久中則悔亡。」（〔宋〕都絜《易變體義》卷七，《景印文淵閣四庫全書》經部第11冊，臺灣商務印書館，1986年版，第706頁上～下）

〔註184〕九三爻辭，楚竹書《周易》作「不緪亓德，或丞亓憂，貞吝」（丁四新《楚竹書與漢帛書〈周易〉校注》，上海古籍出版社，2011年版，第87頁），馬王堆帛書《周易》作「不恆亓德，或承之羞，貞閵」（張政烺《馬王堆帛書周易經傳校讀》，《釋文》，第55頁四三上～56頁四三下）。

〔註185〕羞，王弼《注》：「德行無恒，自相違錯，不可致詰，故『或承之羞』也。」尋其語意，以「羞」爲「羞辱」。孔穎達《疏》申《注》意，其云：「德既無恒，自相違錯，則爲羞辱。」儒者宗之。我們據《左傳·隱公三年》所載「苟有明信，澗、溪、沼、沚之毛，……潢、污、行、潦之水，可薦於鬼神，可羞於王公」之文，認爲「或承之羞」之「羞」當是「祭品」或「進獻之物品」，不當取「羞辱」之義。

〔註186〕荀爽云：「與初同象，欲據初隔二，與五爲兌，欲悅之隔四，意無所定，故『不恒其德』。與上相應，欲往承之，爲陰所乘，故『或承之羞』也。」（〔唐〕李鼎祚《周易集解》卷七，《景印文淵閣四庫全書》經部第7冊，臺灣商務印書館，1986年版，第715頁下）

〔註187〕宋儒都絜云：「此《恒》之《解》也，而爻辭云爾者，當天下貴常道之時，而乃不恒其德，或用剛而剛過乎中，或用巽而巽過乎中，是皆不恒其德而小人之道也，非君子之道也。君子者下之所願承，上之所樂與，其得位也將爲天下利焉；小人反是而爲天下之難，則下之所欲去，而上之所棄。庶幾解天下

　　《恒·九四》云：「田无禽。」〔註188〕九四以陽履陰位，與初六有應，然皆非居正位，無有恒心，所以無獲其利。此是筮者稽疑田獵之情況，筮人繫之以「田无禽」〔註189〕，既是對占筮結果的記錄，又反映了此次占筮的靈驗。所以最終其見錄於《周易》。九四爻變，其卦之《升》䷭，上卦☷爲子母牛，無禽鳥之象，所以亦爲「田无禽」之意。

　　《恒·六五》云：「恒其德貞。婦人吉，夫子凶。」〔註190〕居上卦☳之中，《震》爲決躁之卦，六五雖以陰爻處陽位，但履得尊位，爲能貞守常道者。又六五爻變，其卦之《大過》䷛。《大過》九三至九五互體爲☰，爲天，天行健，其道爲恒，所以爻辭云「恒其德貞」。若以男女婚姻吉凶言之〔註191〕，六五處於《恒》之尊位，婦人如能恒守其道，忠貞不移，雖女有陽剛之性，但不失吉利之象；婦人有陽剛之恒德，若夫子不能勝其氣勢，以至於陰盛陽衰，爲陰所制，夫子將有凶。所以爻辭云「婦人吉，夫子凶」。〔註192〕

　　《恒·上六》云：「振恒凶。」〔註193〕履《恒》之上極，居位得正，當爲能守恒者，然而上卦爲☳，上六處於其善動之上位，在應堅守常道之時，

之難而上下之所不容也。」（〔宋〕都絜《易變體義》卷七，《景印文淵閣四庫全書》經部第 11 冊，臺灣商務印書館，1986 年版，第 706 頁下）此可作參考。

〔註188〕九四爻辭，楚竹書《周易》作「畋亡禽」（濮茅左《上海博物館藏楚竹書〈周易〉》，第 64 頁），馬王堆帛書《周易》同今本（張政烺《馬王堆帛書周易經傳校讀》，《釋文》，第 56 頁四三下）。

〔註189〕虞翻云：「田爲二也，地上稱田。無禽爲五也，九四失位，利二上之五，已變承之，故曰『田無禽』，言二五皆非其位。」（〔清〕李道平《周易集解纂疏》卷五，潘雨廷點校，中華書局，1994 年版，第 325 頁）

〔註190〕六五爻辭，楚竹書《周易》作「緪亓德，貞，婦人吉，夫子凶」（濮茅左《上海博物館藏楚竹書〈周易〉》，第 64～66 頁），馬王堆帛書《周易》作「恆亓德貞，婦人□，夫子凶」（張政烺《馬王堆帛書周易經傳校讀》，《釋文》，第 56 頁四三下）。

〔註191〕振，虞翻作震，李鼎祚從之（〔唐〕李鼎祚《周易集解》卷七，《景印文淵閣四庫全書》經部第 7 冊，臺灣商務印書館，1986 年版，第 716 頁上）。

〔註192〕虞翻云：「動正成《乾》，故『恒其德』。婦人謂初，《巽》爲『婦』，終變成《益》，震四復初，婦得歸陽，從一而終，故『貞婦人吉』也。震乾之子而爲巽夫，故曰『夫子』。終變成《益》，震四從巽，死於坤中，故『夫子凶』也。」（〔唐〕李鼎祚《周易集解》卷七，《景印文淵閣四庫全書》經部第 7 冊，臺灣商務印書館，1986 年版，第 716 頁上）

〔註193〕上六爻辭，楚竹書《周易》作「敳死，貞凶」（濮茅左《上海博物館藏楚竹書〈周易〉》，第 66 頁），馬王堆帛書《周易》作「夐恆兇」（張政烺《馬王堆帛書周易經傳校讀》，《釋文》，第 56 頁四三下）。

常務振奮突破現狀之舉動，凶事則至。又上六爻變，其卦之《鼎》☲，即去常道，欲創建新的制度。履《恒》道之最，應以穩健之心態維持常道，而今卻常思鼎新之作為，此於《恒》道而言即為凶，所以王官撰「振恒凶」之辭。〔註 194〕

　　《遯·初六》云：「遯尾厲，勿用有攸往。」〔註 195〕處《遯》☶之始，初六在下卦☶之底，而《艮》為止，為山之底部，即遯者將止步於山底下，為未能全身心之遯隱者。遯隱於他人之末尾〔註 196〕，不如不行遯隱之事，靜觀事態之變化，安如磐石，待時而動；若執意前往，則將有危厲之患。〔註 197〕如斯觀之，所以撰此爻辭。

　　《遯·六二》云：「執之用黃牛之革，莫之勝說。」〔註 198〕六二居下卦☶之中，而《艮》為手，可以執人；《遯》☶六二至九四互體為☴，為繩直，是六二之爻有「以繩索執人」之象，爻辭用「執之用黃牛之革」，「革」與「繩索」功用相同，爻辭作者出於表意需要，將「繩直」置換為「黃牛之革」，以說明綁執人之牢固，所以爻辭又云「莫之勝說」。〔註 199〕

〔註 194〕宋儒都絜云：「此《恒》之《鼎》也，而爻辭云爾者，恒之道，以體常為主；鼎之材以盡變為主，本乎體常時乎盡變，而終歸於靜者，道之常也。故不以振動為恒，斯可久矣。」（〔宋〕都絜《易變體義》卷七，《景印文淵閣四庫全書》經部第 11 冊，臺灣商務印書館，1986 年版，第 707 頁下）
〔註 195〕初六爻辭，楚竹書《周易》作「𦜕亓尾礪，勿用又卣逄」（濮茅左《上海博物館藏楚竹書〈周易〉》，第 68 頁），馬王堆帛書《周易》作「掾尾厲，勿用有攸往」（張政烺《馬王堆帛書周易經傳校讀》，《釋文》，第 45 頁三上）。
〔註 196〕尾，王弼《注》云：「尾之為物，最在體後者也。」孔穎達《疏》申《注》之義，云：「『遯尾厲』者，為遯之尾，最在後遯者也。」（〔魏〕王弼注，〔唐〕孔穎達疏《周易注疏》卷六，日本足利學校遺跡圖書館後援會影印南宋初年刊本，1973 年版，第 344 頁第 10 葉後～345 頁第 11 葉前）即此「尾」並非動物之尾，而是表示次序之末尾。孔氏之解得之，我們取其說。
〔註 197〕陸績曰：「陰氣已至於二，而初在其後，故曰『遯尾』也。避難當在前而在後，故『厲』。往則與災難會，故『勿用有攸往』。」（〔唐〕李鼎祚《周易集解》卷七，《景印文淵閣四庫全書》經部第 7 冊，臺灣商務印書館，1986 年版，第 717 頁下）
〔註 198〕六二爻辭，楚竹書《周易》作「玟用黃牛之革，莫之勳攽」（濮茅左《上海博物館藏楚竹書〈周易〉》，第 68 頁），馬王堆帛書《周易》作「共之用黃牛之勒，莫之勝奪」（張政烺《馬王堆帛書周易經傳校讀》，《釋文》，第 45 頁三上）。
〔註 199〕虞翻曰：「《艮》為手，稱『執』。《否》：《坤》為黃牛。《艮》為皮，四變之初，則《坎》水濡皮。《離》日乾之，故『執之用黃牛之革』。莫，無也；勝，能；說，解也。《乾》為堅剛，《巽》為繩，《艮》為手，持革縛三在《坎》中，故

《遯‧九三》云：「係遯有疾〔註200〕，厲。畜臣妾吉。」〔註201〕九三居互體卦☱之中，☱爲繩直，能以之繫人；九三又履下卦☶之極，☶爲手，爲「以繩索綁繫人之動作肢體」之象。九三如急疾而往，欲係上六，則恐爲六二所執，無法脫身而行隱遯之事，終將身陷危厲。若能靜修其德，不爲躁動，以務家事如畜養臣妾者爲重，則能渡過難關，獲得吉利，所以爻辭云「畜臣妾吉」。又九三爻變，其卦之《否》☷。《否》下卦☷爲眾，畜養眾人而積蓄利己之力量，此爲吉利之象。〔註202〕

《遯‧九四》云：「好遯，君子吉，小人否。」〔註203〕履下卦☶之上，處上體☰之底，是動能而健行者，此時是行遯隱之事的好時機。君子行此道，修身養性，闡發大猷，所以爲吉；小人行此道，居心不正，易入歪門邪道，所以爲否。又九四爻變，其卦之《漸》☶。《漸》九三至九五互體爲☲，有光明之象，爲君子之孚光，所以吉；六二至六四互體成☵，爲加憂，爲心病，易閉塞不通，故爲小人之否。

《遯‧九五》云：「嘉遯，貞吉。」〔註204〕九五居中得位，爲《遯》之

〔註200〕 『莫之勝說』也。」（〔唐〕李鼎祚《周易集解》卷七，《景印文淵閣四庫全書》經部第 7 冊，臺灣商務印書館，1986 年版，第 717 頁下）是解可資參考。

〔註200〕 疾，王弼《注》云：「遯之爲義，宜遠小人，以陽附陰，繫於所在，不能遠害，亦已劣矣。」是「疾」爲「害」。虞翻曰：「四變三，體《坎》；《坎》爲疾，故『有疾厲』。」（〔唐〕李鼎祚《周易集解》卷七，《景印文淵閣四庫全書》經部第 7 冊，臺灣商務印書館，1986 年版，第 718 頁上）

〔註201〕 九三爻辭，楚竹書《周易》作「係縢有疾礪，畜臣妾吉」（濮茅左《上海博物館藏楚竹書〈周易〉》，第 68 頁），馬王堆帛書《周易》作「爲掾，有疾厲，畜僕妾吉」（張政烺《馬王堆帛書周易經傳校讀》，《釋文》，第 45 頁三上～46 頁三下）。

〔註202〕 宋儒都絜云：「此《遯》之《否》也，而爻辭云爾者，二陰爲《遯》，三陰爲《否》，遯至於九三則不止乎，遯而又否也，然且以剛居剛，固有其位，則猶有所繫而祿隱者也，故曰『係遯』。蓋『係』言祿而遯隱也，於是而富且貴焉，則疾厲所不能免。若夫僅爲祿仕而已，則全身遠害而疾厲未必有也，故曰『有疾厲』。蓋相爲祿仕，則畜臣妾而有之可矣，故曰『畜臣妾吉』。有『疾厲』者，居過中而多凶之地也；『臣妾吉』者，不比乎二陰也，此亦《否》之象。」（〔宋〕都絜《易變體義》卷七，《景印文淵閣四庫全書》經部第 11 冊，臺灣商務印書館，1986 年版，第 709 頁上～下）此解是。

〔註203〕 九四爻辭，楚竹書《周易》作「好縢，君子吉，小人否」（濮茅左《上海博物館藏楚竹書〈周易〉》，第 68～70 頁），馬王堆帛書《周易》作「好掾，君子吉，小人不」（張政烺《馬王堆帛書周易經傳校讀》，《釋文》，第 46 頁三下）。

〔註204〕 九五爻辭，楚竹書《周易》作「嘉縢，吉」（濮茅左《上海博物館藏楚竹書〈周易〉》，第 70 頁），馬王堆帛書《周易》作「嘉掾，貞吉」（張政烺《馬王堆帛

主，所以爻辭云「嘉遯」。〔註205〕若能身正而行遁隱之事，則爲吉利，所以爻辭云「貞吉」。〔註206〕

《遯‧上九》云：「肥遯，无不利。」〔註207〕履《遯》之上極，距下卦之危屬最遠，又以陽剛之體居於陰位，是能掌控自身者。又上九爻變，其卦之《咸》䷞。《咸》上卦☱，爲說，人之心寬，則體胖，所以爻辭繫之以「肥遯」。遠害而心悅，如此行遯，則物無害己，所以王官撰「无不利」之辭。〔註208〕

《大壯‧初九》云：「壯於趾，征凶。有孚。」〔註209〕處《大壯》䷡之底，爲壯之始，居內而往應九四，壯☳足之趾，然卻未得九四之呼應，恐見侵於履非其位之九四，所以爻辭云「壯於趾，征凶」。〔註210〕若能穩居其位，不爲躁妄之舉，如潛龍勿用事，則能有孚於眾人，從而獲得吉利。顯然，爻辭簡省了「吉」之判詞。初九之爻變，其卦之《恆》䷟。於《恆》卦而言，固守恆道者吉，浮躁用事者凶。依據此意，亦可得初九爻辭撰寫之

書周易經傳校讀》，《釋文》，第 46 頁三下）。

〔註205〕 朱震云：「陽爲美，九五中正，無以加焉，美之至也。剛中處外，可行則行也；當位而應，可止則止也。不後而往，不柔而應，不安於疾憊，不繫於情好，遯之至美，故曰『嘉遯』。」（〔宋〕朱震《漢上易傳》卷四，《景印文淵閣四庫全書》經部第 11 冊，臺灣商務印書館，1986 年版，第 120 頁上～下）

〔註206〕 虞翻云：「剛當位應二，故『貞吉』。」（〔唐〕李鼎祚《周易集解》卷七，《景印文淵閣四庫全書》經部第 7 冊，臺灣商務印書館，1986 年版，第 718 頁下）

〔註207〕 上九爻辭，楚竹書《周易》作「肥豚，亡不利」（濮茅左《上海博物館藏楚竹書〈周易〉》，第 70 頁），馬王堆帛書《周易》作「肥掾，先不利」（張政烺《馬王堆帛書周易經傳校讀》，《釋文》，第 46 頁三下）。

〔註208〕 虞翻云：「乾盈爲肥，二不及上，故『肥遯，無不利』。」（〔唐〕李鼎祚《周易集解》卷七，《景印文淵閣四庫全書》經部第 7 冊，臺灣商務印書館，1986 年版，第 718 頁下）朱震云：「上九盈矣。動成兌，說見於外，肥也。上九處卦外，內無應，動則正，無往不利。其於遯也，有餘矣，故曰『肥遯』。所以無不利者，剛決不繫於四，無疑情也。巽爲不果疑也。」（〔宋〕朱震《漢上易傳》卷四，《景印文淵閣四庫全書》經部第 11 冊，臺灣商務印書館，1986 年版，第 120 頁下）

〔註209〕 初九爻辭，阜陽漢簡《周易》殘句作「壯□□□□有復」（《阜陽漢簡〈周易〉釋文》，第 33～34 頁），馬王堆帛書《周易》作「壯於止，正兇，有復」（張政烺《馬王堆帛書周易經傳校讀》，《釋文》，第 53 頁三三上）。

〔註210〕 王弼《注》云：「在下而壯，故曰『壯於趾』也。居下而用剛壯，以斯而進，窮凶可必也，故曰『征凶有孚』。」（〔魏〕王弼注，〔唐〕孔穎達疏《周易注疏》卷六，日本足利學校遺跡圖書館後援會影印南宋初年刊本，1973 年版，第 350 頁第 13 葉後）

由來。

《大壯・九二》云：「貞吉。」〔註211〕九二履非其位，然居中思正，其正則爲吉。〔註212〕九二爻變，則卦之《豐》☲。《豐》下卦☲有光明之象，所以參考主卦、之卦之卦象，王官撰「貞吉」之辭。〔註213〕

《大壯・九三》云：「小人用壯，君子用罔，貞厲。羝羊觸藩，羸其角。」〔註214〕履《大壯》下卦☰之極，爲健壯之大者。若小人筮得此爻而用事，以勢單力薄應付困境，逞強用壯，即使是爲正事，亦爲危厲〔註215〕；若君子以之用事，則如自作羅網，削弱己之力量，亦同爲危厲之舉〔註216〕。君子、小人如此用事，皆如公羊以其角碰撞藩籬，不得其益，反自招損失。又九三爻變，其卦之《歸妹》☳。《歸妹》九二至九四互體成☵，有網羅之象〔註217〕，《大壯》九三居☰之極，爲君子躁動之時，所以綜合主卦、從卦卦象觀之，《大壯》九三爻有「君子用罔」之象；《歸妹》下卦爲☱，爲毀折，是君子若網羅親己力量，將遭受毀折之災。以此觀之，所以爻辭作者撰有「貞厲」之判詞，以警示稽疑者。

〔註211〕九二爻辭，阜陽漢簡《周易》殘句作「貞吉」（《阜陽漢簡〈周易〉釋文》，第33～34頁），同本今；馬王堆帛書《周易》亦作「貞吉」（張政烺《馬王堆帛書周易經傳校讀》，《釋文》，第53頁三三上）。

〔註212〕朱震云：「九二剛中，壯而處中，其動也正，正則吉。」（〔宋〕朱震《漢上易傳》卷四，《景印文淵閣四庫全書》經部第11冊，臺灣商務印書館，1986年版，第121頁下）

〔註213〕虞翻云：「變得位，故『貞吉』。動體離，故『以中也』。」（〔唐〕李鼎祚《周易集解》卷七，《景印文淵閣四庫全書》經部第7冊，臺灣商務印書館，1986年版，第719頁下）此解是。

〔註214〕九三爻辭，阜陽漢簡《周易》殘句作「羊觸藩羸其」（《阜陽漢簡〈周易〉釋文》，第34頁），同本今；馬王堆帛書《周易》作「小人用壯，君子用亡，貞厲。羝羊觸藩，羸亓角」（張政烺《馬王堆帛書周易經傳校讀》，《釋文》，第53頁三三上）。

〔註215〕孔穎達《疏》云：「九三處《乾》之上，是健之極也；又以陽居陽；是健而不謙也。健而不謙，用其壯也。小人當此，不知恐懼，用以爲壯盛，故曰『小人用壯』。」（〔魏〕王弼注，〔唐〕孔穎達疏《周易注疏》卷六，日本足利學校遺跡圖書館後援會影印南宋初年刊本，1973年版，第351頁第14葉前）

〔註216〕朱震云：「君子處此，自守其正，有剛而不用。」（〔宋〕朱震《漢上易傳》卷四，《景印文淵閣四庫全書》經部第11冊，臺灣商務印書館，1986年版，第121頁下）我們之意異於此。

〔註217〕虞翻云：「二已變《離》，《離》爲罔，三乘二，故『君子用罔』。」（〔唐〕李鼎祚《周易集解》卷七，《景印文淵閣四庫全書》經部第7冊，臺灣商務印書館，1986年版，第720頁上）其實，不是二變體《離》，而是三變體《離》。

　　《大壯‧九四》云：「貞吉，悔亡。藩決不羸，壯于大輿之輹。」〔註218〕
九四爻變，則爲履正位，其卦之《泰》☷☰。《泰》爲小往大來之卦，所以爻辭
判之以「貞吉，悔亡」。〔註219〕又《大壯》上卦☳之☰，☰爲大輿，《大壯》
九四能加固大輿之輹，猶如藩籬被決開而羊角不損傷，所以爲吉。顯然，「藩
決不羸，壯於大輿之輹」是對「貞吉，悔亡」的展開的形象解說。〔註220〕

　　《大壯‧六五》云：「喪羊于易，无悔。」〔註221〕《大壯》六五履非其
位，然能以剛壯之體居於陰柔之位，又與六二有應，所以無悔吝。又《大壯》
九三至六五互體成☱，爲羊；六五之爻變，則其卦之《夬》☰，此卦上體爲
☱，爲毀折，所以《大壯》六五有「羊毀折」之象。〔註222〕此主卦、之卦之
卦象，與人們在名爲「易」之地喪失羊之事的意義類似，所以爻辭作者借之
以明象。爻辭作者簡省了「喪羊于易」的本事，此是爻辭作者特意的安排，
其已在一般的意義上採用「喪羊于易」〔註223〕之事，其意在說明：即使自己

〔註218〕九四爻辭，馬王堆帛書《周易》作「貞吉，悬亡。薵塊不羸，壯於泰車之緮」
　　　　（張政烺《馬王堆帛書周易經傳校讀》，《釋文》，第 54 頁三三下）。

〔註219〕虞翻云：「失位，悔也；之正得中，故『貞吉』而『悔亡』矣。」（〔唐〕李鼎
　　　　祚《周易集解》卷七，《景印文淵閣四庫全書》經部第 7 冊，臺灣商務印書館，
　　　　1986 年版，第 720 頁上）

〔註220〕朱震云：「震爲萑葦，爲竹木，在外爲藩。兌爲羊，前剛爲角，震爲反生，羊
　　　　角反生爲羝羊。羝羊，殺也。三往觸上，剛絓於藩，六來乘之，兌毀羊喪其
　　　　很。」（〔宋〕朱震《漢上易傳》卷四，《景印文淵閣四庫全書》經部第 11 冊，
　　　　臺灣商務印書館，1986 年版，第 122 頁上）此言是。王官因卦象而造譬喻之
　　　　語，可見王官運思的慎密。

〔註221〕六五爻辭，馬王堆帛書《周易》作「亡羊於易，無悔」（張政烺《馬王堆帛書
　　　　周易經傳校讀》，《釋文》，第 54 頁三三下）。

〔註222〕虞翻云：「四動成《泰》，《坤》爲『喪』也。《乾》爲『易』，四上之五，《兌》
　　　　還屬《乾》，故『喪羊於易』。」（〔唐〕李鼎祚《周易集解》卷七，《景印文淵
　　　　閣四庫全書》經部第 7 冊，臺灣商務印書館，1986 年版，第 720 頁下）此解
　　　　有牽合爻辭與卦象之弊，我們不取此義。

〔註223〕王國維從殷卜辭中考見商之祖先當有王亥者（王國維《殷卜辭中所見先公先
　　　　生》，《觀堂集林》卷九，中華書局，1959 年版，第 415～418 頁）《山海經‧
　　　　大荒東經》載：「有困民國，勾姓而食。有人曰王亥，兩手操鳥，方食其
　　　　頭。王亥託於有易河伯僕牛。有易殺王亥，取僕牛。」郭璞《注》云：「《竹
　　　　書》曰：『殷王子亥賓於有易而淫焉。有易之君綿臣殺而放之，是故殷主甲微
　　　　假師於河伯，以代有易，滅之，遂殺其君綿臣也。』」（〔清〕郝懿行《山海經
　　　　箋統》卷十四，海王邨古籍從刊本，中國書店，1991 年版，第 5 頁下）《竹
　　　　書紀年‧帝泄》載：「十二年，殷侯子亥賓於有易，有易殺而放之。十六年殷
　　　　侯微以河伯之師伐有易，殺其君綿臣。」（《竹書紀年》卷上，《四部叢刊》史

處於力量旺壯之時，亦存在薄弱的環節；而在薄弱的方面有所損失，不當有悔吝之心，而當繼續擴大其優勢。思及於此，故王官撰「喪羊于易，无悔」之辭。

《大壯・上六》云：「羝羊觸藩，不能退，不能遂，无攸利；艱則吉。」〔註224〕履《大壯》之上極，與九三有應。九三爻辭云「羝羊觸藩，羸其角」，處於當用事之際，而如「羝羊觸藩」，傷其角於藩籬之中，進退兩難，無法脫身，此爲危及自身之事，所以爻辭云「羝羊觸藩，不能退，不能遂，无攸利」〔註225〕。《大壯》上六爻變，其卦之《大有》☲，在艱難之中，能保持其力量，則爲吉，所以爻辭云「艱則吉」。

《晉・初六》云：「晉如摧如，貞吉，罔孚裕，无咎。」〔註226〕處《晉》☶之初，其與九四有應，欲進之又進，以應九四之光明。〔註227〕初六爻變而之《噬嗑》☲。《噬嗑》下卦爲☳，爲震足，爲作足，而《晉》下卦☷爲大輿，快馬所拉引之大輿前行，所以爻辭云「晉如摧〔註228〕如」〔註229〕，前行而追

部第86冊，第16頁上）《山海經》《竹書紀年》皆記王亥之事，其中《山海經》載「有易殺王亥取僕牛」之事，論者如顧頡剛、李鏡池引而申之，以爲《大壯・六五》爻辭「喪羊於易」及《旅・上九》爻辭「鳥焚其巢，旅人先笑後號咷，喪牛於易，凶」即是王亥之事。此未見其必然，首先，《山海經》《竹書紀年》無明文載有王亥「喪羊於易」；其次，「喪羊於易」「喪牛於易」，依爻辭之意，是「在名爲『易』之地容易喪失羊、牛」，此與「有易殺王亥，取僕牛」之意有著不可忽視的區別；三是，爻辭作者特意簡省了爻辭的本事，其已在一般的意義上使用「喪羊於易」「喪牛於易」，在「易」之地喪失的牛、羊蓋不在少數，所以成爲固定的成語，被採入《周易》。總之，研究《周易》爻辭的本事甚有意義，但不可牽合爻辭與史事，以爲《周易》爻辭皆與史料關聯。

〔註224〕上六爻辭，馬王堆帛書《周易》作「羝羊觸藩，不能復，不能遂，無攸利，根則吉」（張政烺《馬王堆帛書周易經傳校讀》，《釋文》，第54頁三三下）。
〔註225〕對於卦畫與「羝羊觸藩，不能退，不能遂，無攸利」的關聯，虞翻曰：「應在三，故『羝羊觸藩』。遂，進也，謂四已之五，體《坎》。上能變之《巽》，《巽》爲進退，故『不能退，不能遂』。退則失位，上則乘剛，故『無攸利』。」（〔唐〕李鼎祚《周易集解》卷七，《景印文淵閣四庫全書》經部第7冊，第720頁下）此解有順爻辭而「構造」卦象之嫌，故我們不取此說。
〔註226〕初六爻辭，馬王堆帛書《周易》作「晉如晉如，貞吉，悉亡。復浴，無咎」（張政烺《馬王堆帛書周易經傳校讀》，《釋文》，第61頁七一上）。
〔註227〕朱震云：「晉之始，見有應則動而進，故『晉』。」（〔宋〕朱震《漢上易傳》卷四，《景印文淵閣四庫全書》經部第11冊，臺灣商務印書館，1986年版，第124頁上）此解是。
〔註228〕摧，王弼《注》云：「處順之初，應明之始，明順之德，於斯將隆。進明退順，

逐光明之德，所以爻辭以「吉」判之。又初六居非其位，其德尚未廣大，於大眾之中亦尚未能突出自身，所以爻辭云「罔孚裕」，即未能於大眾之中樹立威信。然而其心嚮明，行事正大，所以終竟無咎。〔註230〕

　　《晉‧六二》：「晉如愁如，貞吉。受茲介福，于其王母。」〔註231〕六二居《晉》☲☷下卦之中，其爻變，則之《未濟》☲☵。《未濟》下卦☵，為加憂，為心病，可表憂愁之意。處漸進之際，憂慮其接應者是否應己，變其爻而應六五，能以居正之德，進而能審時度勢，待時而動，隨遇而安，所以爻辭云「晉如愁如，貞吉」〔註232〕。又《晉》六二至九四互體成☶，為手，手能接受所賜之物；《晉》下卦為☷，為母〔註233〕，六二居《坤》之中，故《晉》六二爻有「以手接受王母所賜之物」之象，所以爻辭云「受茲介福，

不失其正，故曰『晉如摧如』。」推其意，即以「摧」為「退」之意。孔穎達因之，云：「何氏云：『摧，退也。……進則之明，退則居順。進之與退，不失其正，故曰『晉如摧如，貞吉』也。」（（〔魏〕王弼注，〔唐〕孔穎達疏《周易注疏》卷六，日本足利學校遺跡圖書館後援會影印南宋初年刊本，1973年版，第357頁第17葉前～358頁第17葉後）後儒多宗之。我們尋爻辭之義，「摧」亦當是「進」之義，為「進之又進」之意。

〔註229〕虞翻云：「晉，進；摧，憂愁也。應在四，故『晉如』。失位，故『摧如』。」（〔唐〕李鼎祚《周易集解》卷七，《景印文淵閣四庫全書》經部第7冊，臺灣商務印書館，1986年版，第722頁上）此從應合、得失位的角度闡釋爻辭的來源，可作參考。

〔註230〕宋儒都絜云：「此《晉》之《噬嗑》也，而爻辭云爾者，以當體言之，則當晉之時，禮陰居下以正，而吉道未彰著，故可信之道人不見信，然未受命，故裕於進退而無咎也。以變體言之，則當晉之時，而晉如體陰居下而摧如正，必有信而人不見信，必有為之間者，故曰『罔孚』。有間未除，則未受命而進退可裕，故曰『裕無咎』。變體為《噬嗑》，其義則『頤中有物』，為之間也。夫《噬嗑》除間之卦，今乃有間而未除者，以在一卦之初也。……《晉》本無間，以體陰居下，又在一卦之初，則間或不免乎？有之，故為《晉》之《噬嗑》。」（〔宋〕都絜《易變體義》卷七，《景印文淵閣四庫全書》經部第11冊，臺灣商務印書館，1986年版，第711頁下～712頁上）

〔註231〕六二爻辭，阜陽漢簡《周易》殘句作「福於其王母」（《阜陽漢簡〈周易〉釋文》，第34頁），馬王堆帛書《周易》作「溍如□如，貞吉。受□□□亓王母」（張政烺《馬王堆帛書周易經傳校讀》，《釋文》，第62頁七一下）。

〔註232〕虞翻曰：「《坎》為應，在《坎》上，故『愁如』。得位處中，故『貞吉』也。」（〔唐〕李鼎祚《周易集解》卷七，《景印文淵閣四庫全書》經部第7冊，第722頁上）

〔註233〕朱震云：「數親自二為上，二為已，三為考，四為祖，五坤，祖之配也，故祖母謂之王母。」（〔宋〕朱震《漢上易傳》卷四，《景印文淵閣四庫全書》經部第11冊，臺灣商務印書館，1986年版，第124頁下）

于其王母」〔註234〕。

《晉・六三》云：「眾允，悔亡。」〔註235〕履《晉》☲下卦之上極，與上九為應，為進而得眾者者，所以爻辭云「眾允，悔亡」。〔註236〕

《晉・九四》：「九四，晉如鼫鼠，貞厲。」〔註237〕處《晉》☲上卦之底，履非其位。又《晉》六二至九四互體成☶，為鼠；九四居於《艮》之極，為不能前行之鼫鼠，當進而不進，所以將有危厲。〔註238〕《晉》九四爻變，其卦之《剝》☶，進而入《剝》道，所以將有危厲，故王官以「貞厲」之辭告誡稽疑者。

《晉・六五》云：「悔亡。失〔註239〕得勿恤，往吉，无不利。」〔註240〕六五居上卦☲之中，以陰柔之體處陽位，履非其位，然而行事光明，所以其

〔註234〕虞翻曰：「《乾》為『介福』，《艮》為手，《坤》為虛，故稱『受』。介，大也，謂五已正中。《乾》為王，《坤》為母，故『受茲介福，於其王母』。」（〔唐〕李鼎祚《周易集解》卷七，《景印文淵閣四庫全書》經部第 7 冊，第 722 頁上）其解注重卦象與爻辭的一一對應。可資參考。

〔註235〕六三爻辭，馬王堆帛書《周易》作「眾允，悬亡」（張政烺《馬王堆帛書周易經傳校讀》，《釋文》，第 62 頁七一下）。

〔註236〕虞翻曰：「《坤》為眾。允，信也。土性信，故『眾允』。三失正，與上易位，則『悔亡』。」（〔唐〕李鼎祚《周易集解》卷七，《景印文淵閣四庫全書》經部第 7 冊，第 722 頁下）宋儒朱震云：「《坤》為眾，三不當位，眾所未允，宜有悔。晉之時，三陰在下，同順乎上，三順之極而有應，三志上行，則二陰因之得麗乎大明。上九應之成《兌》，《兌》為口，三得正，眾允之也；眾允，則悔亡。」（〔宋〕朱震《漢上易傳》卷四，《景印文淵閣四庫全書》經部第 11 冊，臺灣商務印書館，1986 年版，第 125 頁上）

〔註237〕九四爻辭，馬王堆帛書《周易》作「溍如炙鼠，貞厲」（張政烺《馬王堆帛書周易經傳校讀》，《釋文》，第 62 頁七一下）。

〔註238〕《九家易》曰：「鼫鼠喻貪，謂四也。體《離》欲升，體《坎》欲降，遊不度瀆，不出坎也；飛不上屋，不至上也；緣不極木，不出離也；穴不掩身，五坤薄也；走不先足，外震在下也。五伎皆劣，四爻當之。故曰『晉如鼫鼠』也。」（〔唐〕李鼎祚《周易集解》卷七，《景印文淵閣四庫全書》經部第 7 冊，第 722 頁下）

〔註239〕失，陸德明云：「孟、馬、鄭、虞、王肅本作矢。馬、王云：『《離》為矢。』虞云：『矢，古誓字。』」（〔唐〕陸德明《經典釋文》卷一，上海古籍出版社，2013 年版，第 100 頁）馬王堆《帛書周易》亦作矢（張政烺《馬王堆帛書周易經傳校讀》，中華書局，2008 年版，《釋文》，第 62 頁，圖版第 12 頁第七一下簡）

〔註240〕六五爻辭，馬王堆帛書《周易》作「悬亡，矢得勿血，往吉，無不利」（張政烺《馬王堆帛書周易經傳校讀》，《釋文》，第 62 頁七一下～61 頁七二上）。

悔吝能消除〔註241〕。又六五爻變，其卦之《否》☷☰。《否》上卦☰，爲金，爲玉，處《否》道之時，雖不能獲得金玉等財物，然而六五行事磊落，循序漸進，嚮明而治，所以爲「悔亡」。「失得勿恤，往吉，无不利」是對判語「悔亡」的闡釋，其考察了筮者的行事方式等稽疑要素，指出了之所以「悔亡」的原因〔註242〕。再觀《晉》之卦象，六三至六五互體成☵，爲加憂，爻辭以「恤」概之；而六五又處上卦☲之中，有進而使其德廣大之象，其六五爻變而成《否》，否閉之道將終結，所以爻辭云「失得勿恤」。《晉》六二往而晉位於六五，而能消六二之愁；六五居尊位，能往而安撫六二之眾，其將得政通人和之利，所以爻辭云「往吉，无不利」。〔註243〕

《晉·上九》云：「晉其角，維用伐邑。厲吉无咎，貞吝。」〔註244〕履《晉》☲☷之上極，其處光明之頂，當維繫太平盛世，然而，上九居非正位，其心不正。觀上九之卦象，在上卦☲之上，☲爲甲冑，爲戈兵，是關乎兵事；上九又履互體卦☵之上方，而☵爲弓輪，爲多眚之輿，故總攬其上下卦象而觀之，《晉》上九有「人君欲行耀兵之事，而逞其戰力」之象，所以爻辭云「晉其角〔註245〕，維用伐邑」。觀兵耀武、勞師動眾而行攻伐之事，此爲太平盛世之危事，若其克敵制勝，固然爲無咎，但以強盛國力輕取弱旅，而不照之以德，其道終未顯廣大，所以爻辭判之以「厲吉无咎，貞吝」。又上九爻變，其卦之《豫》☳☷。《豫》爲「利行師」之卦，舉兵而得勝，易沉迷於

〔註241〕清儒張烈云：「以陰居陽，必有進而失當者，宜有悔矣；然五以大明處上，而下皆順從，則德足以得人，而助之者眾，何謀不遂？悔可亡矣。」（〔清〕張烈《讀易日鈔》卷四，《景印文淵閣四庫全書》經部第42冊，臺灣商務印書館，1986年版，第385頁上）此言甚是。

〔註242〕清儒連斗山云：「凡先言占辭，下皆是申明其意。」（〔清〕連斗山《周易辨畫》卷十九，《景印文淵閣四庫全書》經部第53冊，臺灣商務印書館，1986年版，第189頁上）是也。

〔註243〕荀爽云：「五從《坤》動而來爲《離》。《離》者，射也（也，《文淵閣四庫全書》本《周易集解》作出，參：〔唐〕李鼎祚《周易集解》卷七，《景印文淵閣四庫全書》經部第7冊，第723頁上），故曰『矢得』。陰居尊位，故『有悔』也。以中盛明，光照四海，故『悔亡，勿恤，吉，無不利』也。」（〔清〕李道平《周易集解纂疏》卷五，潘雨廷點校，中華書局，1994年版，第341頁）

〔註244〕上六爻辭，馬王堆帛書《周易》作「溍亓角，唯用伐邑。厲吉無咎，貞閵」（張政烺《馬王堆帛書周易經傳校讀》，《釋文》，第61頁七二上）。

〔註245〕爻辭以「角」言「攻伐的能力」，角是有角之動物用以抵禦或攻擊天敵或獵物的身體部位，爻辭用之以喻武力。

安樂之中，此於國之安全而言，爲危吝之事，故特撰「貞吝」之辭以告誡稽疑者。

　　《明夷‧初九》云：「明夷於飛，垂其翼〔註246〕；君子于行，三日不食。有攸往，主人有言。」初九處《明夷》䷣之始，在下卦☲之底，而☲爲雉，如雉之不能久飛，初九之光明亦將漸趨暗淡。爻辭作者巧妙地兼顧了卦象與爻的意義，其以雉不能高飛、久飛，疲而垂其翅膀來譬喻事物處在《明夷》之始〔註247〕，其好的狀態將不可久。若以人事言之，下卦☰，爲《乾》卦〔註248〕，《乾》爲君，可指「君子」。君子於明夷之世，廢寢忘食，終日乾乾，然而人君依然有怨言〔註249〕，爻辭以「三日不食」的極端情形來突出君子所處之世的黑暗〔註250〕。又《明夷》初九爻變，其卦之《謙》䷎。〔註251〕

〔註246〕「明夷於飛，垂其翼」，馬王堆帛書《周易》作「明夷於蜚，垂亓左翼」（張政烺《馬王堆帛書周易經傳校讀》，中華書局，2008年版，圖版第9頁）兩者不同之處有三：一是卦名用字有異，明夷今本作明夷；二是飛、蜚用字不同；三是垂亓左翼，今本作垂其翼。主要的差別在於第三個，于豪亮云：「各本均作『垂其翼』，無『左』字。案：《周易》『明夷於飛』四句與《詩經》絕似，如《小雅‧鴛鴦》之『鴛鴦在梁，戢其左翼』，即與『垂其左翼』相似，故各本之『垂其翼』顯有脫文，當從帛書作『垂其左翼』。」（于豪亮《馬王堆帛書〈周易〉釋文校注》，上海古籍出版社，2013年版，第80頁）丁四新從之，稱：「說是。」（丁四新《楚竹書與漢帛書周易校注》，上海古籍出版社，2011年版，第375頁）今本是否有脫文，尚難以考知，「左」字或漢儒爲了文句的齊整而增益，「垂其翼」或爲原本之文辭。

〔註247〕孔穎達《疏》云：「『飛』者，借飛鳥爲喻，如鳥飛翔也。」（〔魏〕王弼注，〔唐〕孔穎達疏《周易注疏》卷六，日本足利學校遺跡圖書館後援會影印南宋初年刊本，1973年版，第364頁第20葉後）

〔註248〕《說卦》云：「《離》……其於人也，爲大腹，爲《乾》卦。」（〔魏〕王弼注，〔唐〕孔穎達疏《周易注疏》卷十三，日本足利學校遺跡圖書館後援會影印南宋初年刊本，1973年版，第786頁第12葉後）

〔註249〕明儒黃道周云：「或曰：『主人有言，何也？』曰：『猶之乎夷主也。』曰：『君子之於行，何也？』曰：『無所逃之也。』」（〔明〕黃道周《易象正》卷六，《景印文淵閣四庫全書》經部第35冊，臺灣商務印書館，1986年版，第293頁下）

〔註250〕王弼《注》云：「志急於行，饑不遑食，故曰『三日不食』也。」（〔魏〕王弼注，〔唐〕孔穎達疏《周易注疏》卷六，日本足利學校遺跡圖書館後援會影印南宋初年刊本，1973年版，第364頁第20葉後）是以爲君子急於行事或行路，顧不上吃食。其實，君子並不是顧不上吃食，而是三日無有食物可吃用。

〔註251〕《左傳‧昭公五年》載：「初，穆子之生也，莊叔以《周易》筮之，遇《明夷》䷣之《謙》䷎，以示卜楚丘，曰：『是將行，而歸爲子祀。以讒人入，其名曰

《謙》下卦☷，爲止，所以初九有「光明竭止」之象〔註252〕，所以爻辭云「明夷于飛，垂其翼」。〔註253〕

《明夷‧六二》云：「明夷，夷〔註254〕于左股〔註255〕，用拯〔註256〕馬，

牛，卒以餒死。明夷，日也。日之數十，故有十時，亦當十位。自王巳下，其二爲公，其三爲卿。日上其中，食日爲二，旦日爲三，《明夷》之《謙》，明而未融，其當旦乎，？故曰『爲子祀』。日之《謙》，當鳥，故曰『明夷於飛』，明而未融，故曰『垂其翼』。象日之動，故曰『君子於行』。當三在旦，故曰『三日不食』。《離》火也；《艮》，山也。《離》爲火，火焚山，山敗。於人爲言，敗言爲讒，故曰『有攸往，主人有言』。言必讒也。」（〔晉〕杜預注，〔唐〕孔穎達等正義《春秋左傳正義》卷四十三，《十三經注疏 6》，藝文印書館，2013 年版，第 743 頁下～744 頁下）此是卜人楚丘依占筮的情境，從象數的校讀解釋《明夷‧初九》爻辭之義，可資參考。

〔註252〕 清儒王又樸云：「初變《謙》，《離》爲雉，故曰『於飛』，而遇《艮》止之，故曰『垂其翼』。」（〔清〕王又樸《易翼述信》卷六，《景印文淵閣四庫全書》經部第 50 冊，臺灣商務印書館，1986 年版，第 683 頁上）

〔註253〕 王弼《注》云：「明夷遠遯，絕跡匿形，不由軌路，故曰『明夷於飛』。懷懼而行，行不敢顯，故曰『垂其翼』也。」（〔魏〕王弼注，〔唐〕孔穎達疏《周易注疏》卷六，日本足利學校遺跡圖書館後援會影印南宋初年刊本，1973 年版，第 364 頁第 20 葉後）此直接以人事之情理解釋爻辭，而忽略了初九之爻的象數，故此解未爲安。荀爽曰：「火性炎上，《離》爲飛鳥，故曰『於飛』。爲《坤》（筆者按：坤，《文淵閣四庫全書》本作坎，參〔唐〕李鼎祚《周易集解》卷七，《景印文淵閣四庫全書》經部第 7 冊，第 724 頁上）所抑，故曰『垂其翼』。」（〔清〕李道平《周易集解纂疏》卷五，潘雨廷點校，中華書局，1994 年版，第 344 頁）此從象數的方面解釋爻辭，其失在於未能展開事理而論述爻辭的來源及其深層次的意義。

〔註254〕 「夷於」之「夷」，鄭玄作睇，其云：「旁視爲睇。六二辰在西，西在一作是西方。又下體《離》，《離》爲目，九三體在《震》。《震》，東方。九三又在辰，辰得巽氣，爲股，此謂六二有明德，欲承九三，故云『睇於左股』。」（〔漢〕鄭玄撰、〔宋〕王應麟輯，〔清〕惠棟考補《增補鄭氏周易》卷中，《景印文淵閣四庫全書》經部第 7 冊，臺灣商務印書館，1986 年版，第 164 頁下）陸績同鄭氏，云：「六二，明夷。睇今作夷於左股。旁視曰睇。」（〔吳〕陸績撰，〔明〕姚士粦輯《陸氏易解》，《景印文淵閣四庫全書》經部第 7 冊，臺灣商務印書館，1986 年版，第 191 頁下～192 頁上）《釋文》云：「京作睌。」（〔唐〕陸德明《經典釋文》卷二《周易音義》，上海古籍出版社，2013 年版，第 100 頁）是京房「夷」作睌。晁說之稱：「案睇睌同音題。夷，古文睇，篆文睎，今文睎，又作睼，又作眤，皆通。迎視也，合象數。」（〔元〕董眞卿《周易會通》卷七，《景印文淵閣四庫全書》經部第 26 冊，臺灣商務印書館，1986 年版，第 366 頁下）

〔註255〕 「明夷，夷於左股」，九家《易》作「明夷於左股」。（〔唐〕李鼎祚《周易集解》卷七，《景印文淵閣四庫全書》經部第 7 冊，臺灣商務印書館，1986 年版，第 724 頁下）

壯吉。」〔註257〕六二履下卦☲之中，居位得正，爲處明夷之世之中正者。
「夷于左股」〔註258〕是占筮的背景，筮者左邊大腿受傷，因此稽疑以圖拯救
之法。六二爻變，其卦之《泰》☷☰。《泰》下卦☰，爲良馬，爲老馬，良馬
健壯善行，老馬識途，能使傷者安全返回目的地，所以爻辭云「用拯馬，壯
吉」。〔註259〕

〔註256〕拯，馬王堆帛書《周易》作撜（張政烺《馬王堆帛書周易經傳校讀》，中華書
　　　　局，2008 年版，圖版第 10 頁）。許慎作抍，其云：「抍，上舉也，從手升聲，
　　　　《易》曰：抍馬壯吉。」（〔漢〕許慎撰，〔宋〕徐鉉校定《說文解字》第十二
　　　　上，中華書局，2013 年版，第 254 頁下）《釋文》作承（〔唐〕陸德明《經典
　　　　釋文》卷二《周易音義》，上海古籍出版社，2013 年版，第 100 頁）晁說之
　　　　曰：「後人更作拯字，誤也。」項安世曰：「《釋文》作承，古文作抍，亦音承。
　　　　蓋拯而出之也，後人以拯代之，文雖是，而字則非矣。」（〔清〕翟均廉《周
　　　　易章句證異》卷二，《景印文淵閣四庫全書》經部第 53 冊，臺灣商務印書館，
　　　　1986 年版，第 709 頁下）綜上所述，拯，古文或作抍，項氏之言可從。
〔註257〕「用拯馬壯吉」的句讀，根據王弼《注》及孔穎達《疏》，讀作「用拯馬，壯
　　　　吉」。宋儒張浚從之，稱：「得君子助，曰壯吉。」（〔宋〕張浚《紫巖易傳》
　　　　卷四，《景印文淵閣四庫全書》經部第 10 冊，臺灣商務印書館，1986 年版，
　　　　第 114 頁上）蘇軾云：「六二忠順之至，故往用拯之。愛其忠，而憂其不濟也，
　　　　故戒之曰『徒往，不足拯也。馬壯而後吉』。馬所以載傷者也。」（〔宋〕蘇軾
　　　　《東坡易傳》卷四，《景印文淵閣四庫全書》經部第 9 冊，臺灣商務印書館，
　　　　1986 年版，第 67 頁上）是蘇軾將此句讀爲「用拯，馬壯，吉」。程頤云：「用
　　　　拯之道不壯，則被傷深矣，故云『馬壯則吉』也。」（〔宋〕程頤《伊川易傳》
　　　　卷三，《景印文淵閣四庫全書》經部第 9 冊，臺灣商務印書館，1986 年版，
　　　　第 293 頁上）是似程頤同蘇軾。翟均廉云：「呂大臨、朱震、郭雍、楊時、楊
　　　　萬里、鄭剛中、朱子諸儒俱同。」（〔清〕翟均廉《周易章句證異》卷二，《景
　　　　印文淵閣四庫全書》經部第 53 冊，臺灣商務印書館，1986 年版，第 709 頁
　　　　下）今依王弼、孔穎達。
〔註258〕九家《易》曰：「『左股』謂初，爲二所夷也。《離》爲飛鳥，蓋取《小過》之
　　　　義，鳥飛舒翼而行。夷者，傷也。今初傷，垂翼在下，故曰『明夷於左股』
　　　　矣。」（〔唐〕李鼎祚《周易集解》卷七，《景印文淵閣四庫全書》經部第 7
　　　　冊，臺灣商務印書館，1986 年版，第 724 頁下）此說強牽卦象與爻辭的關聯，
　　　　有失於穿鑿之嫌。
〔註259〕《九家易》云：「九三體《坎》，《坎》爲馬也。二應與五，三與五同功，二以
　　　　中和應天，應天合眾，欲升上三，以壯於五，故曰『用拯馬壯，吉』。」（〔唐〕
　　　　李鼎祚《周易集解》卷七，《景印文淵閣四庫全書》經部第 7 冊，第 724 頁下）
　　　　此純從象數的角度解讀爻辭。孔穎達《疏》云：「夷於左股，明避難不壯，不
　　　　爲闇主所疑，猶得處位，不至懷懼而行，然後徐徐用馬，以自拯濟而獲其壯
　　　　吉也，故曰『用拯馬，壯吉』也。」（〔魏〕王弼注，〔唐〕孔穎達疏《周易注
　　　　疏》卷六，日本足利學校遺跡圖書館後援會影印南宋初年刊本，1973 年版，
　　　　第 366 頁第 21 葉後）此主義理而解釋爻辭。皆有其所長。宋儒項安世云：「《明

　　《明夷‧九三》云：「明夷于南狩〔註260〕，得其大首，不可疾，貞〔註261〕。」
〔註262〕《明夷》下卦☲，爲南方之卦；《明夷》自六二至六四互體爲☵，爲
弓，九三處於其中，爲弓矢。此是周王歲終田獵而占筮，「南狩」是稽疑的背
景，其與卦象有著緊密的聯繫：處於冬天，晝短夜長，是爲「明夷」，帶著弓
矢至南方狩獵，是爲「南狩」。所以爻辭云「明夷于南狩」。又下卦☲，於卦
爲《乾》卦，《乾》爲首，九三處於下卦之上極，爲獲得獵物頭部之象。又九
三爻變，其卦之《復》☷。《復》下卦☳，其於馬也，爲馵足，爲作足，皆可
指快馬，而處於光明未足之際，不可快馬加鞭以獵殺獵物，所以爻辭云「不
可疾，貞」。

　　《明夷‧六四》云：「入于左腹〔註263〕，獲明夷之心，于出門庭。」履

夷‧六二》『用拯馬，壯吉』，《象》曰：六二之吉，順以則也。《渙‧初六》
『用拯馬，壯吉』，《象》曰：初六之吉，順也。安世按：二爻雖柔，皆自有
《坎》馬，正合順字。諸家必欲外取剛爻，謂六二以九三爲馬，初六以九二
爲馬，豈未考《小象》故歟！《渙》之初六，《坎》初爻也；《明夷》自二至
四爲《坎》，六二亦初爻也，《坎》爲亟心之馬，故壯。馬壯，則能力行矣。」
（〔宋〕項安世《周易玩辭》卷七，《景印文淵閣四庫全書》經部第 14 冊，臺
灣商務印書館，1986 年版，第 331 頁下）項氏所論精當。
〔註260〕狩，《釋文》云：「本亦作守，同。」（〔唐〕陸德明《經典釋文》卷二《周易
音義》，上海古籍出版社，2013 年版，第 100 頁）晁說之云：「守，古文；狩，
今文。」（〔元〕董眞卿《周易會通》卷七，《景印文淵閣四庫全書》經部第
26 冊，臺灣商務印書館，1986 年版，第 367 頁上）惠棟亦作守（〔清〕惠棟
《周易述》卷五，鄭萬耕點校，中華書局，2007 年版，第 100 頁）。
〔註261〕此句先儒有兩種句讀，項世安云：「『貞』字自爲句。」（〔宋〕項安世《周易
玩辭》卷七，《景印文淵閣四庫全書》經部第 14 冊，臺灣商務印書館，1986
年版，第 332 頁上）俞琰同項氏，云：「『不可疾』自爲句，『貞』自爲句。九
三以剛居剛，又互《震》體之動，故戒之曰『不可疾』；剛而正，則非爲邪也，
故又勉之曰『貞』。」（〔宋〕俞琰《周易集說》卷六，《景印文淵閣四庫全書》
經部第 21 冊，臺灣商務印書館，1986 年版，第 51 頁上）《九家易》云：「自
暗復明，當以漸次，不可卒正，故曰『不可疾貞』也。」（〔唐〕李鼎祚《周
易集解》卷七，《景印文淵閣四庫全書》經部第 7 冊，臺灣商務印書館，1986
年版，第 725 頁上）今依項氏等人之說。
〔註262〕馬王堆帛書《周易》作「明夷=於南守，得亓大首，不可疾貞」（張政烺《馬
王堆帛書周易經傳校讀》，中華書局，2008 年版，圖版第 10 頁），是「夷」
爲重文。丁四新稱：「案：此『夷』字當有，今本脫。」（丁四新《楚竹書與
漢帛書周易校注》，上海古籍出版社，2011 年版，第 377 頁）此說未必然，多
出之「夷」字或爲誤增，此種情況亦見於馬王堆帛書《周易‧乖（睽）》九二爻
辭，其多出「九二，無咎」四字。其實，「明夷於南狩」，其義更顯簡明。
〔註263〕入於左腹，馬王堆帛書《周易》作「明夷=於左腹」（張政烺《馬王堆帛書周

下卦☲之上方，居上卦☷之始；據《說卦》之文，《離》爲大腹，《坤》爲腹；又六二至六四互體爲☲，爲心；六四處《離》大腹之上方，亦有「心」之義。《明夷》下卦《離》又爲戈兵，可借指宰殺獵物之刀刃，故六四爻有「下卦《離》之刀刃穿過《坤》之腹，而獲取獵物之心臟」之象。〔註 264〕此是占筮以獵物祭祀神靈之事，以期明神之降臨。〔註 265〕六四爻變，其卦之《豐》☳☲。《豐》六二至九四互體爲☴，爲入；九三至六五互體爲☱，與☴「入」意方位相反，有「出」或「脫離」之意，所以總主卦、之卦卦象之義，爻辭作者繫《明夷》六四以「入入左腹，獲明夷之心，入出門庭」之辭。〔註 266〕

　　《明夷・六五》云：「箕子之明夷，利貞。」六五是《明夷》之主〔註 267〕，

易經傳校讀》，中華書局，2008 年版，圖版第 10 頁五一下）。據《繆和》云：「《易》卦之義曰：入於左腹，獲明易之心，於出門庭。」（張政烺《馬王堆帛書周易經傳校讀》，中華書局，2008 年版，圖版第 34 頁八七上）今本是，帛書《周易》「明夷」或爲衍文。

〔註 264〕宋儒朱震云：「上六極暗，九三極明，四遠上近三應初。《震》爲左，《離》爲大腹，四自《震》應初入《離》，『入於左腹』也。《坎》爲心，《坤》中爲『意』，初六之四，《離》變《艮》爲門，四爲夜，『獲明夷之心，於出門庭』也。」（〔宋〕朱震《漢上易傳》卷四，《景印文淵閣四庫全書》經部第 11 冊，臺灣商務印書館，1986 年版，第 128 頁下）可參此說。

〔註 265〕歷來儒者皆未注意爻辭此層之意義。《禮記・郊特牲》載：「周人尚臭……祭肺肝心，貴氣主也。」（〔清〕孫希旦《禮記集解》中冊卷二十六《郊特牲》第十一之二，沈嘯寰、王星賢點校，中華書局，1989 年版，第 713～717 頁）據此，爻辭所言當是祭祀鬼神以大牲之心。

〔註 266〕荀爽曰：「陽稱左，謂九三也。『腹』者謂五居《坤》，《坤》爲腹也。四得位比三，處於順首，欲三上居五，以陽爲腹心也。故曰『入於左腹，獲明夷之心』。言三明當出門庭，升五君位。」干寶曰：「一爲室，二爲戶，三爲庭，四爲門，故曰『於出門庭』矣。」（〔唐〕李鼎祚《周易集解》卷七，《景印文淵閣四庫全書》經部第 7 冊，臺灣商務印書館，1986 年版，第 725 頁上）此當從一個卦爻位的變化來解釋爻辭的生成，有牽合象數與爻辭之病。孔穎達《疏》云：「『入於左腹，獲明夷之心』者，凡右爲用事也，從其左不從其右，是卑順不逆也。腹者，懷情之地。六四體柔處《坤》，與上六相近，是能執卑順入於左腹，獲明夷之心意也。『於出門庭』者，旣得其意，雖近不危，隨時避難，門庭而已，故曰『於出門庭』。」（〔魏〕王弼注，〔唐〕孔穎達疏《周易注疏》卷六，日本足利學校遺跡圖書館後援會影印南宋初年刊本，1973 年版，第 367 頁第 22 葉前）此有長於義理，象數的解說上有所欠缺。

〔註 267〕王弼《注》云：「《明夷》之主在於上六。」（〔魏〕王弼注，〔唐〕孔穎達疏《周易注疏》卷六，日本足利學校遺跡圖書館後援會影印南宋初年刊本，1973 年版，第 364 頁第 20 葉後）疑非。六五履非正位，爲黑暗所包圍，所以爲最晦

以陰處陽，履非正位，爲陰殘暴之君王。〔註268〕《明夷》六五爻變，其卦之《既濟》☲☵，光明逐漸衝破黑暗的封鎖，所以爲「利貞」。爻辭作者特地引用了「箕子之明夷」〔註269〕的史事，用以預示光明即將臨世。

　　《明夷・上六》云：「不明晦〔註270〕，初登于天，後入于地。」〔註271〕履《明夷》之上極，居位得正，黑暗將逝去，光明將臨至，是爲「不明又不晦」之狀態。〔註272〕太陽升上天空，並將其光芒灑在地上，即《明夷》初九

　　　　暗之地，其爲當爲《明夷》之主。

〔註268〕馬融曰：「箕子，紂之諸父，明於天道、《洪範》之九疇，德可以王，故以當五。」（〔唐〕李鼎祚《周易集解》卷七，《景印文淵閣四庫全書》經部第7冊，臺灣商務印書館，1986年版，第725頁下）六五並非指箕子，而是指箕子所處的險惡的政治環境及其遭遇。

〔註269〕此句之解，漢儒趙賓以爲「箕子明夷，陰陽氣亡箕子；箕子者，萬物方荄兹也」（〔漢〕班固撰，〔唐〕顏師古注《漢書》卷八十八《儒林傳》，中華書局，1962年版，第3599頁）。《釋文》云：「劉向云：今《易》，箕子作荄滋。」顏師古駁之，云：「《易・明夷》卦《象》曰：『內外柔順，以蒙大難，文王以之，利艱貞，晦其明也。內難而能正其志，箕子以之。』而六五爻辭曰：『箕子之明夷，利貞。』此箕子者，謂殷父師說《洪範》者也，而賓妄爲說耳。荄兹，言其根荄方滋茂也。荄音該，又音皆。」（〔漢〕班固撰，〔唐〕顏師古注《漢書》卷八十八《儒林傳》，中華書局，1962年版，第3599～3600頁）是顏氏是《明夷・象傳》之文駁斥趙氏之非。顧頡剛亦引《象傳》之文以正爻辭之義，其稱：「這至少可以證明，在作《象傳》的時候，《周易》的本子上已寫作『箕子』，解作箕子了。」（顧頡剛《顧頡剛論〈周易〉・〈周易〉卦爻辭中的故事》，蔡尚思主編《十家論易》，嶽麓書社，1993年版，第105頁）此說是。

〔註270〕不明晦，唐儒郭京作「至晦」，其云：「《注》：『處明夷之極。是至晦者也。』謹按：『晦』字上脫『至』字，誤增『不』『明』字。按初九《注》『《明夷》之主在於上六，上六爲至暗者也』，據此三爻《注》義，至晦之理極明，斷可知矣。」（〔唐〕郭京《周易舉正》卷中，《景印文淵閣四庫全書》經部第8冊，臺灣商務印書館，1986年版，第114頁上～下）僅據王弼《注》無法證明上六爻辭脫文、衍文等情況，況且王弼此解未爲安。《明夷》之主當爲六五，而不是上六；而且，上六並非至暗之地，「初登於天」是能見天之光，此爲明；「後入於地」是日落，日落終將重新升起，亦未爲至暗之境。

〔註271〕馬王堆帛書《周易》作「不明海，初登於天，後人於地。」（張政烺《馬王堆帛書周易經傳校讀》，中華書局，2008年版，圖版第9頁五二上）「人」當是「入」之訛誤。馬王堆帛書《周易》爲漢初之《周易》本子，其未爲精本，出現衍文、訛字等情形在所難免。「海」「晦」可互通（可參：高明《帛書老子校注》，中華書局，1996年版，第324頁；陳居淵《周易今古文考證》，商務印書館，2015年版，第264頁）

〔註272〕我們的意見與王弼《注》有異，王氏《注》云：「處明夷之極，是至晦者也。本其初也，在乎光照，轉至於晦，遂入於地。」

之日升上天空，故云「初登于天」。太陽經歷過正午之盛後，其光逐漸轉弱，後落入地平線以下，所以云「後入于地」。爻辭作者以「不明晦」〔註273〕來解釋上六爻位的意義，即是告知稽疑者一種半明半暗的政治狀態，以告誡人們應時而動。

　　《家人‧初九》云：「閑有家，悔亡。」〔註274〕處《家人》☲之始，以陽處陽，履得正位，是爲能治理其家業者。〔註275〕下卦☲爲大腹，家之富裕，主人心寬體胖，源於治家有道，所以云「閑有家」。〔註276〕《家人》初九爻變，其卦之《漸》☶。初九之主人持家有道，能循序漸進，使家道益發興旺，所以能使悔恨消亡。〔註277〕又《家人》初九應於上卦☴之始，而☴爲木，木材是建造房屋的重要部分，可引申爲「家」，有光明照臨於家，從而使家道興旺，所以爻辭云「閑有家，悔亡」。

〔註273〕不明晦，先儒多解爲「不明而晦」，楊萬里云：「既曰『不明』，又曰『晦』者，甚其昏之辭也。」（〔宋〕楊萬里《誠齋易傳》卷十，《景印文淵閣四庫全書》經部第14冊，臺灣商務印書館，1986年版，第622頁下）朱震云：「《晉》明出地上，反爲《明夷》，則明入地中，不明而晦。」（〔宋〕朱震《漢上易傳》卷四，《景印文淵閣四庫全書》經部第11冊，臺灣商務印書館，1986年版，第129頁上）蘇軾云：「不明而晦者，強明而實晦。」（〔宋〕蘇軾《東坡易傳》卷四，《景印文淵閣四庫全書》經部第9冊，臺灣商務印書館，1986年版，第68頁上）等等，皆同「不明而晦」。其實，「不明晦」當讀爲「不明、晦」，表示事物發展有光明的一面，又有黑暗的一面。

〔註274〕馬王堆帛書《周易》作「門有家，夏亡」（張政烺《馬王堆帛書周易經傳校讀》，中華書局，2008年版，圖版第13頁九一上）；阜陽漢簡《周易》作「閑有家，悔亡。」（中國文物研究所古文獻研究室、安徽省阜陽市博物館《阜陽漢簡〈周易〉釋文》，陳鼓應主編《道家文化研究》第18輯《出土文獻專號》，生活‧讀書‧新知三聯書店，2000年版，第34頁）

〔註275〕朱震云：「家道正則治，不正則亂。初九明於家道，正以閑其初，能有家者也。」（〔宋〕朱震《漢上易傳》卷四，《景印文淵閣四庫全書》經部第11冊，臺灣商務印書館，1986年版，第130頁下）此說是。

〔註276〕荀爽曰：「初在潛位，未乾國政，閑習家事而已。」（〔唐〕李鼎祚《周易集解》卷八，《景印文淵閣四庫全書》經部第7冊，第727頁下）是聯繫卦之名義，從爻位的意義上解讀爻辭的生成。王弼《注》云：「處《家人》之初，爲《家人》之始，故宜必以閑有家，然後悔亡也。」（〔魏〕王弼注，〔唐〕孔穎達疏《周易注疏》卷六，日本足利學校遺跡圖書館後援會影印南宋初年刊本，1973年版，第371頁第24葉前）此亦從爻位的意義釋爻辭。

〔註277〕宋儒楊簡云：「治家之道，當防閑其初，及其心志未變，而閑之以禮，使邪僻之意無由而興，而悔可亡矣。不曰『無悔』而曰『悔亡』者，以治家之難，難乎無悔，故止曰『悔亡』。」（〔宋〕楊簡《楊氏易傳》卷十二，《景印文淵閣四庫全書》經部第14冊，臺灣商務印書館，1986年版，第134頁下）

　　《家人·六二》云：「无攸遂，在中饋〔註278〕，貞吉。」六二履中得位，以陰居陰，爲貞守婦道者。〔註279〕《家人》六二爻變，其卦之《小畜》☴，家有積蓄，以應於不時之需，此爲中正之道，所以爻辭云「无攸遂，在中饋，貞吉」。〔註280〕

　　《家人·九三》云：「家人嗃嗃，悔厲吉；婦子嘻嘻，終吝〔註281〕。」〔註282〕九三居於下卦☲之上極，爲內卦之主〔註283〕；又處互體卦☲之中，且在互體卦☵之下，有《未濟》☲之象，此時家人當嚴整家道，若能如上九「有孚，威如」，則雖然將遭遇懊悔、危厲之事，又不得上九之應，但終將獲得吉利〔註284〕；而若婦人及兒女玩世不恭，無有遠慮，以安樂度日，則終竟有危吝

〔註278〕饋，阜陽漢簡《周易》、馬王堆帛書《周易》作貴（中國文物研究所古文獻研究室、安徽省阜陽市博物館《阜陽漢簡〈周易〉釋文》，陳鼓應主編《道家文化研究》第18輯《出土文獻專號》，生活·讀書·新知三聯書店，2000年版，第34頁；張政烺《馬王堆帛書周易經傳校讀》，中華書局，2008年版，圖版第13頁九一上）；《漢書·律曆志上》云：「陰道理內，在中饋之象也。」（〔漢〕班固撰，〔唐〕顏師古注《漢書》卷二十一上，中華書局，1962年版，第963頁）《漢書·谷永傳》云：「《易》曰：『在中饋，無攸遂。』言婦人不得與事也。』」師古曰：「《家人·六二》爻辭也，饋與饋同。」（〔漢〕班固撰，〔唐〕顏師古注《漢書》卷八十五，中華書局，1962年版，第3460頁）清儒黃炎宗云：「古人祭則頒胙也，故可與饋通用，婦人供籩豆、司饔飧，俱卑幼奉長上之事。」（〔清〕黃宗炎《周易象辭》卷十一，《景印文淵閣四庫全書》經部第40冊，臺灣商務印書館，1986年版，第449頁上）

〔註279〕朱子云：「六二柔順中正，女之正位乎內者也。」（〔宋〕朱熹《周易本義》卷之二，廖名春點校，中華書局，2009年版，第145頁）

〔註280〕宋儒都絜云：「此《家人》之《小畜》也，而爻辭云爾者，夫大者乃得遂事，而專之小者從之而已，故所謂『無攸遂』者，婦之所以從夫而小者之道也。饋酳酒醴以至稻黍粱秫，唯其所欲焉，可不畜之以待用乎？故『在中饋』爲《小畜》之義。……《家人》六二不取《大畜》而取《小畜》，……《家人》之《小畜》取物畜之義焉。」（〔宋〕都絜《易變體義》卷八，《景印文淵閣四庫全書》經部第11冊，臺灣商務印書館，1986年版，第716頁下～717頁上）

〔註281〕吝，漢石經作憐。（馬衡編《漢石經集存》，藝文印書館，1976年版，第26頁）

〔註282〕九三爻辭，馬王堆帛書《周易》作「家人嬎嬎，悳厲吉；婦子裏裏，終闘。」（張政烺《馬王堆帛書周易經傳校讀》，中華書局，2008年版，圖版第13頁九一上，《釋文》，第67頁）

〔註283〕王弼《注》云：「以陽處陽，剛嚴者也。處下體之極，爲一家之長者也。」（〔魏〕王弼注，〔唐〕孔穎達疏《周易注疏》卷六，日本足利學校遺跡圖書館後援會影印南宋初年刊本，1973年版，第372頁第24葉後）此說是。

〔註284〕宋儒朱震云：「骨肉之情，望我以恩，而治家太嚴，傷恩矣，能無悔乎？拂其

之事〔註285〕，所以筮人作如上之爻辭告誡之。又九三爻變，其卦之《益》䷩。〔註286〕《益》下卦☳，爲長子，爲健。長子健，則家人得益；《益》初九之上有互體卦☷，爲母，《坤》之上卦在《益》上卦☴之始，而☴爲躁卦，爲近利市三倍，故若母子浮躁，唯利是圖，見利則笑，無有誠信，則家道終將危吝。準上，所以爻辭作者云：「家人嗃嗃，悔厲吉；婦子嘻嘻，終吝。」

《家人·六四》云：「富家，大吉。」〔註287〕在下卦☲之上方，處上卦☴之始，居位得正，又得初九之照應，所以能富貴其家，是爲大吉利。又《家人》六四爻變，其卦之《同人》䷌。《同人》上卦☰，爲金，爲玉，是大富之家之財物；又☰爲君，爲父，君、父能富其家，又得同宗之人之援助，吉莫大焉，所以爻辭云「富家，大吉」。〔註288〕

《家人·九五》云：「王假有家，勿恤吉。」〔註289〕居上卦☴之中，履

情矣，能無厲乎？然法度立，倫理正，小大祗畏，以正得吉，未爲大失也。」（〔宋〕朱震《漢上易傳》卷四，《景印文淵閣四庫全書》經部第 11 冊，臺灣商務印書館，1986 年版，第 131 頁上）

〔註285〕楊簡云：「不肅敬，則終吝。」（〔宋〕楊簡《楊氏易傳》卷十二，《景印文淵閣四庫全書》經部第 14 冊，臺灣商務印書館，1986 年版，第 135 頁上）程頤云：「嘻嘻，笑樂無節也。自恣無節，則終致敗家，可羞吝也。」（〔宋〕程頤《周易程氏傳》卷三，王孝魚點校，中華書局，2011 年版，第 210 頁）

〔註286〕宋儒都絜云：「此《家人》之《益》也，而爻辭云爾者，閨門之內，以恩勝義，則威嚴過中，非所宜。，故『家人嗃嗃』，不免於悔厲；『婦子嘻嘻』，不免於終吝。然悔厲而終，至於吉；吝而不及於凶者，蓋與其不嚴而弛，不若過於嚴而肅。與其無威而亂，不若過乎威而治。……然則威嚴之過中，是乃所以有益。」（〔宋〕都絜《易變體義》卷八，《景印文淵閣四庫全書》經部第 11 冊，臺灣商務印書館，1986 年版，第 717 頁上）

〔註287〕六四爻辭，馬王堆帛書《周易》、漢石經皆同（張政烺《馬王堆帛書周易經傳校讀》，中華書局，2008 年版，圖版第 14 頁九一下；馬衡編《漢石經集存》，藝文印書館，1976 年版，第 26 頁）。

〔註288〕宋儒都絜云：「此《家人》之《同人》也，而爻辭云爾者，蓋孰不有家，而大夫乃稱家者，有臣妾焉，家之盛者也。夫自道以觀身，已爲我累矣，而況有家乎？有家已爲累矣，而況富而多事乎？然其有家也，姑以同乎人而已，不以家爲累也；其家之富也，亦以同乎人而已，不以富爲樂也。蓋其極高明而道中庸，制行不已，以及中人所不能免者，皆與之同而不去，所以爲中人法，故雖有家而未嘗異於無家，家雖富而未嘗異於不富。要當如此，而後無累。故於《家人》之《同人》而言『富家，大吉』，謂賢人之有家而至於富者，特以同乎人而不可以是爲累也。」（〔宋〕都絜《易變體義》卷八，《景印文淵閣四庫全書》經部第 11 冊，臺灣商務印書館，1986 年版，第 717 頁下）此說是。

〔註289〕六五爻辭，馬王堆帛書《周易》作「王段有家，勿血，往吉」（張政烺《馬王堆帛書周易經傳校讀》，中華書局，2008 年版，圖版第 14 頁九一下）。此同

得尊位，是《家人》之主。家之大而尊者，莫大於王家，所以爻辭以王家而言《家人》九五之吉。九五履互體卦☲之上，而《坎》爲加憂，由此觀之，則九五之家無內憂之患〔註290〕，所以總覽諸象，爻辭作者云「王假有家，勿恤吉」。

《家人‧上九》云：「有孚，威如，終吉。」〔註291〕上九在互體卦☲之上方，又爲《家人》之上極，所以有正大光明之德而尙誠信，所以云「有孚」。上九以陽剛之體居於陰位，有過於威嚴且入於躁動之舉，然其未失光明之德、磊落之行，所以終竟得吉，故爻辭云「威如，終吉」。〔註292〕又上九爻變，其卦之《既濟》䷾。《既濟》上六的下面有兩☲，爲有孚信之象，故上六得其光之照臨；而且上六在《既濟》之極，是能成其正業者，所以亦爲「終吉」之義。〔註293〕

《睽‧初九》云：「悔亡。喪馬，勿逐自復。見惡人，无咎。」〔註294〕

今本最大的不同之處，在於「吉」字前增一「往」字。丁四新稱：「往，漢石經、今本均無此字，殆衍文。」（丁四新《楚竹書與漢帛書周易校注》，上海古籍出版社，2011年版，第498頁）此説是。

〔註290〕清儒胡煦云：「互《坎》，憂象。出《坎》外，故『勿恤』。」（〔清〕胡煦《周易函書約注》卷八，《景印文淵閣四庫全書》經部第48冊，臺灣商務印書館，1986年版，第581頁上）此説是。

〔註291〕終，阜陽漢簡《周易》作冬（中國文物研究所古文獻研究室、安徽省阜陽市博物館《阜陽漢簡〈周易〉釋文》，陳鼓應主編《道家文化研究》第18輯《出土文獻專號》，生活‧讀書‧新知三聯書店，2000年版，第35頁）。上九爻辭，馬王堆帛書《周易》作「有復，委如，終吉」（張政烺《馬王堆帛書周易經傳校讀》，中華書局，2008年版，圖版第14頁九一下，《釋文》，第68頁）。漢石經《周易》同今本（馬衡編《漢石經集存》，藝文印書館，1976年版，第26頁）

〔註292〕虞翻曰：「謂三已變，與上易位，成《坎》。《坎》爲孚，故『有孚』。《乾》爲『威』；如，自上之《坤》，故『威如』。易則得位，故『終吉』也。」（〔唐〕李鼎祚《周易集解》卷八，《景印文淵閣四庫全書》經部第7冊，臺灣商務印書館，1986年版，第728頁下）此説有牽合爻辭與象數一一對應之病，如將「如」與「自上之《坤》」對應，且以《坎》爲孚，此與《說卦》之文牴牾。

〔註293〕都絜云：「此《家人》之《既濟》也，而爻辭云爾者，既之爲言，盡也；既濟言無不濟。無不濟，則無事而天下定。……故變體爲《既濟》而曰『有孚，威如』。」（〔宋〕都絜《易變體義》卷八，《景印文淵閣四庫全書》經部第11冊，臺灣商務印書館，1986年版，第718頁下）

〔註294〕初九爻辭，楚竹簡《周易》作「悔止＝（喪，亡）馬勿由，自邊（復）。見晉（惡）人，凶咎」（濮茅左主編《上海博物館藏楚竹書周易》，中西書局，2014年版，第72頁）。阜陽漢簡《周易》存「亡，喪馬」（中國文物研究所古文獻研究

處《睽》☲☱之初，其應在四，而九四無應之，故有失援而陷入孤立之勢，故有悔恨之事發生。〔註295〕然初九居位得正，能自損以利人，所以其悔能消亡。「喪馬」「見惡人」是稽疑的背景，其與卦象有著巧妙的關聯，所以被王官編選入《周易》。《睽》初九爻變，其卦之《未濟》☲☵。《未濟》下卦☵，其於馬也，為美脊，為亟心，為下首，為薄蹄，為曳，即為不同尋常之馬；《睽》下卦☱，為毀折，為附決，即為脫離常軌之意，總攬此主卦、之卦之象，初九有「喪馬」之義。〔註296〕主卦《睽》，之卦《未濟》，初爻之上皆有互體卦☲，有光明之象，又與《乾》卦可通，即走失之馬為良馬、老馬，老馬識途，所以其能自返於主人，主人將失而復得，所以爻辭云「勿逐自復」。初九身居正位，胸懷坦蕩，無以喪馬為悲，不與奪馬之惡人為敵，所以能「无咎」，故爻辭云「見惡人，无咎」。

《睽·九二》云：「遇主于巷，无咎。」〔註297〕九二履《睽》☲☱下卦☱之中，與《睽》之主皆居非其位，與六五相遇，六五之九二而得其位，九二之六五而得其正，所以為無咎。又九二爻變，其卦之《噬嗑》☲☳。《噬嗑》六二至九四互體成☶，為徑路；《睽》九二至九四互體成☲，為相見之卦，故《睽》

室、安徽省阜陽市博物館《阜陽漢簡〈周易〉釋文》，陳鼓應主編《道家文化研究》第 18 輯《出土文獻專號》，生活·讀書·新知三聯書店，2000 年版，第 35 頁）四字。馬王堆帛書《周易》作「悬亡=（亡，亡）馬勿遂，自復。見亞人，無咎」（張政烺《馬王堆帛書周易經傳校讀》，中華書局，2008 年版，圖版第 11 頁七五上，《釋文》，第 63 頁）

〔註295〕王弼《注》云：「處《睽》之初，居下體之下，無應獨立，悔也。」（〔魏〕王弼注，〔唐〕孔穎達疏《周易注疏》卷六，日本足利學校遺跡圖書館後援會影印南宋初年刊本，1973 年版，第 378 頁第 27 葉後）朱震云：「《睽》之始，剛而無應，動則不正，故有悔。」（〔宋〕朱震《漢上易傳》卷四，《景印文淵閣四庫全書》經部第 11 冊，臺灣商務印書館，1986 年版，第 133 頁上）

〔註296〕虞翻曰：「無應，悔也。四動得位。故『悔亡』。應在於《坎》，《坎》為馬。四而失位，之正入《坤》，《坤》為『喪』，《坎》象不見，故『喪馬』。」（〔唐〕李鼎祚《周易集解》卷八，《景印文淵閣四庫全書》經部第 7 冊，臺灣商務印書館，1986 年版，第 730 頁上）此說雖以《坤》為「喪」，有穿鑿之處，但亦有其精妙之所在，其指出了馬之象的消失，從而闡明了爻辭「喪馬」生成的原因。

〔註297〕九二爻辭，楚竹書《周易》作「遇主於𨙻，亡咎」（濮茅左主編《上海博物館藏楚竹書周易》，中西書局，2014 年版，第 72 頁）；馬王堆帛書《周易》作「九二，無咎；九二，愚主於巷，無咎」（張政烺《馬王堆帛書周易經傳校讀》，中華書局，2008 年版，圖版第 11 頁七五上，《釋文》，第 63 頁）顯然，「九二，無咎」四字為抄寫者誤增，為衍文。

九二有「兩人在徑路相見」之象。其中,「徑路」,爻辭以「巷」實之,所以爻辭云「遇主于巷」。《睽》九二將往食於六五,六五已至於九二,禮待賢者,所以爲「无咎」。

　　《睽·六三》云:「見輿曳,其牛掣〔註298〕,其人天且劓。无初有終。」〔註299〕六三處《睽》☲下卦☱之極,又居互體卦☲之始,而《坎》於輿爲曳;六三亦在互體卦☲之中,爲相見之卦,所以爻辭云「見輿曳」〔註300〕。牛車拖曳而行,車不堪其載,牛不堪其重,牛與牛所拉扯之掣皆有損,所以其所載之人及物難以遠行。此於卦象而言,《坎》爲多眚之輿,即爻辭之牛車;下卦《兌》爲毀折,可指損傷,車、牛有損傷,所以爻辭云「見輿曳,其牛掣」〔註301〕。不僅僅是車、牛有所損傷,初九所言之「惡人」容顏亦

〔註298〕掣,清儒惠棟云:「《說文》引作觢,云:『一角仰也,從角,𥐚聲。』鄭作𧢲,云:『牛角皆踴曰觢。』子夏作契,荀爽作觭。虞翻曰:『牛角一低一仰故稱觢。』《爾雅·牛屬》云:『角一俯一仰,觭。』(筆者案:〔晉〕郭璞注、〔宋〕邢昺疏《爾雅注疏》卷十,王世偉整理,上海古籍出版社,2010年版,第592頁)《字林》:『音丘戲反,云一角低一角印。』樊光云:『傾角曰觭。』《牛屬》又云:『皆踴,觢。』郭璞云:『今豎角牛。』《釋文》云:『字亦作𧢲。』《字林》:『音之女反。』從虞翻說,當依荀氏作觭;從鄭氏說,當依《爾疋》作觢。張有《復古編》云:『觢從角契省;別作掣,非。』(筆者案:〔宋〕張有《復古編》卷四,《景印文淵閣四庫全書》經部第225冊,臺灣商務印書館,1986年版,第706頁上)觢,從角契,故《子夏傳》作契;觭,角一低一仰,故荀爽作觭。諸家無作掣者,王弼以爲其牛掣者,滯隔所在,不獲進。是讀爲牽掣之字,失之。」(〔清〕惠棟《九經古義》卷一,《景印文淵閣四庫全書》經部第191冊,臺灣商務印書館,1986年版,第369頁下~370頁上)我們根據《睽》九三卦象與爻辭之義的關聯性,取王弼「滯隔所在,不獲進也」(足利本《周易注疏》卷六,第380頁第28葉後)之義。

〔註299〕此句爻辭,馬王堆帛書《周易》作「見車恕,亓牛謹,其〔人天且劓〕,無初有終」(張政烺《馬王堆帛書周易經傳校讀》,《釋文》,第63~64頁);楚竹書《周易》爲殘句,作「見車過,亓」(濮茅左《上海博物館藏楚竹書周易》,第72頁);阜陽漢簡《周易》亦不完整,其作「見車渫,其牛絜,其人天且劓。無初有」(《阜陽漢簡〈周易〉釋文》,第35頁)。

〔註300〕王弼《注》云:「處睽之時,履非其位,以陰居陽,以柔乘剛,志在於上,而不和於四;二應於五;則近而不相比。故『見輿曳』。輿曳者,履非其位,失所載也。」(〔魏〕王弼注,〔唐〕孔穎達疏《周易注疏》卷六,日本足利學校遺跡圖書館後援會影印南宋初年刊本,1973年版,第381頁第28葉後)此從爻位是否正當的角度解讀爻辭。虞翻曰:「離爲『見』,坎爲『車』、爲『曳』,故『見輿曳』。」(〔唐〕李鼎祚《周易集解》卷八,《景印文淵閣四庫全書》經部第7冊,臺灣商務印書館,1986年版,第730頁下)

〔註301〕王弼《注》云:「其牛掣者,滯隔所在,不獲進也。」(〔魏〕王弼注,〔唐〕

被毀折，爻辭言其「天且劓」。牛、車、人皆與《睽》下卦《兌》關聯，此是爻辭作者的精心製撰。因惡人及其車、牛皆有損，所以九三初時無能遂願；又九三在互體卦☲中，有光明之象，所以其能得善終，故爻辭云「初无有終」〔註302〕。

《睽·九四》云：「睽孤，遇元夫，交孚，厲，无咎。」〔註303〕九四在《睽》☲下卦☱之上方，居上卦☲之始，被上下兩陰爻所包圍，有孤立之象，所以爻辭云「睽孤」〔註304〕。初九欲上應於九四，然九四履非其位，其相互交接，雖有誠信，恐爲上下兩陰所害，所以爻辭云「遇元夫，交孚，厲」〔註305〕。九四雖履非其位，然得初九之援助，能以光明之德抑制乖離之亂象，所以爲無咎。由九四爻變，其卦之《損》☶。《損》上卦☶，爲止，惡人乖離之行爲被制止，所以爲「无咎」之象。

《睽·六五》云：「悔亡。厥宗噬膚，往何咎。」〔註306〕六五居《睽》☲

孔穎達疏《周易注疏》卷六，日本足利學校遺跡圖書館後援會影印南宋初年刊本，1973 年版，第 381 頁第 28 葉後）虞翻云：「四動坤爲牛，爲類。牛角一低一仰。故稱離上而坎下其牛掣也。」（〔唐〕李鼎祚《周易集解》卷八，《景印文淵閣四庫全書》經部第 7 冊，臺灣商務印書館，1986 年版，第 730 頁下）

〔註302〕虞翻云：「其人謂四，惡人也。黥額爲天，割鼻爲劓。《無妄》乾爲天，震二之乾五，以陰墨其天；乾五之震，二毀艮，割其鼻也；兌爲刑人，故『其人天且劓』。失位，動得正成乾，故『無初有終』。」（〔唐〕李鼎祚《周易集解》卷八，《景印文淵閣四庫全書》經部第 7 冊，臺灣商務印書館，1986 年版，第 730 頁下）王弼《注》云：「初雖受困，終獲剛助。」（〔魏〕王弼注，〔唐〕孔穎達疏《周易注疏》卷六，日本足利學校遺跡圖書館後援會影印南宋初年刊本，1973 年版，第 380 頁第 28 葉後）

〔註303〕馬王堆帛書《周易》作「乖苽，愚元夫，交復，厲，無咎」（張政烺《馬王堆帛書周易經傳校讀》，《釋文》，第 64 頁），楚竹書《周易》作「楑佤，遇元夫，礪，亡咎」（濮茅左《上海博物館藏楚竹書周易》，第 74 頁）。

〔註304〕王弼《注》云：「無應獨處，五自應二，三與己睽，故曰『睽孤』也。」（〔魏〕王弼注，〔唐〕孔穎達疏《周易注疏》卷六，日本足利學校遺跡圖書館後援會影印南宋初年刊本，1973 年版，第 381 頁第 29 葉前）虞翻曰：「孤，顧也。在兩陰間，睽五顧三，故曰『睽孤』。」（〔唐〕李鼎祚《周易集解》卷八，《景印文淵閣四庫全書》經部第 7 冊，臺灣商務印書館，1986 年版，第 730 頁下）

〔註305〕虞翻云：「震爲元夫，謂二已變動而應震，故『遇元夫』也。震爲交，坎爲孚，動而得正，故『交孚，厲，無咎矣』。」（〔唐〕李鼎祚《周易集解》卷八，《景印文淵閣四庫全書》經部第 7 冊，臺灣商務印書館，1986 年版，第 730 頁下）

〔註306〕六五爻辭，楚竹書《周易》作「惡亡，墮宗蠶，敓可咎」（濮茅左《上海博物館藏楚竹書周易》，第 74 頁），馬王堆帛書《周易》作「悔凶，登宗筮膚，往

上卦☳之中，履非其位，故其往而應於六二，六二即往而之六五，兩者易位，將各得其正，所以爲「悔亡」〔註307〕。又六五往得其位，六二尙未往，其卦已經變爲《噬嗑》，爲利於用獄之卦，《睽》九二懲罰乖戾之惡人，若往而應，二之六五即得安全，所以爻辭云「厥宗噬膚，往何咎。」〔註308〕又六五爻變，其卦之《履》☰，即乖離之行爲被消滅，而以禮相待之風生成，所以爲無咎。

《睽·上九》云：「睽孤，見豕負塗，載鬼一車，先張之弧，後說之弧，匪寇婚媾，往遇雨則吉。」〔註309〕上九居《睽》☲之上極，在多陽爻卦之終，睽顧六二、六五之陰爻，心有所疑，所以云「睽孤」。〔註310〕上九在互體

何咎」（張政烺《馬王堆帛書周易經傳校讀》，《釋文》，第 64 頁），漢石經同今本（馬衡《漢石經集存》，第 26 頁）。

〔註307〕虞翻曰：「往得位，『悔亡』也。」（〔唐〕李鼎祚《周易集解》卷八，《景印文淵閣四庫全書》經部第 7 冊，臺灣商務印書館，1986 年版，第 731 頁上）王弼《注》云：「非位，悔也；有應，故亡。」（〔魏〕王弼注，〔唐〕孔穎達疏《周易注疏》卷六，日本足利學校遺跡圖書館後援會影印南宋初年刊本，1973 年版，第 381 頁第 29 葉前）

〔註308〕虞翻曰：「動而之《乾》，《乾》爲『宗』，二（筆者按：惠棟「二」下有「動」字，參惠棟《周易述》卷五《周易下經》，鄭萬耕點校，中華書局，2007 年版，第 106 頁）體《噬嗑》，故曰『噬』。四變時，《艮》爲『膚』，故曰『厥宗噬膚』也。變得正成《乾》，《乾》爲慶，故往無咎而有慶矣。」（〔唐〕李鼎祚《周易集解》卷八，《景印文淵閣四庫全書》經部第 7 冊，臺灣商務印書館，1986 年版，第 731 頁上）項安世云：「睽五言『噬』者，自二至上，有《噬嗑》之象也。」（〔宋〕項安世《周易玩辭》卷八，《景印文淵閣四庫全書》經部第 14 冊，臺灣商務印書館，1986 年版，第 336 頁下）。此皆從象數的角度解讀爻辭的來源，可作參考。

〔註309〕上九爻辭，楚竹書《周易》作「楑㧾，見豕儥塗，載□□□□□□□□□□寇，昏佝，逴遇雨則吉」（濮茅左《上海博物館藏楚竹書周易》，第 76 頁），阜陽漢簡《周易》殘句作「見豕負塗，載□一車，□□□□□兌之㦻，非寇昏媾」（《阜陽漢簡〈周易〉釋文》，第 35 頁），馬王堆帛書《周易》作「乖苽，見豨負塗，載鬼一車，先張之枑，後說之壺，非寇𩰊厚，往愚雨即吉」（張政烺《馬王堆帛書周易經傳校讀》，《釋文》，第 64 頁七五下～第 63 頁七六上），漢石經殘句「睽孤，見豕負塗，載」同今本（馬衡《漢石經集存》，第 26 頁）。

〔註310〕王弼《注》云：「處睽之極，睽道未通，故曰『睽孤』。」（〔魏〕王弼注，〔唐〕孔穎達疏《周易注疏》卷六，日本足利學校遺跡圖書館後援會影印南宋初年刊本，1973 年版，第 382 頁第 29 葉後）虞翻云：「睽三顧五，故曰『睽孤』也。」（〔唐〕李鼎祚《周易集解》卷八，《景印文淵閣四庫全書》經部第 7 冊，臺灣商務印書館，1986 年版，第 731 頁上）朱震：「上與三應亦曰睽孤者，睽離之時，三未從上，有四間焉，而上疑之，則人情不合而孤，猶之

卦☵之上方，而☵爲豕，爲水；上九又在上卦☲之極，而☲爲相見之卦，所以爻辭云「見豕負塗」。〔註311〕其實，「見豕負塗，載鬼一車，先張之弧，後說之弧」乃稽疑的背景，豕背上滿是泥水，車上有一群裝扮鬼樣的人，他們張開弓弧，後又放開弓弧〔註312〕，是不用武力來搶親的表示，所以爻辭云「匪寇婚媾」〔註313〕。此爻描寫的是迎親的所見所聞，筮者欲得其吉凶，筮得此爻，筮人斷之以「往遇雨則吉」〔註314〕。又《睽》上九爻變，其卦之《歸妹》☱。《歸妹》上六履☵之上方，而《坎》爲水，爲雲，可指雨，而婚媾如魚水之交融，所以爻辭云「往遇雨則吉」。

　　《蹇·初六》云：「往蹇，來譽。」〔註315〕處《蹇》☶之始，履非正位，

人也。」（〔宋〕朱震《漢上易傳》卷四，《景印文淵閣四庫全書》經部第 11 冊，臺灣商務印書館，1986 年版，第 135 頁下）

〔註311〕王弼《注》云：「已居炎極，三處澤盛，睽之極也。以文明之極而觀至穢之物，睽之甚也。豕而負塗，穢莫過焉。至睽將合，至殊將通。恢詭譎怪，道將爲一。未至於洽，先見殊怪，故見豕負塗，甚可穢也。」（〔魏〕王弼注，〔唐〕孔穎達疏《周易注疏》卷六，日本足利學校遺跡圖書館後援會影印南宋初年刊本，1973 年版，第 382 頁第 29 葉後）虞翻云：「離爲見；坎爲豕，爲雨。四變時，坤爲土；土得雨，爲泥塗。四動，艮爲背，豕背有泥，故『見豕負塗』矣。」（〔唐〕李鼎祚《周易集解》卷八，《景印文淵閣四庫全書》經部第 7 冊，臺灣商務印書館，1986 年版，第 731 頁上）

〔註312〕虞翻云：「《坤》爲鬼，《坎》爲車，變在《坎》上，故『載鬼一車』也。……五已變，《乾》爲『先』，應在三，《坎》爲『弧』，《離》爲矢腹，張弓之象也。故『先張之弧』。四動，《震》爲『後』。説，猶置也。《兌》爲口，《離》爲大腹，《坤》爲器，大腹有口，《坎》酒在中，壺之象也。之應歷險以與兌，故『後説之壺』矣」（〔唐〕李鼎祚《周易集解》卷八，《景印文淵閣四庫全書》經部第 7 冊，臺灣商務印書館，1986 年版，第 731 頁上～下）此闡釋重視爻辭與卦之象數的一一對應，而忽視了王官對稽疑背景的陳述的情形。

〔註313〕虞翻云：「匪，非；坎，爲寇。之三歷坎，故『匪寇』。陰陽相應，故『婚媾』。」（〔唐〕李鼎祚《周易集解》卷八，《景印文淵閣四庫全書》經部第 7 冊，臺灣商務印書館，1986 年版，第 731 頁下）因稽疑情境與卦象有巧妙的對應關係，所以筮人選取此爻辭編入今本《周易》。

〔註314〕孔穎達《疏》云：「『往遇雨則吉』者，雨者，陰陽交和之道也。眾異並消，無復疑阻，往得和合，則吉從之，故曰『往遇雨則吉』。」（〔魏〕王弼注，〔唐〕孔穎達疏《周易注疏》卷六，日本足利學校遺跡圖書館後援會影印南宋初年刊本，1973 年版，第 383 頁第 30 葉後前）虞翻云：「三在坎下，故『遇雨』；與上易位，坎象不見，各得其正，故『則吉』也。」（〔唐〕李鼎祚《周易集解》卷八，《景印文淵閣四庫全書》經部第 7 冊，臺灣商務印書館，1986 年版，第 731 頁下）此從爻位的變易之正的角度闡釋爻辭的來源。

〔註315〕初六爻辭，楚竹書《周易》作「逩訐，娄譽」（濮茅左《上海博物館藏楚竹書

又應在四，然而六四在互體卦☵之初，《坎》爲陷，所以爻辭云「往蹇」。《蹇》初六爻變，其卦之《既濟》䷾。《既濟》下卦☲爲光明，可指孚信，所以爻辭云「來譽」，即信譽得以樹立。〔註316〕

《蹇・六二》云：「王臣蹇蹇，匪躬之故。」〔註317〕居《蹇》䷦下卦☶之中，履非其位，涉於險難有加。觀六二之處境，其在互體卦☵之始，而《蹇》上卦亦爲☵，是六二之上有難上加難之象；又六二上應於九五，九五爲陽爻，爲君之尊位，而六二爲臣位，故爻辭云「王臣蹇蹇」〔註318〕。六二不畏難上之難而前往勤王，是不顧自身安危之舉，所以爻辭云「匪躬之故」〔註319〕《蹇》六二爻變，其卦之《井》䷯。《井》有改邑不改井之義，其應王臣忠臣之氣節，所以綜合主卦、從卦之象看，《睽》六二有王臣不畏艱難而往應於王之象，故撰「匪躬之故」之辭。

《蹇・九三》云：「往蹇，來反。」〔註320〕居《蹇》䷦下卦☶之上極，往

周易》，第78頁），馬王堆帛書《周易》作「往蹇來輿」（張政烺《馬王堆帛書周易經傳校讀》，《釋文》，第49頁二四上）。

〔註316〕虞翻云：「譽謂二，二多譽也。失位應陰。往歷坎險，故『往蹇』。變而得位，以陽承二，故來而譽矣。」（〔唐〕李鼎祚《周易集解》卷八，《景印文淵閣四庫全書》經部第7冊，臺灣商務印書館，1986年版，第732頁下）王弼《注》云：「處難之始，居止之初，獨見前識，睹險而止，以待其時，知矣哉。故往則遇蹇。來則得譽。」（〔魏〕王弼注，〔唐〕孔穎達疏《周易注疏》卷六，日本足利學校遺跡圖書館後援會影印南宋初年刊本，1973年版，第387頁第32葉前）

〔註317〕六二爻辭，楚竹書《周易》作「王臣訐訐，非今之古」（濮茅左《上海博物館藏楚竹書周易》，第78頁），馬王堆帛書《周易》作「王僕蹇蹇，非□之故」（張政烺《馬王堆帛書周易經傳校讀》，《釋文》，第49頁二四上），漢石經作「王臣寋寋，匪躬之故」（馬衡編《漢石經集存》，第26頁）。

〔註318〕虞翻云：「《觀》乾爲王，坤爲臣，爲躬，坎爲蹇也。之應涉坤，二五俱坎，故『王臣蹇蹇』。」（〔唐〕李鼎祚《周易集解》卷八，《景印文淵閣四庫全書》經部第7冊，臺灣商務印書館，1986年版，第733頁上）

〔註319〕王弼《注》云：「處難之時，履當其位，居不失中，以應於五，不以五在難中，私身遠害，執心不回，志匡王室者也，故曰『王臣蹇蹇，匪躬之故』。履中行義，以存其上，處蹇以此，未見其尤也。」（〔魏〕王弼注，〔唐〕孔穎達疏《周易注疏》卷六，日本足利學校遺跡圖書館後援會影印南宋初年刊本，1973年版，第388頁第32葉後）

〔註320〕九三爻辭，楚竹書《周易》作「逆訐，坴反」（濮茅左《上海博物館藏楚竹書周易》，第78頁），阜陽漢簡《周易》作「往蹇，來反」（《阜陽漢簡〈周易〉釋文，第36頁》馬王堆帛書《周易》此句缺失（張政烺《馬王堆帛書周易經傳校讀》，《釋文》，第49頁二四上），漢石經作「往蹇，來反」（馬衡編《漢石經集存》，第26頁）。

應於上六，則入於上卦《坎》難，所以云「往蹇」〔註321〕。《蹇》九三爻變，其卦之《比》䷇。《比》下卦☷，為眾。能得眾，所以爻辭云「來反」〔註322〕。

《蹇·六四》云：「往蹇，來連。」〔註323〕履《蹇》䷦下卦之上方，在上卦☵之底，又處互體卦☲之中，《坎》《離》相連而體《既濟》，其中，六四、九五為互體卦《既濟》共用之爻，所以云「來連」〔註324〕。又《蹇》六四爻變，其卦之《咸》䷞。《咸》六二至九四互體成☴，為繩直，繩索連接人或物，表示建立聯盟。處於艱難之際，能得援助之國，建立聯盟，即為吉利。顯然，爻辭省略了斷筮之判語。

《蹇·九五》云：「大蹇，朋來。」〔註325〕處《蹇》䷦上卦☵之中，為《蹇》之主，所以爻辭云「大蹇」〔註326〕。處大難而六二之臣來勤王，所以

〔註321〕虞翻云：「應正歷險，故往蹇。」（〔唐〕李鼎祚《周易集解》卷八，《景印文淵閣四庫全書》經部第 7 冊，臺灣商務印書館，1986 年版，第 733 頁上）孔穎達《疏》云：「九三與坎為鄰，進則入險，故曰『往蹇』。」（〔魏〕王弼注，〔唐〕孔穎達疏《周易注疏》卷六，日本足利學校遺跡圖書館後援會影印南宋初年刊本，1973 年版，第 388 頁第 32 葉後）

〔註322〕虞翻云：「反身據二，故來反也。」（〔唐〕李鼎祚《周易集解》卷八，《景印文淵閣四庫全書》經部第 7 冊，臺灣商務印書館，1986 年版，第 733 頁上）孔穎達《疏》云：「來則得位，故曰『來反』。」（〔魏〕王弼注，〔唐〕孔穎達疏《周易注疏》卷六，日本足利學校遺跡圖書館後援會影印南宋初年刊本，1973 年版，第 388 頁第 32 葉後）

〔註323〕六四爻辭，楚竹書《周易》作「𨒌訐，𡎺連」（濮茅左《上海博物館藏楚竹書周易》，第 78 頁），馬王堆帛書《周易》作「往蹇，來連」（張政烺《馬王堆帛書周易經傳校讀》，《釋文》，第 50 頁二四下），漢石經作「往蹇，來連」（馬衡編《漢石經集存》，第 26 頁）。

〔註324〕虞翻云：「連，輦；蹇，難也。在兩坎間，進則無應，故『往蹇』。退初介三，故『來連』也。」荀爽云：「蹇難之世，不安其所，欲往之三，不得承陽，故曰『往蹇』也。來還承五，則與至尊相連，故曰『來連』也。」（〔唐〕李鼎祚《周易集解》卷八，《景印文淵閣四庫全書》經部第 7 冊，臺灣商務印書館，1986 年版，第 733 頁上～下）王弼《注》云：「往則無應，來則乘剛，往來皆難，故曰『往蹇來連』。」（〔魏〕王弼注，〔唐〕孔穎達疏《周易注疏》卷六，日本足利學校遺跡圖書館後援會影印南宋初年刊本，1973 年版，第 389 頁第 33 葉前）王氏所解與虞翻、荀爽所解意異。

〔註325〕九五爻辭，楚竹書《周易》作「大訐，不椄」（濮茅左《上海博物館藏楚竹書周易》，第 78 頁），馬王堆帛書《周易》作「大蹇，傰來」（張政烺《馬王堆帛書周易經傳校讀》，《釋文》，第 50 頁二四下），漢石經作「大蹇，崩來」（馬衡編《漢石經集存》，第 26 頁）。

〔註326〕虞翻云：「當位正邦，故『大蹇』。」（〔唐〕李鼎祚《周易集解》卷八，《景印文淵閣四庫全書》經部第 7 冊，臺灣商務印書館，1986 年版，第 733 頁下）王弼

有「朋來」之意。《蹇》九五爻變，其卦之《謙》☷。《謙》上卦☷，爲眾。故總攬主卦、之卦之卦象，《蹇》九五有眾多股肱之忠臣前來勤王之意，所以撰「朋來」之辭〔註327〕。

　　《蹇・上六》云：「往蹇，來碩吉，利見大人。」〔註328〕履《蹇》☶之極，處《坎》難之上，然居位得正，爲即將脫離困境者，而欲往而之九三，則必經重重險難，所以爻辭云「往蹇」〔註329〕。《蹇》上六爻變，其卦之《漸》☶。《漸》上卦☴，爲長，爲高，可表事物程度之深者，爻辭以「碩」實之〔註330〕。九三來援助上六，助力其脫難之力量健碩，所以爲吉，以此而見九五之大人則爲吉，所以爻辭云「來碩吉，利見大人」〔註331〕。

　　《注》云：「處難之時，獨在險中，難之大者也，故曰『大蹇』。」（〔魏〕王弼注，〔唐〕孔穎達疏《周易注疏》卷六，日本足利學校遺跡圖書館後援會影印南宋初年刊本，1973年版，第389頁第33葉前）兩者所解相異，今從虞翻。

〔註327〕虞翻云：「《睽》兌爲朋，故『朋來』也。」（〔唐〕李鼎祚《周易集解》卷八，《景印文淵閣四庫全書》經部第7冊，臺灣商務印書館，1986年版，第733頁下）王弼《注》云：「居不失正，履不失中，執德之長，不改其節，如此，則同志者集而至矣，故曰『朋來』也。」（〔魏〕王弼注，〔唐〕孔穎達疏《周易注疏》卷六，日本足利學校遺跡圖書館後援會影印南宋初年刊本，1973年版，第389頁第33葉前～390頁第33葉後）

〔註328〕上六爻辭，楚竹書《周易》作「𨒥訐，坙碩，吉，利見大人」（濮茅左《上海博物館藏楚竹書周易》，第80頁），馬王堆帛書《周易》作「往蹇，來石吉，利見大人」（張政烺《馬王堆帛書周易經傳校讀》，《釋文》，第50頁二四下），漢石經殘句作「往蹇」（馬衡編《漢石經集存》，第26頁）。

〔註329〕虞翻云：「陰在險上，變失位，故『往蹇』。」（〔唐〕李鼎祚《周易集解》卷八，《景印文淵閣四庫全書》經部第7冊，臺灣商務印書館，1986年版，第733頁下）孔穎達《疏》云：「上六，難終之地，不宜更有所往，往則長難，故曰『往蹇』也。」（〔魏〕王弼注，〔唐〕孔穎達疏《周易注疏》卷六，日本足利學校遺跡圖書館後援會影印南宋初年刊本，1973年版，第389頁第33葉前～390頁第33葉後）

〔註330〕虞翻云：「碩謂三，艮爲碩，退來之三，故『來碩』。」（〔唐〕李鼎祚《周易集解》卷八，《景印文淵閣四庫全書》經部第7冊，臺灣商務印書館，1986年版，第733頁下）孔穎達《疏》云：「碩，大也。……來則難終；難終，則眾難皆濟，志大得矣，故曰『來碩吉』也。」（〔魏〕王弼注，〔唐〕孔穎達疏《周易注疏》卷六，日本足利學校遺跡圖書館後援會影印南宋初年刊本，1973年版，第389頁第33葉前～390頁第33葉後）兩者所解有異，今從孔氏。

〔註331〕虞翻云：「離爲見，大人謂五，故『利見大人』矣。」（〔唐〕李鼎祚《周易集解》卷八，《景印文淵閣四庫全書》經部第7冊，臺灣商務印書館，1986年版，第733頁下）孔穎達《疏》云：「險夷難解，大道可興，宜見大人以弘道化，故曰『利見大人』也。」（〔魏〕王弼注，〔唐〕孔穎達疏《周易注疏》卷六，日本足利學校遺跡圖書館後援會影印南宋初年刊本，1973年版，第389

　　《解·初六》云：「无咎。」〔註 332〕處《解》䷧之始，雖居非其位，然與九四有應，能各自之正，是爲無過失，所以爻辭云「无咎」。〔註 333〕《解》初六爻變，其卦之《歸妹》䷵。《歸妹》下卦☱，爲說，難解而悅，所以撰「无咎」之辭。〔註 334〕

　　《解·九二》云：「田獲三狐，得黃矢，貞吉。」〔註 335〕居《解》䷧下卦☵之中，而《坎》爲弓輪；九二又處互體卦☲之底，而《離》爲戈兵，弓輪、戈兵皆可用於田獵，而此與占筮背景「田獲三狐，得黃矢」相聯繫：筮者田獵而獲得三狐，並從其體取得黃色之矢，因而欲稽其吉凶。〔註 336〕《解》九二爻變，其卦之《豫》䷏。《豫》下卦☷，爲順，爲眾，《解》九二變而得眾，且坎難變爲平順，所以爻辭云「貞吉」。〔註 337〕

頁第 33 葉前～390 頁第 33 葉後）

〔註 332〕初六爻辭，楚竹書《周易》作「亡咎」（濮茅左《上海博物館藏楚竹書周易》，第 82 頁），馬王堆帛書《周易》同今本（張政烺《馬王堆帛書周易經傳校讀》，《釋文》，第 53 頁三九上）

〔註 333〕虞翻曰：「與四易位，體《震》得正，故『無咎』也。」（〔唐〕李鼎祚《周易集解》卷八，《景印文淵閣四庫全書》經部第 7 冊，臺灣商務印書館，1986 年版，第 735 頁上）此說是。

〔註 334〕宋儒都絜云：「此《解》之《歸妹》也，而爻辭云爾者，當《解》之初，未能全無難，而以柔居下，在我者有所不足，則將疇依乎此，所以未能無咎也。然以柔在下，而上應乎剛，則九四之才足依，而可以免難。故於變體爲《歸妹》而曰『無咎』。然於難散之時，以柔上應乎剛，僅取《歸妹》之義，非《歸妹》之實也。故爲《解》之《歸妹》焉。」（〔宋〕都絜《易變體義》卷八，《景印文淵閣四庫全書》經部第 11 冊，臺灣商務印書館，1986 年版，第 719 頁下）

〔註 335〕九二爻辭，楚竹書《周易》作「畋晶䵼，㝵黃矢。貞吉」（濮茅左《上海博物館藏楚竹書周易》，第 82 頁），馬王堆帛書《周易》殘句作「田獲三狐，得」（張政烺《馬王堆帛書周易經傳校讀》，《釋文》，第 53 頁三九上）

〔註 336〕虞翻云：「二稱田。田，獵也。變之正，《艮》爲狐，《坎》爲弓，《離》爲黃矢。矢貫狐體。二之五歷三爻，故『田獲三狐，得黃矢。』」（〔唐〕李鼎祚《周易集解》卷八，《景印文淵閣四庫全書》經部第 7 冊，臺灣商務印書館，1986 年版，第 735 頁上～下）此說雖有拘泥像數之弊，但指出了象數與爻辭撰寫的密切關係，可作重要參考。

〔註 337〕宋儒都絜云：「此《解》之《豫》也，而爻辭云爾者，方難散之初，群心危疑，而未悅也。興事而得眾，則可悅矣；眾能得所附。則可悅矣；爲臣得眾，而不失乎中直之道，則中不過份，直能循理而爲之，君者亦悅矣。故變體爲《豫》而曰『田獲三狐，得黃矢，貞吉』。田言興事之大也，三言眾也，狐言疑而未悅也，黃言中，矢言直也。然《豫》以順動而後人心悅矣。此則因解而得眾，眾亦得所附，且以中直之道，而君臣無疑。故爲《解》之豫，與《豫》之本

《解·六三》云：「負且乘，致寇至，貞吝。」〔註338〕處《解》䷧內卦
☵之極，履非其位，又無應於上六，自恃其能解脫坎難，且有險要地勢可憑，
而終將寡助；盟國未能建立，又自恃強大，將自招禍患。其實，「負且乘」是
對筮者（主人）的所作所爲的概括。筮者的言行舉止及其處境是筮人撰寫爻
辭的重要參考要素。在與卦象建立關係的同時，王官將之寫入爻辭，此是爻
辭的一個重要特徵。於卦象而言，六三又在互體卦☳之底，而此互體《坎》
其於輿也，爲盜，強盜至於六三，並與之交鋒，且將侵入六三之中，所以爻
辭云「致寇至，貞吝」。〔註339〕又六三爻變，其卦之《恒》䷟。《恒》貞卦☴，
爲躁卦，處當貞守常道之時而躁動自負，則將招致禍患。是亦爲危吝之事，
故撰辭如上。〔註340〕

《解·九四》云：「解而拇，朋至斯孚。」〔註341〕處《解》䷧外卦☳之
始，而《震》爲足，足之底即是足掌，爻辭以足大指即「拇」借代之，並被
活用爲動詞，表示足大指之運動〔註342〕。九四履下卦《坎》難之上，是脫離

體異矣。」（〔宋〕都絜《易變體義》卷八，《景印文淵閣四庫全書》經部第
11冊，臺灣商務印書館，1986年版，第719頁下）此可作參考。

〔註338〕六三爻辭，楚竹書《周易》作「償敓輚，至寇至□□」（濮茅左《上海博物館
藏楚竹書周易》，第82頁），馬王堆帛書《周易》殘句作「□且乘，致寇至，
貞闁。」（張政烺《馬王堆帛書周易經傳校讀》，《釋文》，第54頁三九下），
漢石經作「負且乘，致寇至。貞吝」（馬衡編《漢石經集存》，第26頁）

〔註339〕虞翻云：「負，倍也。二變時，《艮》爲背，謂三以四艮倍五也。五來寇三時，
《坤》爲車，三在坤上，故『負且乘』。小人而乘君子之器，故《象》曰『亦
可醜也』。……五之二成《坎》，《坎》爲寇盜，上位慢五，下暴於二，慢藏誨
盜，故『致寇至，貞吝』。」（〔唐〕李鼎祚《周易集解》卷八，《景印文淵閣
四庫全書》經部第7冊，臺灣商務印書館，1986年版，第735頁下）

〔註340〕宋儒都絜云：「此《解》之《恒》也，而爻辭云爾者，蓋不恒其德，則難之所
由生。以此爲正而不改，則吝而難未弭也。唯改是而不以爲正，則恒其德而
難散矣。蓋或負而爲小人，或乘而爲君子，此不恒其德而難所由生，此所以
致戎以爲之寇也，故曰『負且乘，致寇至』。」（〔宋〕都絜《易變體義》卷八，
《景印文淵閣四庫全書》經部第11冊，臺灣商務印書館，1986年版，第720
頁上）

〔註341〕九四爻辭，馬王堆帛書《周易》作「解其栂，偁至此復」（張政烺《馬王堆帛
書周易經傳校讀》，《釋文》，第54頁三九下），漢石經作「解而拇，朋至斯孚」
（馬衡編《漢石經集存》，第26頁）。

〔註342〕而，孔穎達《疏》云：「而，汝也。」（〔魏〕王弼注，〔唐〕孔穎達疏《周易
注疏》卷六，日本足利學校遺跡圖書館後援會影印南宋初年刊本，1973年版，
第396頁第36葉後）後儒宗之。我們認爲其應是連詞，而「拇」是被活用之
動詞。

了困境者，又在互體卦《離》之上極，爲行事穩健而光明者，所以爻辭云「解而拇」，言其能舉足之際能謹小愼微，無恃才傲物。此是集思廣益，建立互信互助聯盟之始，所以爻辭又云「朋至斯孚」。〔註343〕《解》九四爻變，其卦之《師》☷☵。《師》外卦☷，爲眾。《解》九四變而得眾，又得互體《離》之光明，所以王官撰爻辭「朋至斯孚」如此。〔註344〕

《解·六五》云：「君子維有解，吉，有孚于小人。」〔註345〕居《解》☳☵外卦☵之中，又在互體卦《坎》之上極，是能化解眾難者。六五爲《解》之尊者，以柔克剛，是能化險爲夷者，所以得黎庶之信服，此爲治政之吉利，所以撰「君子維有解吉，有孚于小人」之辭如上。〔註346〕

《解·上六》云：「公用射隼于高墉之上，獲之，无不利。」〔註347〕履《解》☳☵之上極，居位得正，爲徹底解除大難者，所以爻辭云「无不利」。爻辭「公用射隼于高墉之上，獲之」是稽疑的背景，尋其語意，諸侯國其城牆堅固，其國君身強體壯能射獲高空之大隼，此得地利人和，亦是「无不利」之義。

《損·初九》云：「已〔註348〕事遄往，无咎。酌損之。」〔註349〕居於《損》

〔註343〕孔穎達《疏》云：「『解而拇，朋至斯孚』者，……拇，足大指也。履於不正，與三相比，三從下來，附之如指之附足。四有應在初，若三爲之拇，則失初之應，故必解其拇，然後朋至而信，故曰『解而拇，朋至斯孚』。」（〔魏〕王弼注，〔唐〕孔穎達疏《周易注疏》卷六，日本足利學校遺跡圖書館後援會影印南宋初年刊本，1973年版，第396頁第36葉後）

〔註344〕宋儒都絜云：「此《解》之《師》也，而爻辭云爾者，位不足故所解者微矣，而曰『解而拇』才有餘，故得朋而人信之；而曰『朋至斯孚』，夫得朋而後人信之，然於變體爲《師》者，才德雖有餘而可以用師，必得同心同德之臣而人信之，然後贊其智謀而可用焉。」（〔宋〕都絜《易變體義》卷八，《景印文淵閣四庫全書》經部第11冊，臺灣商務印書館，1986年版，第720頁上）

〔註345〕六五爻辭，馬王堆帛書《周易》作「君子唯有解吉，有復於小人」（張政烺《馬王堆帛書周易經傳校讀》，《釋文》，第54頁三九下～第53頁第四○上），漢石經同今本（馬衡編《漢石經集存》，第26頁）。

〔註346〕虞翻云：「君子謂二，之五得正成《坎》，《坎》爲心，故『君子維有解，吉』。小人謂五，陰爲小人，君子升位，則小人退在二，故『有孚於小人』。《坎》爲孚也。」（〔唐〕李鼎祚《周易集解》卷八，《景印文淵閣四庫全書》經部第7冊，臺灣商務印書館，1986年版，第736頁上）

〔註347〕上六爻辭，馬王堆帛書《周易》作「公用射夐於高庸之上，獲之，無不利」（張政烺《馬王堆帛書周易經傳校讀》，《釋文》，第53頁第四○上）

〔註348〕已，虞翻作祀，其云：「祀，祭祀。」李鼎祚從之（〔唐〕李鼎祚《周易集解》卷八，《景印文淵閣四庫全書》經部第7冊，臺灣商務印書館，1986年版，

☶道下極，往而應於六四，能快速斟酌事之輕重，行損己益上之事，所以無過失。〔註350〕初九爻變，其卦之《蒙》☶。《損》下卦☱，爲毀折，爲附決，初九處毀折之始，又在決定往應於六四之初；之卦《蒙》下卦☵，爲坎難，爲心病。是《損》初九若能自損，則能渡過難關，消除其心病，以斯而往，誰能責難？所以爻辭云「無咎」。〔註351〕

《損‧九二》云：「利貞，征凶。弗損，益之。」〔註352〕履於《損》☶道內卦之中，以剛健之體而居於陰柔之位，爲可與損道緩和者。〔註353〕六五來而應於九二，使已受初九自損之內卦得以增益實力，所以爻辭云「弗損，益

第 738 頁上）清儒惠棟亦從虞翻，云：「巳讀爲祀者，古文省。」（〔清〕惠棟《周易述》卷六《周易下經》，鄭萬耕點校，中華書局，2007 年版，第 115 頁）陸德明云：「音以，本亦作以。」（〔唐〕陸德明《經典釋文》卷二《周易音義》，上海古籍出版社，2013 年版，第 104 頁）王弼、孔穎達皆作巳，「音以，胡瑗、張載、程子、朱震、朱子諸儒俱同」（〔清〕翟均廉《周易章句證異》卷二，《景印文淵閣四庫全書》經部第 53 冊，臺灣商務印書館，1986 年版，第 713 頁下）今從王弼、孔穎達。

〔註349〕初九爻辭，馬王堆帛書《周易》作「巳事端往，無咎，酌損之」（張政烺《馬王堆帛書周易經傳校讀》，《釋文》，第 47 頁一三上），漢石經殘句作「無咎，酌損之」（馬衡編《漢石經集存》，第 26 頁），同今本。

〔註350〕王弼《注》云：「損之爲道，損下益上，損剛益柔，以應其時者也。居於下極，損剛奉柔，則不可以逸；處損之始，則不可以盈。事已則往，不敢宴安，乃獲無咎也。」（〔魏〕王弼注，〔唐〕孔穎達疏《周易注疏》卷七，日本足利學校遺跡圖書館後援會影印南宋初年刊本，1973 年版，第 405 頁第 3 葉前）此解是。

〔註351〕宋儒都絜云：「此《損》之《蒙》也，而爻辭云爾者，《蒙》之《象》曰『蒙亨以亨，行時中也。初筮告，以剛中也』，其九二以剛中，益六五；而六五以柔中資之。蓋陽道常饒，若教者損有餘以教人；陰道常乏，若學者以不足而受教。然則教者既已成，已不可不遄往而應學者之求也，故《損‧初九》曰『巳事遄往』。遄往者，簡而無傲之意。然以臣誨君，以君而受臣之教，必當量而後入，乃無以下拂上。臣過其君之嫌，故曰『酌損之』。酌己之有餘而益君之不足者，量而後入之義也。」（〔宋〕都絜《易變體義》卷八，《景印文淵閣四庫全書》經部第 11 冊，臺灣商務印書館，1986 年版，第 721 頁下）此說是。

〔註352〕九二爻辭，馬王堆帛書《周易》作「利貞，正兇。弗損，益之。」（張政烺《馬王堆帛書周易經傳校讀》，《釋文》，第 47 頁一三上～48 頁一三下），漢石經同今本（馬衡編《漢石經集存》，第 26 頁）。

〔註353〕王弼《注》云：「柔不可全益，剛不可全削，下不可以無正。初九已損，剛以順柔；九二履中，而復損己以益柔，則剝道成焉，故不可遄往而利貞也。」（〔魏〕王弼注，〔唐〕孔穎達疏《周易注疏》卷七，日本足利學校遺跡圖書館後援會影印南宋初年刊本，1973 年版，第 405 頁第 3 葉後）此解可作參考。

之」。〔註 354〕此爻辭是對判語「利貞，征凶」所作的具體解說。《損》九二爻變，其卦之《頤》☶☳。《頤》是頤養之卦，《損》九二變而之《頤》，即不當再損己而至過度削弱陽剛之體，宜養精蓄銳，養己而待時，否則己力耗盡，恐有滅頂之災，所以爻辭云「利貞，徵凶」。〔註 355〕

　　《損·六三》云：「三人行則損一人，一人行則得其友。」〔註 356〕居於《損》☶☱道內卦之上極，履非其位，上應於上九，為自損者。六三又處互體卦☷之底，而☷為三陰爻，為陰盛之象，盛極而損。六三之爻變，《損》卦之《大畜》☶☰。《大畜》九三至六五互體成☳，為動，為損一陰爻，益一陽爻，所以爻辭云「三人行則損一人」。〔註 357〕《損》九二至六四互體成☳，六三居於其中，其上為☷，《艮》兩陰為靜止者，所以六三獨行，往而之上九，得其友助，所以爻辭云「一人行則得其友」。〔註 358〕

　　《損·六四》云：「損其疾，使遄有喜，无咎。」〔註 359〕履毀折之下卦之上方，為靜止之卦之始，為能止損者。《損》六四爻變，其卦之《睽》☲☱。《睽》六三至六五互體成☵，為心病。《損》六四能止其心病，所以爻辭云「損

〔註 354〕虞翻云：「二之五成《益》，小損大益，故『弗損，益之』矣。」（〔唐〕李鼎祚《周易集解》卷八，《景印文淵閣四庫全書》經部第 7 冊，臺灣商務印書館，1986 年版，第 738 頁上）

〔註 355〕宋儒都絜云：「此《損》之《頤》也，而爻辭云爾者，《頤》之爲言，養也。而養正則吉。九二以剛居中矣，蓋剛或失之過當，以中爲正而養之，故口『利貞』；不以中爲正而養之則過矣，故言『征凶』以戒之。過乎中，則不可復損矣，故言『弗損』以美之；未過中，則欲損己之有餘以助上之不足；過乎中而弗損，則上不疑之，而且報其德焉，故曰『益之』。」（〔宋〕都絜《易變體義》卷八，《景印文淵閣四庫全書》經部第 11 冊，臺灣商務印書館，1986 年版，第 722 頁上）此説是。

〔註 356〕六三爻辭，馬王堆帛書《周易》作「三人行則損一人，一人行則得亓友」（張政烺《馬王堆帛書周易經傳校讀》，《釋文》，第 48 頁一三下），漢石經同今本（馬衡編《漢石經集存》，第 26 頁）。

〔註 357〕虞翻云：「《泰》乾三爻，爲『三人』；震爲『行』，故『三人行』。損初之上，故『則損一人』。」（〔唐〕李鼎祚《周易集解》卷八，《景印文淵閣四庫全書》經部第 7 冊，臺灣商務印書館，1986 年版，第 738 頁上）此説較爲支離。

〔註 358〕虞翻云：「一人謂《泰》初，之上損剛益柔，故『一人行』。《兑》爲友，初之上，據《坤》應《兑》，故『則得其友』。言致一也。」（〔唐〕李鼎祚《周易集解》卷八，《景印文淵閣四庫全書》經部第 7 冊，臺灣商務印書館，1986 年版，第 738 頁下）此説較爲支離。

〔註 359〕六四爻辭，馬王堆帛書《周易》作「損亓疾，事端有喜，無咎」（張政烺《馬王堆帛書周易經傳校讀》，《釋文》，第 48 頁一三下）。

其疾」。《損》六四又得初九之增益，且居於正位，故能化險爲夷，所以爻辭云「使遄有喜，无咎。」

《損・六五》云：「或益之十朋之龜，弗克違，元吉。」〔註 360〕六五爲《損》之主，履得尊位，能體恤九二，贈賜以「十朋之龜」。此爲君王體察下情，輸民以利之常道，不可以違背。損己肥公，損益分明，所以此將爲治政之大吉者。《損》六五爻變，其卦之《中孚》☲。《中孚》上卦☴，爲近利市三倍；而《損》上卦☶，爲止。《損》六五能克制其圖利之心，而與民分享其利，此有利於形成萬民得治的政治局面，吉莫大焉，所以爻辭云「元吉」。

《損・上九》云：「弗損，益之。无咎，貞吉。利有攸往，得臣无家。」〔註 361〕履《損》☶之上極，履非其位，以陽剛之質處於陰位，六五已損己以益下，以利於萬民；上九處止損之上，若能止損，並得六三之援益，則能無咎。《損》上九爻變，其卦之《臨》☷。《臨》上卦☷，爲眾，爲文；《損》上卦☶，爲事物之所成。《損》上九能止損並得眾人之助，其損私家之利，而增益公家，天下漸有文明之象，所以爻辭云「利有攸往，得臣无家」。〔註 362〕

《益・初九》云：「利用爲大作。元吉，无咎。」〔註 363〕處《益》☴之始，履得正位，又與六四各得正應。初九爻變，其卦之《觀》☴。《觀》下卦☷，爲眾，爲文，爲柄；《益》下卦☳，爲大塗。《益》初九通過大塗而得眾，獲得權柄，即建功立業，所以爻辭云「利用爲大作」。〔註 364〕獲得眾人的信服，

〔註 360〕六五爻辭，馬王堆帛書《周易》作「益之十備之龜，弗克回，元吉」（張政烺《馬王堆帛書周易經傳校讀》，《釋文》，第 48 頁一三下～47 頁一四上）。

〔註 361〕上九爻辭，馬王堆帛書《周易》作「弗損，益之。無□，貞吉。有攸往，得僕無家」（張政烺《馬王堆帛書周易經傳校讀》，《釋文》，第 47 頁一四上）。

〔註 362〕王弼《注》云：「處損之終，上無所奉，損終反益，剛德不損，乃反益之而不優於咎。用正而吉，不制於柔，剛德遂長，故曰『弗損，益之。無咎，貞吉，利有攸往』也。居上乘柔，處損之極，尚夫剛德，爲物所歸，故曰『得臣』。得臣，則天下爲一，故『無家』也。」（〔魏〕王弼注，〔唐〕孔穎達疏《周易注疏》卷七，日本足利學校遺跡圖書館後援會影印南宋初年刊本，1973 年版，第 410 頁第 5 葉後）此説是。

〔註 363〕初九爻辭，馬王堆帛書《周易》作「利用爲大作，元吉，無咎」（張政烺《馬王堆帛書周易經傳校讀》，《釋文》，第 67 頁九二上），同今本；漢石經亦同今本（馬衡編《漢石經集存》，第 26 頁）

〔註 364〕大作，虞翻云：「大作謂耕播耒耨之利，蓋取諸此也。」（〔唐〕李鼎祚《周易

得文明之治象，吉莫大焉，所以爻辭云「元吉，无咎」。〔註365〕

　　《益·六二》云：「或益之十朋之龜，弗克違。永貞，吉。王用享于帝，吉。」〔註366〕處《益》☶下卦之中，履中得位，爲《益》之中正者，其與九五有應，九五增益之。〔註367〕所益之物，根據卦象以及占筮經驗，王官將之推定爲「十朋之龜」〔註368〕，即價錢十朋的寶龜，也即貴重之龜，以示九五所贈賜之物的貴重。故爻辭云「或益之十朋之龜」。居《益》道之正，要固守之，不可以違拗之，所以爻辭云「弗克違」。〔註369〕行事如斯，則可得常久之正，因此爲吉利。又《益》下卦爲☳，《益》六三至九五互體成☶，兩卦相疊體《頤》，六二在其共爻之下，亦是中正者；《益》互體卦《艮》，爲門闕，可指廟門。是六二有「祭祀先祖、山川等神靈」之象，所以爻辭云「王用享于

集解》卷八，《景印文淵閣四庫全書》經部第 7 冊，臺灣商務印書館，1986年版，第 741 頁上）孔穎達《疏》云：「大作謂興作大事也，九處《益》之初，居動之始，有興作大事之端，又體剛能幹，應巽不違，有堪建大功之德，故曰『利用爲大作』也。」（〔魏〕王弼注，〔唐〕孔穎達疏《周易注疏》卷七，日本足利學校遺跡圖書館後援會影印南宋初年刊本，1973 年版，第 415 頁第 8 葉前）今從孔氏之説。

〔註365〕宋儒都絜云：「此《益》之《觀》也，而爻辭云爾者，初九在一卦之下，民之象也。當興利之時。有剛動之才，仁民之德，則利用之以興大事矣。然民可與樂成，難與慮始，必陳上之德意，播告以示之，使民觀聽而信之，然後知上之所以有作者本以仁民，而下之所以觀化者亦知非屬己而可與成功矣。唯示之於上，而觀聽之於下，故變體爲《觀》而曰『利用爲大作，元吉，無咎。』」（〔宋〕都絜《易變體義》卷八，《景印文淵閣四庫全書》經部第 11 冊，臺灣商務印書館，1986 年版，第 723 頁下）此解可通。

〔註366〕六二爻辭，馬王堆帛書《周易》作「或益之十備之龜，弗亨回。永貞，吉。王用芳於帝，吉」（張政烺《馬王堆帛書周易經傳校讀》，《釋文》，第 67 頁九二上～68 頁九二下），漢石經殘句作「或益之十朋之龜」（馬衡編《漢石經集存》，第 26 頁），同今本。

〔註367〕王弼《注》云：「以柔居中，而得其位：處內履中，居益以沖，益自外來，不召自至，不先不爲。」（〔魏〕王弼注，〔唐〕孔穎達疏《周易注疏》卷七，日本足利學校遺跡圖書館後援會影印南宋初年刊本，1973 年版，第 415 頁第 8 葉前）此説可從。

〔註368〕十朋之龜，虞翻云：「《坤》數十，《損》兌爲『朋』。謂三變離，爲龜。故『十朋之龜』。」（〔唐〕李鼎祚《周易集解》卷八，《景印文淵閣四庫全書》經部第 7 冊，臺灣商務印書館，1986 年版，第 741 頁上）

〔註369〕清儒胡煦云：「初坤獲乾陽之益，此獨比而最親，故『弗克違』。」（〔清〕胡煦《周易函書約注》卷九，《景印文淵閣四庫全書》經部第 48 冊，臺灣商務印書館，1986 年版，第 602 頁下）

帝」〔註370〕。王獲得物產之豐收或時節之所出而先獻祭於帝，此爲尊禮義之行爲，所以爲「吉」。《益》六二爻變，其卦之《中孚》☲。《中孚》下卦☱，爲巫，爲口舌，其有「巫以言語通神、降神」之象，此爲王之孚信上達神靈之義；《益》下卦☳，帝出於《震》。〔註371〕所以綜觀主卦、之卦所表《益》六二之義，其有「王祭祀先帝等神靈」之象，此是撰寫「王用享于帝」之辭的理由。

《益·六三》云：「益之，用凶事，无咎。有孚中行，告公用圭。」〔註372〕居下卦☳之上極，而《震》其究爲健，是能求得增益者〔註373〕；《益》有體《頤》之象，上下兩陽爻內夾三陰爻，而六三居於其中，其上下各有一陰爻，是其增益者，所以爻辭云「益之」。《益》六三爻變，其卦之《家人》☲。《家人》下卦☲，爲甲冑，爲戈兵，可指兵事，而兵事乃凶事；《益》六三能於凶事之中，得其宗人之助，且能增益其能力，所以爻辭云「用凶事，无咎」。〔註374〕六三所增益者亦有孚信，既有孚於元龜，又有孚於眾人，且在健行之

〔註370〕虞翻云：「震稱『帝』，王謂五，《否》乾爲王，體《觀》象，艮爲宗廟；三變（變，《文淵閣四庫全書》誤本作乾，參：〔唐〕李鼎祚《周易集解》卷八，《景印文淵閣四庫全書》經部第 7 冊，臺灣商務印書館，1986 年版，第 741 頁上）折坤牛，體《噬嗑》食，故『王用享於帝』。」（〔清〕李道平《周易集解纂疏》卷五，潘雨廷點校，中華書局，1994 年版，第 385 頁）此從象數與爻辭對應的角度闡釋爻辭的生成，雖顯得支離，但亦可提供有益的參考。

〔註371〕宋儒都絜云：「此《益》之《中孚》也，而爻辭云爾者，左氏曰：『忠，德之正也。』莊子曰：『當而不知以爲信。』六二，正當者也。有忠信之象，忠信可以行蠻貊，而況中國乎？所以『或益之十朋之龜，弗克違』者，人以忠信應之、二陰比之之象也。至於以陰居陰，則永以爲正之象也。王用享於帝。則九五應之之象也。永以爲貞誠，以守己也，王用享於帝，誠以格天也，是皆《中孚》之義也。」（〔宋〕都絜《易變體義》卷八，《景印文淵閣四庫全書》經部第 11 冊，臺灣商務印書館，1986 年版，第 724 頁上）

〔註372〕六三爻辭，馬王堆帛書《周易》作「益之，用工事，無咎。有復中行，告公用聞」（張政烺《馬王堆帛書周易經傳校讀》，《釋文》，第 68 頁九二下）。

〔註373〕王弼《注》云：「以陰居陽，求益者也，故曰『益之』。」孔穎達《疏》云：「六三以陰居陽，不能謙退，是求益者也，故曰『益之』。」（〔魏〕王弼注，〔唐〕孔穎達疏《周易注疏》卷七，日本足利學校遺跡圖書館後援會影印南宋初年刊本，1973 年版，第 416 頁第 8 葉後～417 頁第 9 葉前）王氏、孔氏之說是。

〔註374〕宋儒都絜云：「此《益》之《家人》也，而爻辭云爾者，夫《益》之盛而至此，則過中矣。於是而用凶事，則安不忘危，足以保其家而無咎。唯國之本在家，於是乎有國而告公用圭焉。蓋大夫以上稱家，則家之盛也。而諸侯有國，則家在其中。唯王者樂天以保天下，而諸侯則畏天以保其國。益之用凶事，所

《震》卦之上，爲有作爲者，所以爻辭云「有孚中行」〔註375〕。六三又居互體卦☷之中，而《坤》爲眾，爲柄，可表公之權勢，是六三有公侯之臣持表權柄之圭用事，以輔佐公處理政務，以增益公之能力，所以爻辭云「告公用圭」〔註376〕。

《益·六四》云：「中行，告公從，利用爲依遷國。」〔註377〕處下卦☳之底，在互體卦☷之中，又居互體卦☴之上極，而《巽》爲入，《坤》爲順，所以爻辭云「中行，告公從」〔註378〕。遷移國都前而以筮稽疑，「遷國」是其占筮之由，表國事之大者。眾人依順，此爲遷都之事成功之預兆，故爲吉利之象。爻辭簡省了其判詞。《益》六四爻變，其卦之《无妄》☲。《无妄》上卦☰，爲君，下能順君，併入於王庭，所以此亦是「利用爲依遷國」之意。〔註379〕

以畏天也。至於有孚而非偏，爲中行而無大過，則非特保家而已，又至於有國之盛焉。故變體爲《家人》而曰『告公用圭』」（〔宋〕都絜《易變體義》卷八，《景印文淵閣四庫全書》經部第11冊，臺灣商務印書館，1986年版，第724頁下）此爲精審之論。

〔註375〕虞翻云：「公謂三伏陽也。三動體坎，故『有孚』。震爲『中行』，爲『告』，位在中，故曰『中行』。」（〔唐〕李鼎祚《周易集解》卷八，《景印文淵閣四庫全書》經部第7冊，臺灣商務印書館，1986年版，第741頁下）此可作參看。

〔註376〕王弼《注》云：「公者，臣之極也。凡事足以施天下，則稱王；次天下之大者。則稱公。六三之才，不足以告王，足以告公，而得用圭也，故曰『中行，告公用圭』也。」孔穎達《疏》云：「用此『有孚中行』之德，執圭以告於公，公必任之，以救衰危之事，故曰『告公用圭』。」（〔魏〕王弼注，〔唐〕孔穎達疏《周易注疏》卷七，日本足利學校遺跡圖書館後援會影印南宋初年刊本，1973年版，第416頁第8葉後～417頁第9葉前）此說是。

〔註377〕六四爻辭，馬王堆帛書《周易》作「中行，告公從，利用爲家遷國」（張政烺《馬王堆帛書周易經傳校讀》，《釋文》，第68頁九二下～67頁九三上）。

〔註378〕王弼《注》云：「居益之時，處巽之始，體柔當位，在上應下，卑不窮下，高不處亢，位雖不中，用中行者也。以斯告公，何有不從？」（〔魏〕王弼注，〔唐〕孔穎達疏《周易注疏》卷七，日本足利學校遺跡圖書館後援會影印南宋初年刊本，1973年版，第418頁第9葉後）此解是。

〔註379〕宋儒都絜云：「此《益》之《無妄》也，而爻辭云繭者，蓋《無妄》所貴者正，不正則爲妄，故其《象》曰『大亨以正，天之命也；其匪正有眚，不利有攸往』。《益》之九五，以剛居剛，而其六四以柔居柔，剛柔各得其正，四雖柔正而不若九五之中，然與六三皆居中爻之中，故皆曰『中行』。唯柔而以中行，故九五告之使從。從者以柔順中正，而從剛健中正之君也。以柔正而從剛正，則其志日進無疆矣，故告之使從，所以益其志也。以柔從剛，則雖依之以遷國可矣，故曰『利用爲依遷國』。夫有所依者、有依之者，剛爲所依者

《益‧九五》云：「有孚，惠心，勿問元吉。有孚惠我德。」〔註380〕居上卦☳之中，履位得正，爲《益》之主者〔註381〕；九五在互體卦所成之《頤》之上極，《頤》有☳之象，有孚信之義。六五能以孚信養神以及養賢良與萬民，即是以誠信恩惠於神、人，所以不用解筮而知爲大吉〔註382〕，所以爻辭云「有孚，惠心，勿問元吉」。〔註383〕《益》九五爻變，其卦之《頤》☶。《頤》卦之旨在於告誡人們愼言語、節飲食以養其德；合觀主卦、之卦，即處《益》道之尊，當養德惠民，所以爻辭云「有孚惠我德」。〔註384〕

《益‧上九》云：「莫益之，或擊之。立心勿恒，凶。」〔註385〕履《益》

也。柔則依之者也，告公從，爲益其志，則以爲所依而賴之，以遷國爲益其事矣，然《無妄》之道本乎正也，此則欲益其志，而使之以正。從正，故爲《益》之《無妄》。」（〔宋〕都絜《易變體義》卷八，《景印文淵閣四庫全書》經部第 11 冊，臺灣商務印書館，1986 年版，第 724 頁下～725 頁上）此解可作參考。

〔註380〕九五爻辭，馬王堆帛書《周易》作「有復惠心，勿問，元吉。有復惠我德」（張政烺《馬王堆帛書周易經傳校讀》，《釋文》，第 67 頁九三上），漢石經殘句作「惠心，勿用，元吉。有孚惠我德」（馬衡編《漢石經集存》，第 26 頁），同今本。

〔註381〕王弼《注》云：「得位履尊，爲益之主者也。」（〔魏〕王弼注，〔唐〕孔穎達疏《周易注疏》卷七，日本足利學校遺跡圖書館後援會影印南宋初年刊本，1973 年版，第 419 頁第 10 葉前）

〔註382〕清儒胡煦云：「《巽》爲命，《艮》伏《兌》爲口，皆告問象，故三、四、五皆言告；《艮》止掩《兌》，勿問象。」（〔清〕胡煦《周易函書約注》卷九，《景印文淵閣四庫全書》經部第 48 冊，臺灣商務印書館，1986 年版，第 604 頁上）

〔註383〕王弼《注》云：「爲益之大，莫大於信；爲惠之大，莫大於心。因民所利而利之焉，惠而不費，惠心者也。」（〔魏〕王弼注，〔唐〕孔穎達疏《周易注疏》卷七，日本足利學校遺跡圖書館後援會影印南宋初年刊本，1973 年版，第 419 頁第 10 葉前）

〔註384〕宋儒都絜云：「此《益》之《頤》也，而爻辭云爾者，蓋《頤》之爲言，養也。養正，則吉。唯自養正，則所養亦正矣。所養正，則彼亦以正助成王政矣。《易》以正爲有孚，所謂『惠德』之正也。九五，剛健中正者也；六二，柔順中正者也。五下應乎二，所謂『有孚惠心』。蓋必自養正，而後以正養人，所謂『民心罔中，惟爾之中』也。二上應乎五，所謂『有孚惠我德』，蓋所養正，而彼復以正助成王政。」（〔宋〕都絜《易變體義》卷八，《景印文淵閣四庫全書》經部第 11 冊，臺灣商務印書館，1986 年版，第 725 頁上～下）此論是。

〔註385〕上九爻辭，馬王堆帛書《周易》作「莫益之，或毄之，立心勿恒，兇」（張政烺《馬王堆帛書周易經傳校讀》，《釋文》，第 67 頁九三上～68 頁九三下），漢石經同今本（馬衡編《漢石經集存》，第 26 頁）。

䷩之上極，過益而將損，所以爻辭云「莫益之」〔註386〕。上九居非其位，若恃強凌弱，或將招致寇之抗擊。《益》上九爻變，其卦之《屯》䷂。《屯》上卦☵，其於輿也，爲盜，所以《益》上九若過盈，則或自招寇至，此亦爲「或擊之」之象。〔註387〕《屯》外卦☵又爲加憂，爲心病，而《益》上卦☴爲躁卦，所以《益》上九又有行事浮躁，患得患失，此不利於治家平天下，所以爻辭又云「立心勿恒，凶」。

　　《夬・初九》云：「壯于前趾，往不勝爲咎。」〔註388〕處《夬》☱之初，又在下卦☰之底，其於行軍攻伐而言，即爲前鋒銳旅，所以爻辭云「壯于前趾」〔註389〕。《夬》初九爻變，其卦之《大過》䷛。《大過》下卦☴，爲不果。《夬》初九以勁旅爲前鋒而戰而不勝，所以將有罪過，所以爻辭云「往不勝爲咎」。〔註390〕

〔註386〕王弼《注》云：「處益之極，過盈者也。」孔穎達《疏》云：「上九處益之極，益之過甚者也。求益無厭，怨者非一，故曰『莫益之，或擊之』也。」（〔魏〕王弼注，〔唐〕孔穎達疏《周易注疏》卷七，日本足利學校遺跡圖書館後援會影印南宋初年刊本，1973年版，第419第10葉前～420頁第10葉後）王氏、孔氏所言是。

〔註387〕宋儒都絜云：「此《益》之《屯》也，而爻辭云爾者，凡《屯》有不幸而遇之者，有自取而得之者，《屯》之諸爻不幸而遇之者也。是爻爲《益》之《屯》，乃自取而得之者也。蓋居《益》之終，猶以剛在上，是不知盛衰之理、終始之數，以益爲常，而不知變，則人孰益之哉！故曰『莫益之』。非唯莫益之而已，又且或『擊之』矣。莫益之，而又擊之，則《屯》孰甚焉。」（〔宋〕都絜《易變體義》卷八，《景印文淵閣四庫全書》經部第11冊，臺灣商務印書館，1986年版，第725頁下～726頁上）此解是。

〔註388〕初九爻辭，阜陽漢簡《周易》殘句作「勝爲咎」（《阜陽漢簡〈周易〉釋文》，第36頁），馬王堆帛書《周易》作「牀於前止，往不勝爲咎」（張政烺《馬王堆帛書周易經傳校讀》，《釋文》，第59頁五七上）。

〔註389〕胡瑗云：「初九當一卦之下，故有足趾之象。夫夬之時，小人乘陵於上，而初九以剛明之才，欲往決去上六之小人，故曰『壯於前趾』。」（〔宋〕胡瑗撰，〔宋〕倪天隱述《周易口義》卷七，《景印文淵閣四庫全書》經部第8冊，臺灣商務印書館，1986年版，第360頁下）此說是。

〔註390〕宋儒都絜惄：「此《夬》之《大過》也，而爻辭云爾者，《經》曰：『大過，棟撓本末弱也。』蓋陽爲強，而陰爲弱，初爲本，而上爲末。《夬》之上六，以一陰居五陽之上，末固弱矣；其初九以一陽居六位之下，而又變陰焉，則本亦未爲強也。於是，有《大過》之義。雖然居《夬》決之時非不盛也，得《乾》健之才非不能進也，故曰『壯於前趾』。此本體之義也。然當卦之初，則彼陰猶盛在卦之下，則其位尚卑，苟恃其剛壯遂前進而往，則無勝陰之功，而取犯難之咎矣，是乃所以爲弱而有《大過》之義焉，故曰『往不勝爲咎』。所謂爲咎者，勢不能勝而往，則其咎自取。」（〔宋〕都絜《易變體義》卷九，《景

　　《夬・九二》云：「惕號，莫〔註391〕夜有戎，勿恤。」〔註392〕居下卦之中，履非其位，以陽剛而處陰，爲健而能警惕者〔註393〕。《夬》九二爻變，其卦之《革》☲。《革》下卦☲，爲甲冑，爲戈兵；而《革》六二至上九有☳之象，爲月，月出於暮夜。綜觀主卦、從卦之爻象，有「在暮夜之時，有戈兵交鋒」之象，所以爻辭云「莫夜有戎」。又因《夬》居非其位，如履薄冰，站崗放哨，及時發現偷襲之敵人，所以能化險爲夷，故爻辭云「勿恤」。

　　《夬・九三》云：「壯于頄，有凶。君子夬夬，獨行，遇雨若濡，有慍，無咎。」〔註394〕履下卦之上極，爲至健者。下卦☰，爲首，於《夬》九三言之，即是用意保護人身安全的甲冑已經到達顴骨的部位，此爲過份防護，甲冑笨重，將不利於攻殺，又表現出畏敵之面貌，非勇者之所當爲，臨陣而有怯敵之心，所以爻辭云「壯于頄，有凶」。九三在下卦《乾》之上極，《乾》爲君，可表君子。《夬》九三爻變，其卦之《兌》☱。《兌》六三至上六有☵之象，而☵爲水，六三又在互體卦☵之底，☵爲躁卦。總上述之象可知，《夬》九三有「君子決意而思變，執著前行，遇見雨天而濕其身，尚急於前行」之象，故九三爲勇往直前、銳意進取者，其雖初有急躁，但終將無過失，所以

印文淵閣四庫全書》經部第 11 冊，臺灣商務印書館，1986 年版，第 727 頁下）

〔註391〕莫夜，鄭玄云：「『莫』如字，無也。無夜，非一夜。」（〔漢〕鄭玄撰〔宋〕王應麟輯〔清〕惠棟考補《增補鄭氏周易》卷中，《景印文淵閣四庫全書》經部第 7 冊，第 166 頁下）我們認爲「莫」通「暮」，「莫夜」即「暮夜」。

〔註392〕九二爻辭，楚竹書《周易》殘句作「啻虖，莫譽又戎，勿卹」（濮茅左《上海博物館藏楚竹書〈周易〉》，第 84 頁），馬王堆帛書《周易》作「傷號，莫夜有戎，勿血」（張政烺《馬王堆帛書周易經傳校讀》，《釋文》，第 60 頁五七下）。

〔註393〕楊萬里云：「九二以剛陽之才，當《夬》決之時，得大臣之位，遇同德之君，有眾陽之助，可以決而無疑矣。而能居柔以晦其剛，得中而戒於過，雖於四陽之盛而決一陰之衰，乃惕然若臨大敵，諱然若警，夕揤有備。」（〔宋〕楊萬里《誠齋易傳》卷十二，《景印文淵閣四庫全書》經部第 14 冊，臺灣商務印書館，1986 年版，第 642 頁上）此説是。

〔註394〕九三爻辭，楚竹書《周易》作「藏於頄，又凶。君子夬夬，蜀行，遇雨女雰，又礪，亡咎」（濮茅左《上海博物館藏楚竹書〈周易〉》，第 84 頁），馬王堆帛書《周易》作「牀於頯，有凶。君子缺缺，獨行，愚雨如濡，有溫，無咎」（張政烺《馬王堆帛書周易經傳校讀》，《釋文》，第 60 頁五七下），漢石經殘句作「子夬夬，獨行，遇雨若濡，有慍，無咎」（馬衡編《漢石經集存》，第 26 頁），同今本。

爻辭云「君子夬夬，獨行，遇雨若濡，有慍，無咎」。〔註 395〕

《夬‧九四》云：「臀无膚，其行次且，牽羊悔亡。聞言不信。」〔註 396〕履下卦☱之上方，在☱之底，而☱爲羊。筮者之羊被人所牽走，故其筮而斷其吉凶，所以爻辭云「牽羊」。「臀无膚，其行次且」所言乃盜羊者之形象及其行爲。「臀无膚」，臀部皮膚被剝落，乃是對惡人的懲罰。於卦象而言，《兌》爲毀折，即人體遭到破壞而不完整。臀部在人行止中起著重要的輔助作用，臀部受傷，其行走必然艱難，次且在所難免。又《夬》九四爻變，其卦之《需》。《需》上卦爲☵，爲坎難；《夬》上卦☱，又爲口舌。總諸象，《夬》九四有「口舌難以說服」之意，所以爻辭云「聞言不信」。又《需》上卦《坎》，其於人也，爲加憂，爲心病，故惡人躊躇難進；《夬》上卦爲☱，爲附決，處當決斷前行之際，惡人猶豫不決，將被所抓獲，所以爻辭云「其行次且，牽羊悔亡」。

《夬‧九五》云：「莧陸夬夬，中行，无咎。」〔註 397〕九五處《夬》之尊位，是《夬》之主，履中得正，所以爻辭云「中行」。《夬》九五爻變，其卦之《大壯》☳。《大壯》上卦☳，爲動；《夬》九五居得其位，行事中正，亦爲「中行」之意。《大壯》上卦《震》，其於稼穡也，爲反生，爲蕃鮮。莧

〔註 395〕宋儒都絜云：「此《夬》之《兌》也，而爻辭云爾者，《兌》之爲言，說也。說於彼，則有不說於此者。自『壯於頄』以至『君子夬夬』，皆言九三之本體也。『獨行，遇雨若濡』則言以君子之道而獨與小人悅也；『有慍』則言君子而說小人以與之和，則有不悅而慍見者也。『無咎』則言君子處不得已之地，雖權而與小人和，終以決之爲事而不與之說也。凡此皆言君子雖有決小人之材，遇決之之世而非決之之地，則藏器以待時，及其得時則終不然也。蓋『壯於頄』者，《乾》爲首，而居《乾》體之上，則剛而暴露之象。然未至於五，則無能爲之象也。『君子夬夬』者，重剛不中，而終以決之爲事也。『獨行，遇雨若濡』者，在眾爻中，獨與上六有應，而上六小人之象也。『無咎』者，言雖獨應上六，而眾爻之所不與然，終與群陽決小人，則無咎也。」（〔宋〕都絜《易變體義》卷九，《景印文淵閣四庫全書》經部第 11 冊，臺灣商務印書館，1986 年版，第 728 頁下）

〔註 396〕九四爻辭，楚竹書《周易》作「脤亡膚，亓行緀疋，迖（此字，濮茅左釐作迖，丁四新等人釐作㱿）羊，悬亡，䚩言不信」（濮茅左《上海博物館藏楚竹書〈周易〉》，第 84～86 頁），馬王堆帛書《周易》作「脤無膚，亓行郪胥。桑羊，悬亡，聞言不信」（張政烺《馬王堆帛書周易經傳校讀》，《釋文》，第 60 頁五七下～59 頁五八上）。

〔註 397〕九五爻辭，楚竹書《周易》作「莧共夬夬，中行，亡咎」（濮茅左《上海博物館藏楚竹書〈周易〉》，第 86 頁），馬王堆帛書《周易》作「莧勲缺缺，中行，無咎」（張政烺《馬王堆帛書周易經傳校讀》，《釋文》，第 59 頁五八上）。

陸是以嫩莖爲蔬荣者，此與《震》象相合。處于果然決斷之時，能不忘初心，行事以正，所以爻辭云「莧陸夬夬，中行，无咎」。

《夬・上六》云：「无號，終有凶。」〔註 398〕履《夬》之上極，爲諸事當果斷而決之者，然而稽疑者卻無孚於號令，其聲譽又受損毀之至，所以爻辭云「无號，終有凶」。《夬》上六爻變，其卦之《乾》☰。《乾》上卦☰，爲剛健之至；《夬》上卦☱，爲口舌，爲附決。由此觀之，《夬》上六爻有「以口舌命令諸臣，剛愎自用，而諸人莫應之」之象。此亦是王官撰寫「无號，終有凶」之辭的緣由。

《姤・初六》云：「繫于金柅，貞吉。有攸往，見凶。羸豕孚蹢躅。」〔註 399〕處《姤》☴之初，在下卦☴之始，而《巽》爲繩直，爲木，柅爲木材所製，爲制止車行之物〔註 400〕。《姤》初六變，其卦之《乾》☰。《乾》下卦☰，爲金。總覽此象，所以爻辭云「繫于金柅」。在相遇之始，能停其車，不爲躁動之舉，所以爲「貞吉」。《姤》初六居非其位，與九四相應，九四亦履非其位，所以云「有攸往，見凶」。爻辭又以羸弱之豕浮於水而進退徘徊的狀態，比喻在相遇之始，輕舉妄動，終招凶至，所以爻辭云「羸豕孚蹢躅」。

《姤・九二》云：「包有魚，无咎。不利賓。」〔註 401〕居下卦☴之中，而《巽》爲臭，魚味腥臭。祭祀神靈之時，以魚爲祭品，無有過失，所以爻辭云「包有魚，无咎」。筮者若筵設款待貴賓之宴席，庖廚僅能供應鮮魚，則於禮而言有過於儉嗇單薄之嫌，所以爻辭云「不利賓」。

〔註 398〕上六爻辭，楚竹書《周易》作「忘唬，中又凶」（濮茅左《上海博物館藏楚竹書〈周易〉》，第 86 頁），馬王堆帛書《周易》作「無號，冬有兇」（張政烺《馬王堆帛書周易經傳校讀》，《釋文》，第 59 頁五八上）。

〔註 399〕初六爻辭，楚竹書《周易》作「繫於金柅，貞吉。又攸進，見凶。羸豕孚是蜀」（濮茅左《上海博物館藏楚竹書〈周易〉》，第 88 頁），馬王堆帛書《周易》作「毄於金梯，貞吉。有攸往，見凶，羸豨復適屬」（張政烺《馬王堆帛書周易經傳校讀》，《釋文》，第 47 頁九上）。

〔註 400〕王弼《注》云：「柅者，制動之主，謂九四也」（〔魏〕王弼注，〔唐〕孔穎達疏《周易注疏》卷七，日本足利學校遺跡圖書館後援會影印南宋初年刊本，1973 年版，第 431 頁第 16 葉前）胡瑗云：「柅者，車輪之下制車之行，是制動之器，謂九二也。」（〔宋〕胡瑗撰，〔宋〕倪天隱述《周易口義》卷七，《景印文淵閣四庫全書》經部第 8 冊，臺灣商務印書館，1986 年版，第 363 頁下～364 頁上）

〔註 401〕九二爻辭，楚竹書《周易》作「囊又魚，亡咎，不利穷」（濮茅左《上海博物館藏楚竹書〈周易〉》，第 88 頁），馬王堆帛書《周易》作「枹有魚，無咎，不利賓」（張政烺《馬王堆帛書周易經傳校讀》，《釋文》，第 47 頁九上）。

《姤·九三》云：「臀无膚，其行次且，厲无大咎。」〔註402〕履下卦
☴之上極，而《巽》爲股，臀近於股，所以爻辭以臀之完損爲比喻。在遇
之時，又急於行進，而臀部尙且受傷，所以徘徊難進。於卦象言之，《巽》
爲進退，可表徘徊之意，所以爻辭云「臀无膚，其行次且」。《姤》九三爻
變，其卦之《訟》☰。《訟》下卦☵，爲加憂，爲心病；《姤》九三在躁進
之際，在遇見坎難之時，能慮及危厲，終竟無大過之錯，所以爻辭云「厲无
大咎」。

《姤·九四》云：「包无魚，起凶。」〔註403〕履下卦《巽》之上方，在
上卦《乾》之始，居非正位，與初六有應，而與有魚之九二相隔，未得九
二之魚，未能祭祀神靈，所以爲凶之始。〔註404〕《姤》九四爻變，其卦之
《巽》☴。《巽》☴上下卦皆爲☴，爲臭，其當有腥臭之魚，而今失之，所以
爲凶。

《姤·九五》云：「以杞包瓜，含章，有隕自天。」〔註405〕九五居上卦
之中，履得尊位，爲《姤》之主，而上卦☰爲天，有天之光，照臨下之木果
如杞包瓜者，木果吸收天之精華而包含之，所以爻辭云「以杞包瓜，含章，
有隕自天」。又《姤》九五爻變，其卦之《鼎》☲。《鼎》上卦《離》，爲日。
合觀主卦《姤》上卦《乾》與《鼎》上卦《離》，有「天損其一陽而照臨於下」

〔註402〕九三爻辭，楚竹書《周易》殘句作「誫亡膚，亓行綀疋，礪無大咎」（濮茅左
《上海博物館藏楚竹書〈周易〉》，第88～90頁），馬王堆帛書《周易》殘句
作「咎」（張政烺《馬王堆帛書周易經傳校讀》，《釋文》，第48頁九下），漢
石經同今本（馬衡編《漢石經集存》，第26頁）。

〔註403〕九四爻辭，楚竹書《周易》殘句作「囊亡魚，已凶」（濮茅左《上海博物館藏
楚竹書〈周易〉》，第90頁），馬王堆帛書《周易》殘句作「枹無魚，正兇」
（張政烺《馬王堆帛書周易經傳校讀》，《釋文》，第48頁九下），漢石經殘句
作「包無魚」（馬衡編《漢石經集存》，第26頁），同今本。

〔註404〕王弼《注》云：「二有其魚，故失之也。無民而動，失應而作，是以凶也。」
孔穎達《疏》云：「『庖無魚』者，二擅其應，故曰『庖無魚』也。庖之無魚，
則是無民之義也。『起凶』者，起，動也。無民而動，失應而作，是以凶也。」
（〔魏〕王弼注，〔唐〕孔穎達疏《周易注疏》卷七，日本足利學校遺跡圖書
館後援會影印南宋初年刊本，1973年版，第434頁第17後～435頁第18葉
前）王氏、孔氏之説是。

〔註405〕九五爻辭，楚竹書《周易》殘句作「己苄囊苽，欽章，又惡自天」（濮茅左《上
海博物館藏楚竹書〈周易〉》，第90頁），馬王堆帛書《周易》殘句作「以忌
枹苽，含章，或塤自天」（張政烺《馬王堆帛書周易經傳校讀》，《釋文》，第
48頁九下）。

之象，此亦是撰寫「有隕自天」之辭的緣由。〔註406〕

《姤‧上九》云：「姤其角，吝，无咎。」〔註407〕履《姤》之上極，爲遇而當和睦相處者，而上九以陽乘陰位，以致招來與之角逐者，此爲兩軍相遇之象，所以爻辭云「姤其角，吝」。雖有危吝之交鋒，但能以剛健而勝之，所以爻辭云「无咎」。《姤》上九爻變，其卦之《大過》䷛。《大過》上卦☱爲毀折。能以剛強而打敗敵軍，亦爲無過失之事。〔註408〕

《萃‧初六》云：「有孚不終，乃亂乃萃。若號，一握爲笑，勿恤；往，无咎。」〔註409〕處《萃》䷬之始，爲聚會之初，而下卦☷爲眾。《萃》初六爻變，其卦之《隨》䷐。《隨》初九至九四，其體有☶之象，可表孚信之義。而主卦、之卦上卦皆爲☱，爲毀折。故總覽其義，有「孚信被毀折」之象，所以爻辭云「有孚不終」。在聚會之始，當穩如磐石，守信如初，而今卻有悖盟約，於盟主之號令，則不嚴以恪之，有不恭之嫌，所以爻辭云「有孚不終，乃亂乃萃。若號，一握爲笑。」《萃》六三至上六又有☵之象，《坎》爲加憂，爲心病。初六離六三尚遠，所以爻辭云「勿恤」。《萃》初六與九四有應，往而其爻各之正位，其卦得《屯》䷂。《屯》爲利建侯之卦，所以云「往，无咎」。

〔註406〕宋儒都絜云：「此《姤》之《鼎》也，而爻辭云爾者，《鼎》之爲器，實具三材，故以喻材而有人君用材之象。」（〔宋〕都絜《易變體義》卷九，《景印文淵閣四庫全書》經部第11冊，臺灣商務印書館，1986年版，第732頁下）此以人事解爻辭的來源，可作參考。

〔註407〕上九爻辭，楚竹書《周易》殘句作「敂亓角，吝，亡咎」（濮茅左《上海博物館藏楚竹書〈周易〉》，第90頁），馬王堆帛書《周易》殘句作「狗亓角，闔，無咎」（張政烺《馬王堆帛書周易經傳校讀》，《釋文》，第48頁九下）。

〔註408〕宋儒都絜云：「此《姤》之《大過》也，而爻辭云爾者，蓋上九當相遇之時，獨處無所遇之地，且九五剛得尊位，大中至正，而乃乘之於上。自五以下，皆非其所與，三雖正應而爲九二所難，自本爻而上復無所之焉，其無所遇如此，而其剛上窮，不知變也，可謂大過矣，有『澤滅木』之義，故曰『姤其角』，上窮吝也。」（〔宋〕都絜《易變體義》卷九，《景印文淵閣四庫全書》經部第11冊，臺灣商務印書館，1986年版，第733頁上～下）上雖窮吝，但以兩軍交鋒而言之，爲打敗敵軍之象，所以爲「無咎」。

〔註409〕初六爻辭，楚竹書《周易》殘句作「又孚不冬，乃𠦪乃啐，若𠴫，一斛於芺，勿卹，遉無咎」（濮茅左《上海博物館藏楚竹書〈周易〉》，第92頁），馬王堆帛書《周易》作「有復不終，乃乳乃卒，若亓號，一屋於芺，勿血，往無咎」（張政烺《馬王堆帛書周易經傳校讀》，《釋文》，第59頁五九上～60頁五九下），漢石經《周易》殘句作「終乃亂萃。若號，一握爲笑，勿恤；往，無咎」（馬衡編《漢石經集存》，第26頁）。

《萃‧六二》云：「引吉无咎，孚乃利用禴。」〔註410〕居下卦☷之中，履位得正，眾人相聚而又相互引薦，壯大己之孚信，所以爻辭云「引吉无咎」。《萃》六二爻變，其卦之《困》☵。《困》九二至九四互體成☲。《萃》六二動而有孚心，而《困》下卦☵，為豕，若有孚信，以豕祭祀神靈，能得神靈之庇護，所以爻辭云「孚乃利用禴」。

《萃‧六三》云：「萃如嗟如，无攸利。往无咎，小吝。」〔註411〕履非其位，相聚而相互歎息，此為不能共勉以進之舉，所以爻辭云「萃如嗟如，无攸利」。《萃》六三爻變，其卦之《咸》☶。《咸》下卦☶，為止，完聚而歸，能心有所應，情有所繫，所以爻辭云「往无咎」。六三往而之上六，上六不應之，所以為「小吝」。

《萃‧九四》云：「大吉，无咎。」〔註412〕履下卦☷之上方，得大眾之孚信，所以為「大吉」。《萃》九四爻變，其爻之《比》☵。能得大眾之親比，所以為「无咎」。

《萃‧九五》云：「萃有位，无咎匪孚，元永貞，悔亡。」〔註413〕居上卦之中，履中得位，為《萃》之主，所以爻辭云「萃有位」。萃而有位，不僅因孚信而得眾，亦因其恒以守正而得無咎，故悔吝之象消亡，所以爻辭云「无咎匪孚，元永貞，悔亡」。《萃》九五爻變，其卦之《豫》☳。《豫》上卦☳，為大塗。通行於大道，永以守之，此亦為「元永貞，悔亡」之義。

《萃‧上六》云：「齎咨涕洟，无咎。」〔註414〕履聚之上極，在上卦《兌》之上，為毀折之至；又《兌》為口舌，口舌因受損受傷而發出歎息，所以爻辭云「齎咨涕洟」。《萃》上六爻變，其卦之《否》☰。《否》上卦☰，為健行。萃聚而能健行，所以終為無咎。

〔註410〕六二爻辭，馬王堆帛書《周易》作「引吉無咎，復乃利用濯」（張政烺《馬王堆帛書周易經傳校讀》，《釋文》，第60頁五九下），漢石經《周易》殘句作「引吉無咎。孚乃利」（馬衡編《漢石經集存》，第26頁）。

〔註411〕六三爻辭，馬王堆帛書《周易》作「卒若胜若，無攸利。往無咎，少閵」（張政烺《馬王堆帛書周易經傳校讀》，《釋文》，第60頁五九下）。

〔註412〕九四爻辭，馬王堆帛書《周易》作「大吉，無咎」（張政烺《馬王堆帛書周易經傳校讀》，《釋文》，第60頁五九下～59頁六〇上），同今本。

〔註413〕九五爻辭，馬王堆帛書《周易》作「卒有立，無咎非復，元永貞，悉亡」（張政烺《馬王堆帛書周易經傳校讀》，《釋文》，第59頁六〇上）。

〔註414〕上六爻辭，馬王堆帛書《周易》作「粲欨涕泊，無咎」（張政烺《馬王堆帛書周易經傳校讀》，《釋文》，第59頁六〇上）。

　　《升‧初六》云：「允升大吉。」〔註415〕在《升》☷☴之初，在升起之始，雖爲居得正位，然其能以信而升，所以爻辭云「允升」。《升》初六爻變，其卦之《泰》☷☰。有信而大通，所以爻辭云「大吉」。

　　《升‧九二》云：「孚乃利用禴，无咎。」〔註416〕居下卦☴之中，以陽剛之體而處陰位，亦未得其位，往應於六五，若能以孚信爲神靈之主，即使利用禴之儉約之禮，亦能得無咎。《升》九二爻變，其卦之《謙》☷☶。《謙》下卦☶，爲門闕，可表廟門。升長而能有孚於鬼神，所以爲「无咎」。

　　《升‧九三》云：「升虛邑。」〔註417〕處下卦之上極，居陞進之正位，又在上卦☷之下方，而《坤》爲土，可表邑，所以《升》九三有「從邑土中升起」之象，所以爻辭云「升虛邑」。《升》九三爻變，其卦之《師》☷☵。《師》六三至六五互體成☷，爲土，同邑土之意。《升》九三從邑土中升遷。此爲筮建造城邑之卦。

　　《升‧六四》云：「王用亨于岐山，吉无咎。」〔註418〕履下卦☴之上方，在三升之上，亦爲被推移而高升者。「王用亨于岐山」是撰寫此爻辭的背景，周王往而祭祀岐山之時稽疑吉凶，得此卦。《升》卦六四變，其卦之《恆》☳☴。《恆》九二至九四互體爲☰，爲君，可表王，此卦象切合王稽疑之事；《升》上卦☷，爲布，爲柄，可表敬神之禮品及灌酒之器物，此亦與周王祭祀岐山之事相契。故總此諸象，王官判之以「吉无咎」，並將周王稽疑之事寫入爻辭。

　　《升‧六五》云：「貞吉升階。」〔註419〕六五居於尊位，以柔體而履得陽位，其能應九二升移之需，納衆爻之升者，所以爻辭云「貞吉升階」。《升》六五爻變，其卦之《井》。井爲自下向上取水之物，而所升提之井水能潤養人畜，所以爲貞正者。故總主卦、從卦之爻象，《升》六五爻辭云「貞吉升階」。

〔註415〕初六爻辭，馬王堆帛書《周易》作「允登大吉」（張政烺《馬王堆帛書周易經傳校讀》，《釋文》，第57頁五五上）。

〔註416〕九二爻辭，馬王堆帛書《周易》作「復乃利用濯，無咎」（張政烺《馬王堆帛書周易經傳校讀》，《釋文》，第57頁五五上）。

〔註417〕九三爻辭，馬王堆帛書《周易》作「登虛邑」（張政烺《馬王堆帛書周易經傳校讀》，《釋文》，第57頁五五上）。

〔註418〕六四爻辭，馬王堆帛書《周易》作「□□□□□□□無咎」（張政烺《馬王堆帛書周易經傳校讀》，《釋文》，第58頁五五下）。

〔註419〕六五爻辭，馬王堆帛書《周易》作「貞吉登階」（張政烺《馬王堆帛書周易經傳校讀》，《釋文》，第58頁五五下）。

　　《升·上六》云：「冥升，利于不息之貞。」〔註420〕履《升》之上極，居位得正，爲至升之遷進，爻辭以「冥升」表示此升升不息之意，即在暗昧之中依然堅挺以進。《升》上六爻變，其卦之《蠱》☶。《蠱》上卦☶，爲止，表堅貞不移。在黑暗之中依然升升不已，所以爻辭云「利于不息之貞」。

　　《困·初六》云：「臀困于株木，入于幽谷，三歲不覿。」〔註421〕處在《困》☵之初，在下卦《坎》難之始。稽疑者因身困於株木之林而占筮，爻辭以「臀困于株木」言明筮者之困境。〔註422〕《困》下卦《坎》又爲月，月出於夜晚，可表示幽暗之時；《坎》又爲耳朵，山谷之連綿又如人耳之輪廓，所以爻辭云「入于幽谷」，表示筮者進入幽谷而隱遁。〔註423〕《困》初六爻變，其卦之《兌》☱。《兌》爲悅，入於幽谷而能安其道，樂其境，而暫不顯露其行跡，所以爻辭云「三歲不覿」。〔註424〕

　　《困·九二》云：「困于酒食，朱紱方來，利用享祀，征凶无咎。」〔註425〕九二以剛健之體居於下卦之中，而下卦☵爲水，玄酒乃以水爲之，故其可借指酒；《困》上卦爲《兌》，爲口舌，而口舌爲進食之器官，九五處於其中，

〔註420〕上六爻辭，馬王堆帛書《周易》作「冥登，利於不息之貞」（張政烺《馬王堆帛書周易經傳校讀》，《釋文》，第58頁五五下）。

〔註421〕初六爻辭，馬王堆帛書《周易》作「辰困於株木，入於要浴，三歲不攟，凶」（張政烺《馬王堆帛書周易經傳校讀》，《釋文》，第59頁六二上），漢石經《周易》殘句作「入於幽谷，三歲不覿」（馬衡編《漢石經集存》，第26頁）。

〔註422〕王弼《注》云：「最處底下，沉滯卑困，居無所安，故曰『臀困於株木』也。」（〔魏〕王弼注，〔唐〕孔穎達疏《周易注疏》卷七，日本足利學校遺跡圖書館後援會影印南宋初年刊本，1973年版，第453頁第27葉前）此說是，其闡明了初六所處之困境。

〔註423〕孔穎達《疏》云：「『入於幽谷』者，有應在四，而二隔之，居則困株，進不獲拯，勢必隱遁者也，故曰『入於幽谷』也。」（〔魏〕王弼注，〔唐〕孔穎達疏《周易注疏》卷七，日本足利學校遺跡圖書館後援會影印南宋初年刊本，1973年版，第453頁第27葉前）此解是。

〔註424〕王弼《注》云：「以困而藏，困解乃出，故曰『三歲不覿』也。」孔穎達《疏》云：「『三歲不覿』者，困之爲道，不過數歲，困解乃出，故曰『三歲不覿』也。」（〔魏〕王弼注，〔唐〕孔穎達疏《周易注疏》卷七，日本足利學校遺跡圖書館後援會影印南宋初年刊本，1973年版，第453頁第27葉前）此解可作參考。

〔註425〕九二爻辭，馬王堆帛書《周易》作「困於酒食，絑發方來，利用芳祀，正兇無咎」（張政烺《馬王堆帛書周易經傳校讀》，《釋文》，第59頁六二上～60頁六二下），漢石經《周易》殘句作「困於酒食，朱紱方來，利用亨祀，征」（馬衡編《漢石經集存》，第26頁）。

而與此九二當有應而未有應，故九二未得酒食，所以爻辭云「困于酒食」。《困》九二爻變，其卦之《萃》☱☷。《萃》下卦☷爲布；其六二至九四互體爲☶，爲手，故有「以手持布而來」之象，所以爻辭云「朱紱方來」。稽疑者享祀神靈以知吉凶，其被告知雖處於困境，然而有孚於鬼神，有光明向治之象，又有眾人會聚於周圍之意，所以爻辭云「征凶无咎」。

《困‧六三》云：「困于石，據于蒺藜；入於其宮，不見其妻，凶。」〔註 426〕履下卦《坎》之上極，在毀折之卦《兌》之下方，履非正位，又在《坎》難之最，難以脫身。九二爻變，所成之卦《萃》有互體卦☶，《艮》爲小石。《困》九二之正而使其六三困於石之中，所以爻辭云「困于石」。〔註 427〕《困》六三至九五互體成☴，《巽》爲木，《巽》初爻可表蒺藜之類，所以爻辭云「據于蒺藜」。《困》六三爻變，其卦之《大過》☱☴。《大過》下卦☴，爲木，木爲建造宮房之主要材料，可指人所住之宮室；《困》六三至九五互體成☴，爲入。總覽以上之象，所以爻辭云「入于其宮」。筮者因入於其宮室，然而未見其妻而占筮，處在險境，而其妻又好外出、不安居於其宮室，所以爲凶。

《困‧九四》云：「來徐徐，困于金車。吝，有終。」〔註 428〕履下卦《坎》之上方，在上卦《兌》之初，居非正位，其與初六有應，而初六在《坎》之底。《坎》，其於輿也，爲多眚。車之故障多，其運行必然緩慢，所以爻辭云「來徐徐，困于金車」。《困》九四爻變，其卦之《坎》☵☵。之卦《坎》，險難上有險難，所以爲危吝。而車雖然有故障，但不妨礙其進行，並逐漸掙脫困境，所以爻辭云「有終」。

《困‧九五》云：「劓刖，困于赤紱，乃徐有說，利用祭祀。」〔註 429〕九五履中得位，利於解脫困境。《困》六三至九五互體成☴，爲股；上卦是毀折之卦，股被毀折，爲酷刑，所以爻辭云「劓刖」。《困》九五爻變，其卦

〔註 426〕六三爻辭，馬王堆帛書《周易》作「困於石，號於疾莉；入於亓宮，不見亓妻，凶」（張政烺《馬王堆帛書周易經傳校讀》，《釋文》，第 60 頁六二下）。
〔註 427〕虞翻云：「二變正時，三在《艮》山下，故『困於石』。」（〔唐〕李鼎祚《周易集解》卷九，《景印文淵閣四庫全書》經部第 7 冊，臺灣商務印書館，1986 年版，第 757 頁下）此解是。
〔註 428〕九四爻辭，馬王堆帛書《周易》作「來徐徐，困於□□闟，有終」（張政烺《馬王堆帛書周易經傳校讀》，《釋文》，第 60 頁六二下～59 頁六三上）。
〔註 429〕九五爻辭，馬王堆帛書《周易》作「貳椽，困於赤髮，乃徐有說，利用芳祀」（張政烺《馬王堆帛書周易經傳校讀》，《釋文》，第 59 頁六三上）。

之《解》䷧。《解》六三至六五互體成䷗，爲祭祀之玄酒；《困》上卦《兌》又爲口舌，心憂而言語緩慢，以讓神靈明其心願，所以爻辭云「乃徐有說，利用祭祀」。

《困・上六》云：「困于葛藟，于臲卼，曰：動悔有悔，征吉。」〔註430〕履《困》之上極，最是危困者，其困於六三之蒺藜，爲六三憂愁所感染，所以爻辭云「困于葛藟，于臲卼」。《困》上六爻變，其卦之䷅《訟》。《訟》上卦☰，爲健，健極而亢，亢極有悔，所以爻辭云「動悔有悔」。若能以剛健而脫其困境，則爲吉，所以爻辭云「征吉」。

《井・初六》云：「井泥不食，舊井无禽。」〔註431〕處《井》䷯之始，居下卦☴之底，而《巽》爲事物程度之深者，所以初六可表水井之底。井底近泥土，而近泥土之水渾濁過甚，不可飲用，所以爻辭云「井泥不食」。〔註432〕《巽》可表井年代之久遠，又可表臭，即舊井之水因不常被取用，因而發臭，所以連禽都不嚮之吸水，所以爻辭云「舊井无禽」。〔註433〕《井》初六爻變，其卦之《需》䷄。《需》下卦☰，爲健。井水常更新，即鮮甜，否則，則發臭而不能供人畜食用，此亦「井泥不食，舊井无禽」之意。

《井・九二》云：「井谷射鮒，甕敝漏。」〔註434〕居下卦☴之中，履非

〔註430〕上六爻辭，楚竹書《周易》殘句作「困於華藟，於劓□，曰：迻愳又愳，征吉」（濮茅左《上海博物館藏楚竹書〈周易〉》，第94頁），馬王堆帛書《周易》作「困於褐纍，於貳掾，曰：愳夷有愳，貞吉」（張政烺《馬王堆帛書周易經傳校讀》，《釋文》，第59頁六三上～60頁六三下），漢石經《周易》作「困於葛藟，於劓劊，曰：動悔有悔，征吉」（馬衡編《漢石經集存》，第26頁）。

〔註431〕初六爻辭，楚竹書《周易》作「荥替不飢，舊荥亡禽」（濮茅左《上海博物館藏楚竹書〈周易〉》，第96頁），馬王堆帛書《周易》作「井泥不食，舊井無禽」（井，張政烺作井，參：張政烺《馬王堆帛書周易經傳校讀》，圖版第5頁二九上，《釋文》，第51頁二九上。丁四新作井，參：丁四新《楚竹簡與漢帛書〈周易〉校注，第298頁。細觀帛書之文，以作井爲宜）。

〔註432〕王弼《注》云：「最在井底，上又無應，沉滯滓穢，故曰『井泥不食』也。」（〔魏〕王弼注，〔唐〕孔穎達疏《周易注疏》卷七，日本足利學校遺跡圖書館後援會影印南宋初年刊本，1973年版，第463頁第32葉前）此説可作參考。

〔註433〕王弼《注》云：「井泥而不可食，則是久井不見渫治者也。久井不見渫治，禽所不向，而況人乎？」（〔魏〕王弼注，〔唐〕孔穎達疏《周易注疏》卷七，日本足利學校遺跡圖書館後援會影印南宋初年刊本，1973年版，第463頁第32葉前）此説是。

〔註434〕九二爻辭，楚竹書《周易》作「荥浴𥎊䶵，佳補縷」（濮茅左《上海博物館藏楚竹書〈周易〉》，第96～98頁），馬王堆帛書《周易》作「井瀆射付，唯敝

其位，爲不行《井》道者。《井》九二爻變，其卦之《蹇》☷。《蹇》六二至六四互體成☳，而《坎》爲弓；《井》九二至六四互體成☵，爲毀折。故《井》九二有「以弓矢射井底之物」之象，在井裏射蝦蟆，射非其所，爲事倍功半之舉，所以爻辭云「井谷射鮒」。《井》九三至九五互體成☲，其於人也，爲大腹，亦可用以指物之圓腹者，甕爲大腹之取水陶器〔註435〕；《井》九二至六四互體爲☱，爲毀折，故九二有「取水之器破損」之象，所以爻辭云「甕敝漏」，即不能取水。顯然，《井》九二省略了吉凶之判詞。

《井·九三》云：「井渫不食，爲我心惻，可用汲。王明，並受其福。」〔註436〕居下卦之上極，履得正位，爲《井》道之正者，所以《井》下卦《巽》可表井水之至清；《井》九二至六四互體成☱，爲口舌，可表食用之意。井水至清，可以食用，但人若不明井水爲何常清之理，即如同人不飲用清澈之水，所以爻辭云「井渫不食」。《井》九三爻變，其卦之《坎》☵。《坎》其於人也，爲加憂，有心病。人不取用至清之井水，如人不明《井》道，所以作爲王官筮人的「我」爲此而深爲憂慮，所以爻辭云「爲我心惻」。《坎》六三至九五互體成☶，爲手，手可用甕自下往上汲水。井水清甜可口，當於此時取用，所以爻辭云「可用汲」。《井》九三至九五互體成☲，爲日，表光明。王若明諳《井》道，自下而上任用正直之士，至察之人，則可渡過坎難，君臣同得福利，所以爻辭云「王明，並受其福」。

《井·六四》云：「井甃无咎。」〔註437〕六四得位居正，然而處在毀折之卦《兌》之上極，井壁因年月長久而破損，當及時修補之，乃爲無過失之舉。〔註438〕《井》六四爻變，其卦之《大過》☱。《大過》九三至九五互體成

句」（張政烺《馬王堆帛書周易經傳校讀》，圖版第 6 頁二九下，《釋文》，第 52 頁二九下）。

〔註435〕虞翻云：「《離》爲甕。」（〔唐〕李鼎祚《周易集解》卷十，《景印文淵閣四庫全書》經部第 7 冊，臺灣商務印書館，1986 年版，第 761 頁下）此說是。

〔註436〕九三爻辭，楚竹書《周易》作「茅科不飤，爲我心寒，可已汲。王明，並受丌福」（濮茅左《上海博物館藏楚竹書〈周易〉》，第 98 頁），馬王堆帛書《周易》作「井 不食，爲我心塞，可用汲。王明，竝受丌福」（張政烺《馬王堆帛書周易經傳校讀》，圖版第 6 頁二九下，《釋文》，第 52 頁二九下）。

〔註437〕六四爻辭，楚竹書《周易》作「茅鱴亡咎」（濮茅左《上海博物館藏楚竹書〈周易〉》，第 98 頁），馬王堆帛書《周易》作「井椒無咎」（張政烺《馬王堆帛書周易經傳校讀》，圖版第 5 頁三〇上，《釋文》，第 51 頁三〇上）。

〔註438〕王弼《注》云：「得位而無應，自守而不能給上，可以修井之壞，補過而已。」（〔魏〕王弼注，〔唐〕孔穎達疏《周易注疏》卷七，日本足利學校遺跡圖書

☳，爲健。井壁得以修補，井水復清，所以爻辭云「井甃无咎」。

《井‧九五》云：「井洌寒泉，食。」〔註439〕履上卦☵之中，居正得位，爲《井》之主，爲得《井》道者。得《井》道者，其井水必清，其水多溫和而夏清涼，適於人畜食用，所以爻辭云「井洌寒泉，食」。〔註440〕《井》九五爻變，其卦之《升》☷。井之爲物，其泉水自下而陞於上者，爲清泉上噴，可以飲用。此亦爲《井》九五爻辭之意。

《井‧上六》云：「井收，勿幕有孚，元吉。」〔註441〕居《井》之上極，履得其位，亦爲《井》道守正者。已收其井水，即井功已成，所以爻辭云「井收」。〔註442〕《井》上六爻辭變，其卦之《巽》☴。《巽》上卦☴，其於人也，爲廣顙，人之額頭寬廣多爲心胸豁達者，胸懷大者包容天下，濟達蒼生，爲眾人所信孚，此爲大吉。已收其水，能不專用其井，心胸寬廣，能與人共飲其井之水，必獲眾人之歸心，所以爻辭云「勿幕有孚，元吉」。〔註443〕

《革‧初九》云：「鞏用黃牛之革。」〔註444〕處《革》☲之始，爲鞏固

館後援會影印南宋初年刊本，1973 年版，第 466 頁第 33 葉後）能修補井之壞，所以能無咎。

〔註439〕九五爻辭，楚竹書《周易》作「汬㵤寒湶，飲」（濮茅左《上海博物館藏楚竹書〈周易〉》，第 98 頁），馬王堆帛書《周易》作「井戾寒湶，食」（張政烺《馬王堆帛書周易經傳校讀》，圖版第 5 頁三〇上，《釋文》，第 51 頁三〇上）。

〔註440〕孔穎達《疏》云：「『井洌寒泉，食』者，餘爻不當貴位，但修德以待用。九五爲卦之主，擇人而用之。洌，潔也。九五居中得正，而體剛直。既體剛直，則不食污穢，必須井潔而寒泉，然後乃食。以言剛正之主，不納非賢，必須行潔才高，而後乃用，故曰『井洌寒泉，食』。」（〔魏〕王弼注，〔唐〕孔穎達疏《周易注疏》卷七，日本足利學校遺跡圖書館後援會影印南宋初年刊本，1973 年版，第 467 頁第 34 葉前）此從人事的角度解説爻辭，其理或然。

〔註441〕上九爻辭，楚竹書《周易》作「汬枓，勿寞又孚，元吉」（濮茅左《上海博物館藏楚竹書〈周易〉》，第 98~100 頁），馬王堆帛書《周易》作「井收，勿幕有復，元吉」（張政烺《馬王堆帛書周易經傳校讀》，圖版第 5 頁三〇上，《釋文》，第 51 頁三〇上）。

〔註442〕王弼《注》云：「處《井》上極，水已出井，井功大成，在此爻矣，故曰『井收』也。」（〔魏〕王弼注，〔唐〕孔穎達疏《周易注疏》卷七，日本足利學校遺跡圖書館後援會影印南宋初年刊本，1973 年版，第 467 頁第 34 葉前）

〔註443〕王弼《注》云：「群下仰之以濟，淵泉由之以通者也。幕，猶覆也。不擅其有，不私其利，則物歸之，往無窮矣，故曰『勿幕有孚，元吉』也。」（〔魏〕王弼注，〔唐〕孔穎達疏《周易注疏》卷七，日本足利學校遺跡圖書館後援會影印南宋初年刊本，1973 年版，第 467 頁第 34 葉前）此說是。

〔註444〕初九爻辭，楚竹書《周易》作「鞏（鞏，濮茅左作㸽，參：濮茅左《上海博

己之力量而待變之時。《革》初九爻變,其卦之《咸》☳。《咸》下卦☶,爲石,爲止。居《革》道之處,人當靜觀其變,穩如磐石,切勿輕舉妄動。處《革》之初,人們當從容淡定,固守其常,所以爻辭云「鞏用黃牛之革」。〔註445〕

　　《革·六二》云:「巳日乃革之,征吉无咎。」〔註446〕居下卦☲之中,履正得位,爲《革》之主,能以柔克剛,爲《革》之中正者。處當革而革之時,果斷而革新之,則能獲其吉利而免於咎害;否則,將受其害而爲凶,故撰此「巳日乃革之」之辭。〔註447〕《革》六二爻變,其卦之《夬》☰。《夬》之爲道,當決而決,《革》之爲道亦然,當革必革之,方可成其事,所以爻辭云「巳日乃革之,征吉无咎」。

　　《革·九三》云:「征凶貞厲,革言三就,有孚。」〔註448〕履下卦☲之上極,爲光明之普照者,是變革而有所成者。《革》九三爻變,其卦之《隨》☳。《隨》下卦☳,爲殺〔註449〕;上卦☱,爲毀折。革變而興殺,毀壞舊道,

---

物館藏楚竹書〈周易〉》,第 102 頁)用黃牛之革」(丁四新《楚竹簡與漢帛書〈周易〉校注,第 145 頁),馬王堆帛書《周易》作「共用黃牛之勒」(張政烺《馬王堆帛書周易經傳校讀》,《釋文》,第 59 頁六四上)。

〔註445〕王弼《注》云:「在《革》之始,革道未成,固夫常中,未能應變者也。此可以守成,不可以有爲也。鞏,固也;黃,中也;牛之革,堅靭不可變也。固之所用常中,堅靭不肯變也。」(〔魏〕王弼注,〔唐〕孔穎達疏《周易注疏》卷七,日本足利學校遺跡圖書館後援會影印南宋初年刊本,1973 年版,第 472 頁第 36 葉後)此解是。

〔註446〕六二爻辭,楚竹書《周易》作「改日乃革之,征吉亡咎」(濮茅左《上海博物館藏楚竹書〈周易〉》,第 102 頁),馬王堆帛書《周易》殘句作「□□乃勒之,正吉□□」(張政烺《馬王堆帛書周易經傳校讀》,《釋文》,第 59 頁六四上)。

〔註447〕胡瑗云:「初九在《革》之始,不可驟然有所爲,是必先以大中之道固信於民,使民信之,然後爲變革之事。今此六二以陰居陰,處得其中,又得其正,而又處《離》明之中,能以大中之道變革於民,民既信之,所以得爲革之事,故曰『巳日乃革之』。」(〔宋〕胡瑗撰,〔宋〕倪天隱述《周易口義》卷八,《景印文淵閣四庫全書》經部第 8 冊,臺灣商務印書館,1986 年版,第 389 頁下)此說是,今從之。

〔註448〕九三爻辭,楚竹書《周易》作「征凶,革言晶敓,又孚」(丁四新《楚竹簡與漢帛書〈周易〉校注,第 145 頁),馬王堆帛書《周易》殘句作「貞□□言三□復」(張政烺《馬王堆帛書周易經傳校讀》,《釋文》,第 60 頁六四下)。

〔註449〕《左傳·閔公元年》載:「初,畢萬筮仕於晉,遇《屯》☳之《比》☵。辛廖占之曰:『《屯》固《比》入,吉孰大焉……合而能固,安而能殺,公侯之卦也。」(〔晉〕杜預注,〔唐〕孔穎達等正義《春秋左傳正義》卷第十一,《十

起熙新道，此爲革變必經之途徑。興兵爲凶事，爲危吝之事，但若能正其位，舉其大義，其革變之誓言誥命〔註450〕必能實現，其言行獲得民眾之信從，所以爻辭云「征凶貞厲，革言三就，有孚」。

《革・九四》云：「悔亡，有孚改命，吉。」〔註451〕九四履光明之卦的上方，在毀折之卦☱之底，爲繼續推動革變者，以陽剛之體處於陰位，能謙虛而行事，行事穩健，所以其悔吝消亡。《革》九四爻變，其卦之《既濟》☲☵。《既濟》九三至九五互體成☲，爲光明。有光明，是「有孚」之象。〔註452〕《革》九四處革變之際，能以光明而臨其臣民，以斯應變，則得其吉，所以爻辭云「有孚改命，吉」。

《革・九五》云：「大人虎變，未占有孚。」〔註453〕九五居上卦☱之中，履正得位，爲《革》之主；居得尊位，爲人君之革變而成其功者。〔註454〕《革》九五爻變，其卦之《豐》☳☲。《豐》上卦☳，帝出乎《震》，爲改朝換代、更換人君之時，於此時，開國之君創下烈烈武功，又深得文臣武將之擁戴，在未以筮稽疑之前，大人已經以其孚信被於眾人，所以爻辭云「大人虎變，未占有孚」。

《革・上六》云：「君子豹變，小人革面。征凶，居貞吉。」〔註455〕居

三經注疏6》，藝文印書館，2013年版，第188頁下）由此可知，《震》可爲「殺」。

〔註450〕清儒胡煦云：「『革言』，革之議論也，應《兌》口，言象。就，成也，商度其革之利害可否，至再至三，而議論始定也。」（〔清〕胡煦《周易函書約注》卷十，《景印文淵閣四庫全書》經部第48冊，臺灣商務印書館，1986年版，第634頁上）由此觀之，「革言」可指革命之誓言、策略等等。

〔註451〕九四爻辭，王堆帛書《周易》殘句作「悬□，有復 命，吉」（張政烺《馬王堆帛書周易經傳校讀》，《釋文》，第60頁六四下）。

〔註452〕朱震云：「《革》五爻皆正，四動初應，則上下靡不信，不動有悔，故曰『有孚』。」（〔宋〕朱震《漢上易傳》卷五，《景印文淵閣四庫全書》經部第11冊，臺灣商務印書館，1986年版，第172頁上）此說是。

〔註453〕九五爻辭，王堆帛書《周易》作「大人虎使，未佔有復」（張政烺《馬王堆帛書周易經傳校讀》，《釋文》，第60頁六四下）。

〔註454〕孔穎達《疏》云：「『大人虎變，未佔有孚』者，九五居中處尊，以大人之德爲《革》之主，損益前王，創制立法。」（〔魏〕王弼注，〔唐〕孔穎達疏《周易注疏》卷七，日本足利學校遺跡圖書館後援會影印南宋初年刊本，1973年版，第475頁第38葉前）今依此說。

〔註455〕上六爻辭，王堆帛書《周易》殘句作「君子豹使，小人勒□。□□居貞吉」（張政烺《馬王堆帛書周易經傳校讀》，《釋文》，第60頁六四下～61頁六五上）。

《革》之上極，革道已成，宜收斂其武力，而施行仁政。仁政行於天下，則君子能顯露其才華而不失其威嚴，庶民能革除流竄爲賊之面目，返鄉而安居樂業，所以爻辭云「君子豹變，小人革面」。〔註456〕《革》上六爻變，其卦之《同人》☰☲。革變之功業已畢，宜團結同宗及共事之人，使之各安其所，各就其位，此爲正道。於此之時，當偃武息戈，休養生息，無爲而治則爲吉利；若再興師動眾，勞民傷財，則爲革道之亢，亢則凶咎隨之而至，所以爻辭云「征凶，居貞吉」。〔註457〕

　　《鼎・初六》云：「鼎顛趾，利出否，得妾以其子，无咎。」〔註458〕處《鼎》☲☴之底，在下卦☴之初，而《巽》爲股，於鼎而言，即爲鼎之足。鼎足實而其鼎口虛，☴爲口舌，其覆而爲☶，有「鼎之足向上，而其口向下傾倒鼎內之物」之象，所以爻辭云「鼎顛趾，利出否」。〔註459〕筮者因無子，欲納妾而占筮，此爲占筮的背景，亦是爻辭撰寫的一個本事，所以爻辭云「得妾以其子」。《鼎》初六變，其卦之《大有》☰☲。《大有》下卦☰爲君，爲父。納妾而生子，得以爲父，以驅除無子之祟，所以爲「无咎」。

　　《鼎・九二》云：「鼎有實，我仇有疾，不我能即，吉。」〔註460〕居下卦之中，以陽實而在陰虛之中，爲鼎有食物之象，所以爻辭云「鼎有實」。〔註461〕《鼎》九二爻變，其卦之《旅》☲☶。《旅》六二至六五有☱之象，爲心

〔註456〕王弼《注》云：「居變之終，變道已成，君子處之，能成其文；小人樂成，則變面以順上也。」（〔魏〕王弼注，〔唐〕孔穎達疏《周易注疏》卷七，日本足利學校遺跡圖書館後援會影印南宋初年刊本，1973 年版，第 475 頁第 38 葉前）今依此說。

〔註457〕孔穎達《疏》云：「革道已成，宜安靜守正，更有所征，則凶；居而守正，則吉。故曰『征凶，居貞吉』也。」（〔魏〕王弼注，〔唐〕孔穎達疏《周易注疏》卷七，日本足利學校遺跡圖書館後援會影印南宋初年刊本，1973 年版，第 476 頁第 38 葉後）此說是。

〔註458〕初六爻辭，馬王堆帛書《周易》殘句作「鼎塡止，利□不，得妾以元子，無咎」（張政烺《馬王堆帛書周易經傳校讀》，《釋文》，第 63 頁八〇上）。

〔註459〕孔穎達《疏》云：「凡陽爲實，而陰爲虛。鼎之爲物，下實而上虛。初六居《鼎》之始，以陰處下，則是下虛，下虛而鼎足倒矣，故曰『鼎顛趾』也。『利出否』者，否者，不善之物；鼎之倒趾，失其所利；鼎覆而不失利，在於寫出否穢之物也，故曰『利出否』也。」（〔魏〕王弼注，〔唐〕孔穎達疏《周易注疏》卷八，日本足利學校遺跡圖書館後援會影印南宋初年刊本，1973 年版，第 480 頁第 2 葉後～481 頁第 3 葉前）此說可參。

〔註460〕九二爻辭，馬王堆帛書《周易》作「鼎有實，我裁有疾，不我能節，吉」（張政烺《馬王堆帛書周易經傳校讀》，《釋文》，第 63 頁八〇上）。

〔註461〕王弼《注》云：「以陽之質，處鼎之中，有實者也。」（〔魏〕王弼注，〔唐〕

病，爲耳痛，爲血卦，爲赤，皆爲疾病；而《鼎》九二與六五有應，六五憂慮其滿則溢，而九二尚未滿其實，所以處《坎》憂之下而能無恤，故爻辭云「我仇有疾，不我能即，吉」。

《鼎·九三》云：「鼎耳革，其行塞，雉膏不食，方雨虧悔，終吉。」〔註462〕在下卦之上極，靠近鼎之耳，而九三又在互體卦☱之底，《兌》爲毀折，鼎耳被毀壞，所以爻辭云「鼎耳革」。《鼎》九三爻變，其卦之《未濟》䷿。《未濟》下卦☵，爲難行。鼎耳壞而不能待鉉，故鼎不能被抬舉、搬動，所以爻辭云「其行塞」。《鼎》下卦《巽》又爲雞，其沈於鼎底，難以取用；《未濟》下卦《坎》又爲水，爲雨，雨滅鼎下之火，又降除鼎身之溫度，鼎終能搬挪，此爲天助，所以能消除稽疑者之悔，而終得吉利，所以爻辭云「雉膏不食，方雨虧悔，終吉」。

《鼎·九四》云：「鼎折足，覆公餗，其形渥。凶。」〔註463〕履下卦鼎足之上方，在上卦☲之始，又在毀折之卦《兌》之中，居非正位，爲折斷鼎足者。鼎足折斷，則鼎之食物則覆於地，鼎之湯四濺，易傷旁人。鼎足不易折而折，其湯汁濺於公之身，此爲凶兆，意即傾其國，或失其地。《鼎》〔註464〕九四爻變，其卦之《蠱》䷑。《蠱》九三至上九有《頤》之象，當頤養之時，而其鼎足斷，其鼎之食物潑灑於地，無得其食，此爲不吉利之象。故總覽主卦、從卦諸象，王官撰寫「鼎折足，覆公餗，其形渥。凶」之辭。

《鼎·六五》云：「鼎黃耳金鉉，利貞。」〔註465〕六五以陰柔之體而居陽剛之位，虛其鼎耳而待其金鉉，此不失《鼎》爲物之理，所以爻辭云「利

孔穎達疏《周易注疏》卷八，日本足利學校遺跡圖書館後援會影印南宋初年刊本，1973年版，第480頁第3葉前）

〔註462〕九三爻辭，馬王堆帛書《周易》殘句作「鼎耳勒，亓行塞，雉膏不食，方雨□□□□」（張政烺《馬王堆帛書周易經傳校讀》，《釋文》，第63頁八〇上～64頁八〇下）。

〔註463〕九四爻辭，馬王堆帛書《周易》殘句作「復公䣁，亓刑屋」（張政烺《馬王堆帛書周易經傳校讀》，《釋文》，第64頁八〇下），漢石經《周易》作「鼎折足，覆公餗，其荆剭。凶」（馬衡編《漢石經集存》，第26頁）。

〔註464〕王弼《注》云：「居中以柔，能以通理，納乎剛正，故曰『黃耳金鉉，利貞』也。」（〔魏〕王弼注，〔唐〕孔穎達疏《周易注疏》卷八，日本足利學校遺跡圖書館後援會影印南宋初年刊本，1973年版，第484頁第4葉後）此說是。

〔註465〕六五爻辭，馬王堆帛書《周易》殘句作「鼎黃」（張政烺《馬王堆帛書周易經傳校讀》，《釋文》，第64頁八〇下）。

貞」。

《鼎・上九》云：「鼎玉鉉，大吉，无不利。」〔註466〕履《鼎》之上極，以鼎盛煮食物，而食物已香熟，可用玉鉉鉤掛於鼎耳而移動，此爲大吉利之象，所以爻辭云「鼎玉鉉，大吉，无不利」。〔註467〕《鼎》上九爻變，其卦之《恒》☷。鼎定於守恒道之時，爲文明之世，有長治久安之象，此亦爲「大吉，无不利」之辭生成之由。

《震・初九》云：「震來虩虩，後笑言啞啞。吉。」〔註468〕初九在《震》☳之先，在震驚之始，能謹小愼微，所以爻辭云「震來虩虩」。《震》初九爻變，其卦之《豫》☷。《豫》下卦☷，爲眾。眾人皆能豫樂，笑聲和融，此爲明世之象，所以爻辭云「後笑言啞啞，吉」。〔註469〕

《震・六二》云：「震來厲，億喪貝，躋于九陵，勿逐，七日得。」〔註470〕《震》六二與六五無應，六五若來，六二必失其位。六二失其位，其所積蓄之財貨必難以保全，有喪失殆盡之危厲。此亦與卦象有所對應，初九至九四有☳之象，而《離》爲蚌，蚌殼爲貝〔註471〕，而六二在其中，有喪失之象，所以爻辭云「震來厲，億喪貝」。《震》六二爻變，其卦之《歸妹》☳。《歸妹》下卦《兌》，爲毀折，貝殼受損，此亦是爻辭「震來厲，億喪貝」撰寫之由。

〔註466〕上六爻辭，馬王堆帛書《周易》殘句作「無不利」（張政烺《馬王堆帛書周易經傳校讀》，《釋文》，第65頁八一上）。

〔註467〕孔穎達《疏》云：「上九居鼎之終，鼎道之成，體剛處柔，則是用玉鉉以自舉者也，故曰『鼎玉鉉』也。『大吉，無不利者』，應不在一，即靡所不舉，故得大吉而無不利。」（〔魏〕王弼注，〔唐〕孔穎達疏《周易注疏》卷五，《十三經注疏1》，藝文印書館，2013年年版，第114頁上）此說可參。

〔註468〕初九爻辭，馬王堆帛書《周易》作「辰來朔朔，後笑□啞啞。吉」（張政烺《馬王堆帛書周易經傳校讀》，《釋文》，第51頁三一上）。

〔註469〕孔穎達《疏》云：「初九剛陽之德，爲一卦之先，剛則不暗於幾，先則能有前識。故處震驚之始，能以恐懼自修而獲其吉，故曰『震來虩虩，後笑言啞啞。吉』。」（〔魏〕王弼注，〔唐〕孔穎達疏《周易注疏》卷八，日本足利學校遺跡圖書館後援會影印南宋初年刊本，1973年版，第489頁第7葉前～490頁第7葉後）此說是。

〔註470〕六二爻辭，馬王堆帛書《周易》作「辰來厲，意亡貝，齎於九陵，勿逐，七日得」（張政烺《馬王堆帛書周易經傳校讀》，《釋文》，第52頁三一下），漢石經《周易》殘句作「齊於九陵，勿逐，七日得」（馬衡編《漢石經集存》，第26頁）。

〔註471〕虞翻云：「三動，《離》爲蠃蚌，故稱『貝』。」（〔唐〕李鼎祚《周易集解》卷十，《景印文淵閣四庫全書》經部第7冊，臺灣商務印書館，1986年版，第771頁上）此可作參考。

《震》六二至九四互體成☶，爲山；六二爻之上有互體卦☵，爲盜，可指寇，寇盜取貝財而登於山陵，其必返於山下，故可以待其下山，將之擒獲，奪回貲財，所以爻辭云「躋于九陵，勿逐，七日得」。

《震·六三》云：「震蘇蘇，震行无眚。」〔註472〕以陰柔之體而履得下卦之上極，居非其位，因處非其位，所以前行而畏懼不安，所以爻辭云「震蘇蘇」。〔註473〕《震》六三至六五互體成☵，其於輿也，爲多眚。《震》六三爻變，其卦之《豐》☱☲。《豐》九三至六五互體成☱，爲說。輿行於地無眚而悅，所以爻辭云「震行无眚」。

《震·九四》云：「震遂泥。」〔註474〕居於上下四陰爻之中，履非其位，爲《震》之宜安眾者。《震》六三至六五互體成☵，爲雨水。《震》九四爻變，其卦之《復》☷☳。《復》上卦☷，爲土。土受水而成泥土，所以爻辭云「震遂泥」。顯然，爻辭作者借「震遂泥」來譬喻安眾的困難。〔註475〕

《震·六五》云：「震往來厲，億无喪有事。」〔註476〕六五履得《震》之尊位，往而之六二，獲其貲財，雖無有所喪，然恐招仇怨，而難以成事。若六二上應六五，鋒芒過甚，恐相互猜疑，所以來往皆爲危厲，故爻辭云「震往來厲」。《震》六五爻變，其卦之《隨》☱☳。《隨》上卦☱，爲毀折。《震》六五當謹慎其行爲，否則將有危咎之事隨之而至。所以王官撰「震往來厲，億无喪有事」之辭以告誡稽疑者。

《震·上六》云：「震索索，視矍矍，征凶。震不於其躬，于其鄰，无咎。婚媾有言。」〔註477〕履《震》之上極，居得正位，爲《震》之正者。於此之

〔註472〕六三爻辭，馬王堆帛書《周易》作「辰疏疏，辰行無省」（張政烺《馬王堆帛書周易經傳校讀》，《釋文》，第52頁三一下），漢石經《周易》作「震蘇蘇，震行無省」（馬衡編《漢石經集存》，第26頁）。

〔註473〕王弼《注》云：「不當其位，位非所處，故『懼蘇蘇』也。」（〔魏〕王弼注，〔唐〕孔穎達疏《周易注疏》卷八，日本足利學校遺跡圖書館後援會影印南宋初年刊本，1973年版，第491頁第8葉前）所解甚是。

〔註474〕九四爻辭，馬王堆帛書《周易》作「辰遂泥」（張政烺《馬王堆帛書周易經傳校讀》，《釋文》，第52頁三一下）。

〔註475〕孔穎達《疏》云：「九四處四陰之中，爲眾陰之主，當恐懼之時，宜勇其身，以安於眾。若其自懷震懼，則遂滯溺而困難矣，故曰『震遂泥』。」（〔魏〕王弼注，〔唐〕孔穎達疏《周易注疏》卷八，日本足利學校遺跡圖書館後援會影印南宋初年刊本，1973年版，第492頁第8葉後）此說是。

〔註476〕六五爻辭，馬王堆帛書《周易》作「辰往來厲，意無亡有事」（張政烺《馬王堆帛書周易經傳校讀》，《釋文》，第52頁三一下～51頁三二上）。

〔註477〕上六爻辭，馬王堆帛書《周易》作「辰昔昔，視懼懼，正兇。辰不於其鄰，

時，當以警醒爲懷，所以爻辭云「震索索」以爲警示。《震》上六爻變，其卦之《噬嗑》☲。《噬嗑》上卦☲，爲目，爲日。在震動之極，視物有警覺之心，若再冀更進一步，則爲凶。《震》若能嚮明，不震動自於己身，而能懾服其鄰國，則能無咎；又若以婚媾言之，則陽剛過甚，女將不堪，所以爻辭云「婚媾有言」。

《艮・初六》云：「艮其趾，无咎，利永貞。」處《艮》☶之初，初六取象於人，即爲處在體下之足趾。初六以陰居陽，然能止其足，以靜修其性，避躁動之舉，故能行無過失之事，所以爻辭云「艮其趾，无咎」。《艮》初六爻變，其卦之《賁》☲。《賁》下卦☲，爲光明。《艮》初六能靜修其性，嚮明而治，利於長久保持貞正之德行。故爻辭云「利永貞」。

《艮・六二》云：「艮其腓，不拯其隨，其心不快。」履下卦之中，爲止之中正者。六二在足趾之上，爻辭以「腓」言之，即爲小腿肚。小腿肚靜止，則足趾亦隨其而止，不能舉起，所以爻辭云「不拯其隨」。《艮》六二至六四互體成☵，其於人也，爲加憂，人有憂慮而不快樂，所以爻辭云「其心不快」。《艮》六二爻變，其卦之《蠱》☶。《蠱》下卦☴，爲躁卦。處於當靜而修身之時，而躁動不安，則其心難以愉快，此亦「其心不快」之意。

《艮・九三》云：「艮其限，列其夤，厲薰心。」九三處下卦☶之上極，於人體而言，其在腓之上，當爲人體之中間部位，爻辭以「限」言之，即人上體與下體的分界之處。《艮》九三爻變，其卦之《剝》☶。《剝》下卦☷，爲腹。腹部靜止，而九三又在互體《震》之始，爲動，其背脊分而爲二，一部分靜止，一部分運動，利薰於其心，因躁動而有危厲，所以爻辭云「列其夤，厲薰心」。

《艮・六四》云：「艮其身，无咎。」六四履下卦☶之上方，居上卦☶之始，於人體而言，即在「限」之上者。人當靜止之時，而、能愼獨修身，所以爻辭云「艮其身，无咎」。

《艮・六五》云：「艮其輔，言有序，悔亡。」六五居於上卦之中，以陰柔之體處在陽位，爲《艮》止之主。於人體而言，人之身軀的上部有頰車，爻辭擇之以言頰車之靜止。《艮》六五爻變，其卦之《漸》☴。《漸》之爲道，能循序漸進；人言語，而頰車有所動，言語有序，頰車不動，此爲性情溫和、

於亓鄰，往無咎。閩詬有言。」（張政烺《馬王堆帛書周易經傳校讀》，圖版第 7 頁三二上，《釋文》，第 51 頁三二上）

不急躁者，所以其悔吝消亡。

《艮・上九》云：「敦艮吉。」處《艮》止之上極，是靜以修身者。《艮》上九爻變，其卦之《謙》☷。《謙》上卦☷，爲地，爲順。《艮》上九能安穩如厚地，敦順如一，則能獲得吉利，所以爻辭云「敦艮吉」。

《漸・初六》云：「鴻漸于干，小子厲有言，无咎。」在《漸》☴之始，爲漸進之初，在☶之底，而《艮》爲少男，處在當進而未能進之時，有危厲之憂。《漸》初六爻變，其卦之《家人》☲。《家人》下卦☲，有光明之象，有孚信之德。故《漸》初六雖有危厲，然其履行禮義，不違誠信，故能無咎，所以爻辭云「小子厲有言，无咎」。《家人》下卦《離》又爲雉，可借指鳥類，爻辭作者取水鳥「鴻」爲象；《漸》六二爲陰爻，王官取山上之流水，即「干」爲其象，而初六近於六二，所以爻辭云「鴻漸于干」。爻辭先言物象，後言人事，此與《詩經》之詩以「比」這作詩的方式相似，體現了《周易》爻辭的詩性思維與王官的運思習慣的一個特點。

《漸・六二》云：「鴻漸于磐，飲食衎衎，吉。」居下卦☶之中，爲漸進之中正者。於爻之象言之，☶爲山，爲小石，九三爲陽剛之爻，爲《艮》之主，爲山爲石之實體，六二近之，爲漸近於山石者，所以爻辭云「鴻漸于磐」。《鴻》下卦《艮》又爲果蓏；其六二至六四互體成☶，可表酒類，所以六二爻有飲食之意。《漸》六二爻變，其卦之《巽》☴。《巽》九二至六四互體成☱，爲說，是和樂之義。所以總覽此爻象之義，爻辭云「飲食衎衎」。漸進而穩重，和樂而不失中正，所以獲福而吉。

《漸・九三》云：「鴻漸于陸，夫征不復，婦孕不育，凶。利禦寇。」在下卦《艮》山之上極，近六四之山土，所以爻辭云「鴻漸于陸」。《漸》九三爻變，其卦之《剝》☶。《剝》與《復》爲覆卦；又《漸》九三爻變，其下卦《艮》少男之象消失，取而代之以《坤》母，所以爻辭云「夫征不復」。《艮》九三至九五互體成☶，其於人也，爲大腹，即妊娠之象；之卦《剝》六三至六五互體成☷，爲母，然其在《剝》卦中，意即喪失爲人母之機會，胎死腹中，此危及婦人之性命，故爲凶兆，故爻辭云「婦孕不育，凶」。若筮利不利爲寇、禦寇，於卦象言之，互體《離》爲甲冑，爲戈兵；其之卦《剝》六三至六五互體成《坤》，爲眾，有武裝之師，得眾人之助，而無《震》殺而爲寇之象，所以爻辭云「利禦寇」。

《漸・六四》云：「鴻漸于木，或得其桷，无咎。」履下卦《艮》之上，

在《巽》木之底，而☳之初爻為草類，其二爻為陽爻，為木，六四近九五，所以爻辭云「鴻漸于木」。《漸》六四爻變，其卦之《遯》☶。《遯》六二至九四互體成☴，為木，房屋之椽為木材所製。是《漸》六四或可得九五之木材而可製成椽，此為漸獲建設家園之材料之始，所以爻辭云「或得其桷，无咎」。

《漸·九五》云：「鴻漸于陵，婦三歲不孕，終莫之勝，吉。」履得尊位，為《漸》之主，居正得位，為漸進之中正者，所以必獲吉利。九五又處在上卦☴之中，而《巽》為不果，於婦人而言，占筮其懷孕與否，即為不孕之象，婦人三年或多年未能孕育而占筮，此是爻辭的撰寫背景。《漸》九五爻變，其卦之《艮》☶。《艮》為果蓏，其於人也，為孕育；《艮》九三至上九有☳之象，而《離》為大腹，亦是有孕之意。☶為連山之象，其體☳之中有兩個陰爻，皆可表生子之多。《漸》九五之婦人從三年不孕到孕育，其子孫將甚多，所以爻辭云「婦三歲不孕，終莫之勝，吉」。

《漸·上九》云：「鴻漸于陸，其羽可用為儀，吉。」處《漸》上卦☴之上極，而《巽》為高，故上九為漸進之至高者。上九與九三皆為漸近於陸者，所以爻辭云「鴻漸于陸」。《漸》上九爻變，其卦之《蹇》☵。《蹇》之上卦☵為水，可指祭祀之酒；《漸》上九之鴻羽為高潔之物，其可用作舞者之舞具，娛樂人、神。故《漸》上九有「以酒食、歌舞享鬼神」之義，所以爻辭云「其羽可用為儀，吉」。

《歸妹·初九》云：「歸妹以娣，跛能履，征吉。」在《歸妹》☳之始，其下卦☱為少女，即娣。初九履位得正，為遵行嫁妹之禮儀者，所以爻辭云「歸妹以娣」，即兄長主持其妹嫁人之事宜，少妹隨大妹一起出嫁。其妹中，有一妹跛足，兄長因此占筮，稽疑其吉凶。筮人考察其跛足之妹的品格，認為她「跛能履」，即「此妹雖有足疾，然能履行禮義」，故其出嫁為吉利之象，所以爻辭云「跛能履，征吉」。選擇特殊的占筮例子，並將之選入爻辭，是《周易》爻辭生成的一個值得注意的現象。於卦象而言，下卦《兌》為毀折，對應人體，即為身體之殘缺，《歸妹》初九爻辭以「跛」實之。《歸妹》初九爻變，其卦之《解》☵。《解》下卦☵，其於人也，可表疾病；其於輿也，為通。是兄長嫁大妹，其跛足之小妹亦隨之而往，其道可通，可象為吉，所以爻辭以「吉」判斷之。

《歸妹·九二》云：「眇能視，利幽人之貞。」九二在下卦《巽》之中，

履非其位，爲兄長嫁妹之不順者。九二居毀折之卦之中，又處互體卦☱之底，而《離》爲目，是九二有「一目視力受損，一目明亮」之象。兄長占筮其眇視之妹的婚姻吉凶情況，「眇能視」是其妹身體之狀況。兄長筮而得《歸妹》之《震》䷲。《震》六二至九四互體爲☶，爲山，於人而言，即爲居於山中之人，即幽人。幽人娶眇視之妹，可履行夫妻人倫之正事，所以爻辭云「利幽人之貞」。

《歸妹・六三》云：「歸妹以須，反歸以娣。」在下卦《兌》之上極，以陰爻而處陽位，爲《歸妹》之不正者。兄長嫁妹，大妹尚待字閨中，而先嫁小妹，此違拗嫁妹之常道，所以爲不吉利之象。顯然，爻辭省卻了吉凶判詞。

《歸妹・九四》云：「歸妹愆期，遲歸有時。」九四履《兌》之上，在上卦《震》之始，居於《歸妹》不正之位，所以爲不吉利之象。兄長嫁妹，而耽誤其良辰吉時，因而占筮以便再擇吉日，所以爻辭云「歸妹愆期，遲歸有時」。《歸妹》九四爻變，其卦之《臨》䷒。《臨》上卦☷，爲順。歸妹當順應嫁娶雙方所預定之吉日，而兄長因事而推延之，此或爲自取其辱。此爻辭簡省了吉凶判詞。

《歸妹・六五》云：「帝乙歸妹，其君之袂，不如其娣之袂良。月幾望，吉。」六五居上卦《震》之中，履得尊位，爲帝王嫁其女或其妹之卦。帝王之女或妹下嫁，必爲之崇飾以彰顯王家之威儀與尊貴。筮者擇取史事，以帝乙嫁其妹爲言，闡明此爻爲帝王嫁女之象；又以帝乙之衣袖之新、用料之精良，不如其小妹衣袖之做工精細，以此彰顯了帝乙嫁其妹之隆重。不僅如此，所擇之迎娶吉日，在「月幾望」，爲吉日中之吉日，所以爲吉。《歸妹》六五爻變，其卦之《兌》䷹。《兌》六三至上六有☵之象，而《坎》爲月；《兌》六三至九五互體爲☲，爲事物變化至高級階段者。故總覽諸象，《歸妹》六五有「月成圓形之狀」之象，以此爲婚期，寓意夫妻和美，所以爻辭云「月幾望，吉」。

《歸妹・上六》云：「女承筐无實，士刲羊无血，无攸利。」處《歸妹》之上極，與六三無所應，而六三爲《兌》羊之上極，以刀刃宰羊，而羊當出血；女嫁入男家應有可承筐之食物，以供於神靈，以饗賓客。而今，筮人觀之現實，「女承筐无實，士刲羊无血」，故以此爲占筮之背景，占斷其吉凶。《歸妹》上六爻變，其卦之《睽》䷥。《睽》爲以刀刃刲羊之象，其六三至六五互

體所成之卦☵為血。《歸妹》上六有「刲羊有血」之象，而反觀現實，卻與此卦象向背，無其利益，所以爻辭云「无攸利」。

《豐‧初九》云：「遇其配主，雖旬无咎。往有尚。」處《豐》䷶之初，居位得正，其所應之主在四，而九四履非其位，而《豐》下卦《離》為相見之卦，所以九四與初九相遇，故爻辭云「遇其配主」。初九、九四皆為陽爻，而初九為《豐》之正者，為光大其配主者，故無有過失。由此觀之，所以爻辭云「遇其配主，雖旬无咎」。《豐》初九爻變，其卦之《小過》䷽。《小過》下卦☶，為止。《豐》初九處於光明之中，能守正如一，以斯而往於九四，必受推尚，所以爻辭云「往有尚」。

《豐‧六二》云：「豐其蔀，日中見斗，往得疑疾，有孚發若，吉。」六二以陰居陰，在《離》光明之中，其為上下兩陽爻所夾，是為日中，日盛而需遮陽之物防護人身，而斗星顯現，以削其盛光，所以爻辭云「豐其蔀，日中見斗」。《豐》六二爻變，其卦之《大壯》䷡。《大壯》下卦☰為天，天現斗星，天象異常，所以筮者因而占筮。《豐》六二至六五有☵之象，而《坎》為心病，相互猜疑為心病之一種，所以爻辭云「往得疑疾」。六二又在《離》孚信之中，所以六二為有孚信者；之卦《大壯》下卦《乾》，為健，孚信能健行於世，所以光明雖有所削弱，但依然能保持其文明之道的通行，故王官判之以「吉」。

《豐‧九三》云：「豐其沛，日中見沬，折其右肱，无咎。」處下卦《離》之上極，為光之至盛者，光盛而布幔遮擋之。筮者因「日中見沬」，又「折其右肱」，所以稽疑。筮人占之，其遇《豐》䷶之《震》䷲。此爻象與占筮之背景有關聯：《豐》九三至六五互體成☳，為毀折，於人而言，即為身體之不健全者，即占筮本事之「折其右肱」；其為手臂之折斷，又與《震》六二至九四之互體卦☶相應，《艮》為手，所以知其手臂受損。其吉凶情況，因《豐》九三履得正位，為《豐》之正者，能在光盛之時收斂其鋒芒，能在右肱受損之際靜養生息，所以為無咎。

《豐‧九四》云：「豐其蔀，日中見斗，遇其夷主，吉。」九四以陽剛之質處於陰位，履非其位，為《豐》之不正者，所以其光必見削，其多必見奪；唯往而遇初九，而初九能為能平分其成果者，所以能規避其位不正之害。《豐》九四爻變，其卦之《明夷》䷣。《明夷》上卦☷，為地；《豐》九四之光芒投在大地之上，即光明能普臨下之大眾，能得大眾之信從，此為能得眾獲土之

象，所以爲吉。

《豐‧六五》云：「來章，有慶譽，吉。」六五以陰柔之質而履得尊位，在豐多之世，能消除其猜度眾臣之心，並惠澤眾人以孚信，故六二之臣子往而之六五，彰顯君王之德光。筮人審度君王之德行，見諸臣忠心輔弼於上，此能廣大王業，所以爻辭云「來章」。筮人遇《豐》☳☲之《革》☱☲。《革》上卦☱，爲說，萬物有其所悅，此有歡慶之象，故此君王有聲譽，所以爻辭云「有慶譽」。在《豐》多之世，能有其慶譽，獲其大眾之心，所以筮人斷之以「吉」。

《豐‧上六》云：「豐其屋，蔀其家，窺其戶，闃其无人，三歲不覿，凶。」履《豐》之上極，以陰處陰，爲《豐》之正者。於此之時，擴建其屋，以布幔裝飾室內，爲營造其家事、彰顯其聲譽之時，然而其人卻深隱於其門戶，其住所寂然如無人，三年而不見其顯露其光明之面貌，在當作爲之時而無作爲，在當施行其仁義之際而自隱其形，無爲過甚。筮人見其此情形，又遇《豐》☳☲之《離》☲☲，而《離》爲光明，即處《豐》之上極，應展現其豐實之資，施助於人，而現實卻有悖於此，所以爲凶。

《旅‧初六》云：「旅瑣瑣，斯其所取災。」初六處於《旅》☲☶之下極，在下卦☶之始，而《艮》爲山，有「旅人居於山下」之象，其爻上有☵之象，《坎》爲難，其於輿也，爲多眚。羈旅於外，困難繁多，尤以所乘之車多故障爲憂，所以爻辭云「旅瑣瑣」。《旅》初六居非其正，所應者爲《離》火之初，即九四，九四又在《坎》象之上極，亦履非其位，而初六往而應之，是自取其憂與災，所以爻辭云「斯其所取災」。《旅》初六爻變，其卦之《離》☲☲。《旅》初六爲山之下，《離》之初爲火之苗，居於山下而有火災之虞，此爲憂患之象，所以爲無所利。爻辭簡省了稽疑之判詞。

《旅‧六二》云：「旅即次，懷其資，得童僕貞。」六二居於下卦《艮》之中，履得其正，爲羈旅之得安居者，所以爻辭云「旅即次」。《旅》六二爻變，其卦之《鼎》☲☴。《鼎》九二至九四互體成☱，爲金，爲玉，可表示「資財」之意；《鼎》下卦☴，爲入，而《旅》六二在《艮》少男之中，即在羈旅之中，能得入童僕，防護主人之身與財，所以此爲《旅》之正者，故爻辭云「懷其資，得童僕貞」。

《旅‧九三》云：「旅焚其次，喪其童僕。貞，厲。」九三居下卦《艮》山之上極，以互體卦《巽》木而建造其居所，然鄰比上卦之《離》火，所以

其羈旅之所被焚燒，其童僕喪生於火災之中，此與《旅》互體卦《兌》毀折有對應關係。《旅》九三爻變，其卦之《晉》☷☲。《旅》九三之居所被夷爲平地，失其暫旅居之處，雖身履其正，但不得童僕之保護與幫忙，又喪其資財於火災，終不免陷入危厲之境地，所以爻辭云「貞，厲」。

《旅·九四》云：「旅于處，得其資斧，我心不快。」九四居《旅》上體之初，又在《巽》木建造之所的上極，所以爻辭云「旅于處」。《離》又可爲戈兵，爻辭以「斧」對應之，所以爻辭云「得其資斧」。處於旅居之時，而獲得前行之財，又得能護身之斧頭，此爲有利之事。然所處之境地並不安寧，在遭受破壞之中，所以爻辭云「我心不快」。此於卦象亦有對應，處在《坎》象之中，其有憂慮之貌，人有憂慮，其心則難以快樂。《旅》九四爻變，其卦之《艮》☶☶。《艮》六二至六四互體爲☵，爲加憂，爲心病。《旅》九四爻變，其《坎》憂之象顯露，此爲旅居者心不安樂之象。

《旅·六五》云：「射雉一矢亡。終以譽命。」六五以羈旅之身而履得尊貴之位，難得眾人之信服，所以其孚信被下所毀折，若能及時辭離其位，則可保其身。於卦象而言，《旅》上體《離》爲雉。《旅》六五爻變，其卦之《遯》☰☶。以一矢射中雉而雉逃隱於山之中，所以爻辭云「射雉一矢亡」。於人事而言之，以羈旅之身而得履尊位，若遭受排擊，及時全身而退，修其光明之德，終竟能得有聲譽之任命，所以爻辭云「終以譽命」。

《旅·上九》云：「鳥焚其巢，旅人先笑後號咷，喪牛于易，凶。」處於《旅》之上極，履非其位，如火焚林木，其禍根卻繫於雉鳥，如雉叼火種而焚其巢居，此爲異常之象，筮人採之入《周易》，以闡明人事，即旅人遭眾人詆毀而失意，故其先苦笑而後大哭。《旅》上九爻變，其卦之《小過》☳☶。《小過》的卦畫，從整體觀之，有☵之象，在羈旅之時，在易之地喪失拉車之牛，此使旅居之人陷入困境，所以爲凶。

《巽·初六》云：「進退，利武人之貞。」處《巽》☴之初，在下卦☴之始，而☴爲進退，爲入，所以其初爻爲入口。入口爲進退經過之處，所以爻辭云「進退」。《巽》初往而應六四，而六四在互體卦《離》之中，《離》爲甲冑，爲戈兵，皆爲武人必備之兵器，所以初六若往之六四，得其武備，即能有助武人成就其正業，故爻辭云「利武人之貞」。《巽》初六爻變，其卦之《小畜》☰☴。《小畜》下卦☰，爲良馬，爲老馬，老馬識途，利於進退；良馬馳騁疆場，孔武有力，此皆利於武人創立功業，此是「利武人之貞」之意。

　　《巽‧九二》云：「巽在牀下，用史巫，紛若吉，无咎。」九二居下卦☴之中，而《巽》爲木，床以木爲之，九二處於床之中，而主人之股在床下，表履非其位，其身心未得安寧而徵詢於史巫，能常問詢於史巫，不獨斷專行，此爲治政之吉象。於爻象而言，《巽》九二至六四互體成☲，爲巫，爲口舌。處《巽》之九二，能征求史之言語，能征詢於巫人降神之旨意，此爲明君理政之象。《巽》又爲長，爲高，是表程度之深刻者，於治政而言，即爲吉利之事紛多，所以爻辭云「紛若吉」。《巽》九二爻變，其卦之《漸》☶。《漸》下卦☶，爲止。《巽》九二履非其位，能集思廣益，固守其德操，所以無過失之事，所以爻辭云「无咎」。

　　《巽‧九三》云：「頻巽，吝。」九三處下卦☴之上極，而《巽》其竟爲躁卦，又可表多次，多次改變命令，朝令夕改，此令諸臣無所適從，此不利於施政，所以於政而言，爲危吝之舉。《巽》九三爻變，其卦之《渙》☵。《渙》下卦☵，爲坎難。頻繁地改變政令，將使治亂陷入困境，此亦是「頻巽，吝」之意。

　　《巽‧六四》云：「悔亡，田獲三品。」履下卦《巽》之上方，在上卦《巽》之始，又在互體卦《離》之中，而《離》爲戈兵，以戈兵而狩獵，能獲其三品，此爲有功之舉，履得正位，所以其悔消亡。《巽》六四爻變，其卦之《姤》☴。《姤》上卦☴爲木果，爲圜，營圜而祭天，木果可享於鬼神，此亦爲「田獲三品」之意。

　　《巽‧九五》云：「貞吉，悔亡，无不利。无初有終，先庚三日，後庚三日，吉。」九五以陽居陽，履得正位，爲《巽》之中正者，又在互體卦《離》文明之上極，爲孚於神靈及民衆者，以斯行政，則能正其德，厚民之生，所以爻辭云「貞吉，悔亡，无不利」。《巽》九五爻變，其卦之《蠱》☶。《蠱》上卦☶，爲萬物之所成終者。《巽》九五居於躁卦之中，爲中正者，是能畢其事業者，所以爻辭云「无初有終」。九五又在互體卦《兌》之上方，有「九五申布政令」之象，而政令之下達及施行，有一個闡釋、接受與推行的過程，所以爻辭云「先庚三日，後庚三日」。以斯宣佈政令，是施行仁政之舉，所以王官以「吉」繫之。

　　《巽‧上九》云：「巽在牀下，喪其資斧，貞凶。」上九處☴之上極，而《巽》其究爲躁卦，急躁過甚，當在木床之上，而卻反屈身於床下，爲極爲躁動不安者，以斯行事，則易喪失資財與斧頭，所以爻辭云「巽在牀下，喪

其資斧」。《巽》上九爻變,其卦之《井》䷯。《井》上卦☵,爲盜,盜入室而取《巽》上九之資斧,所以上九爻變,即爲凶。

《兌・初九》云:「和兌吉。」初九居《兌》☱之初,而《兌》爲說,初九爲《兌》之正者。其應在九四,能與同爲陽爻之九四相悅,所以爲和悅,故未被毀折,因而能吉。《兌》初九爻變,其卦之《困》䷮。《困》下卦☵,爲水,水爲通融之物。《兌》初九能通融於物,此亦爲「和兌吉」之義。

《兌・九二》云:「孚兌,吉。悔亡。」居於下卦《兌》之中,又在互體卦《離》之始,而《離》爲孚信,有信而悅於眾人,所以爲吉利之象。《兌》九二變,其卦之《隨》䷐。《隨》六二至九四互體成☶,爲止。《兌》九二能固守其孚信,所以其悔吝之象消亡。

《兌・六三》云:「來兌,凶。」六三居下卦《兌》之上極,又在互體卦《巽》之始,履非其正,上六來而入於六三,而六三不應之而躁動欲進,將被九五所害,所以爲凶。《兌》六三爻變,其卦之《夬》䷪。《兌》下卦爲☱,其九三至九五亦互體爲☰,爲健。《兌》六三以陰柔之質而其行剛健過甚,當應於上六而不應之,以不正之身而求進,欲求悅於九五,終將見害,凶象畢現,所以爻辭云「來兌,凶」。

《兌・九四》云:「商兌未寧,介疾有喜。」履下卦《兌》之上方,在上卦《兌》之初,以剛陽之質而居陰位,與初九無所應,又近九五之尊位,其欲下而入於六三,故與六三商量其事。此於卦象言之,下卦六三有口之象,可指言語;上卦九四在上卦之初,有附決之意,九四憂慮其位勢,而主動往於六三,之正而得卦《小畜》䷈。《小畜》六三至上九之☱象消失,而光明之象顯現,所以爻辭云「介疾有喜」。

《兌・九五》云:「孚于剝,有厲。」九五在互體卦☶之上方,而☶爲孚信;又在上卦☱之中,以陽居陽,履得其位,爲《兌》之中正者。是《兌》九五以孚信而判其臣下之功過,知其佞臣,安其能臣,若有孚於斯,則能政通人和;而欲在孚信被剝落之際,欲行其合和眾人之道,則恐有危厲。《兌》九五爻變,其卦之《歸妹》䷵。《歸妹》上卦☳,爲殺。《兌》九五行剝殺之道,雖有孚信之質,然毀折過甚,將招致諸臣之恐慌,此爲政局不安之預兆,所以爻辭云「孚於剝,有厲」。

《兌・上六》云:「引兌。」上六以陰柔之質履《兌》☱之上極,居位得正,爲能以言語導引人行其正者。《兌》上六爻變,其卦之《履》䷉。《兌》

上六能履行禮義，引導民眾踐行其道，所以爲吉利之象。爻辭簡省了吉凶之判詞。

《渙‧初六》云：「用拯馬壯，吉。」處《渙》䷺之初，在分散之始，居於下卦☵之底，而《坎》其於馬也，爲薄蹄，薄蹄而爲有瑕疵之馬，以其分散人員，則恐爲多眚之輿，而不能濟其難，所以必用健壯耐勞之馬，方爲吉，所以爻辭云「用拯馬壯，吉」。

《渙‧九二》云：「渙奔其機，悔亡。」九二在互體卦☳之初，爲震動之始，分散而奔走於外，必有其所向往，而其所投奔者爲九五之君，在《坎》難之中而能所得投靠之所，所以其悔吝消亡，所以爻辭云「渙奔其機，悔亡」。《渙》九二爻變，其卦之《觀》䷓。《觀》下卦☷爲土。是《渙》九二之眾散而投奔明主，而得其土而居，此亦爲「悔亡」之義。

《渙‧六三》云：「渙其躬，无悔。」六三在內卦《坎》險之上極，爲難之最者，又居非《渙》之正位，宜往上九而得其應，以安其身，所以爻辭云「渙其躬，无悔」。《渙》六三爻變，其卦之《巽》䷸。是《渙》六三在分散之時，宜入於其所應之配主，從而消除去在內卦之悔。

《渙‧六四》云：「渙其群，元吉。渙有丘，匪夷所思。」《六四》履於內卦《坎》難之上方，爲脫離困境者。六四不避阻難，而疏散出於內卦之眾，此爲《渙》之大吉者，所以爻辭云「渙其群，元吉」。《渙》六三至九五互體成☶，爲山，疏散人群而必爲之擇其安居之處，筮得土卦《渙》有《艮》山之象，宜安其居於山中，所以爻辭云「渙有丘」。《渙》六四爻變，其卦之《訟》䷅。《渙》六四能排除眾人之爭訟，統一其意見，定居於山中，此爲不尋常之思慮與處事之法，所以爻辭云「匪夷所思」。

《渙‧九五》云：「渙汗其大號。渙，王居无咎。」九五處上卦之中，履得中正之位，爲《渙》之主。王居於☴象之頂，爲大眾所信服，大眾多投奔之，而九五之王能分其勞於他人，能宣佈其號令於大眾，所以爻辭云「渙汗其大號」。既能排解其困難，又能宣佈其政令於下民，如斯而行《渙》之道，則王居於其位能無過失，所以爻辭云「渙，王居无咎」。《渙》九五爻變，其卦之《蒙》䷃。《渙》九五能爲民眾排憂解難，固守其光明之德行，完善其王業，此亦是爻辭之義。

《渙‧上九》云：「渙其血，去逖出，无咎。」上九履《渙》之上極，爲能疏散眾難之賢者。與六三有應，而能消散其創傷，使其遠離患難，所以上

九雖履非其位，但能安撫大眾，又得九五光明之照耀，所以無過失，所以爻辭云「渙其血，去逖出，无咎」。《渙》上九爻變，其卦之《坎》䷜。《渙》上九能排除大眾之《坎》難，並使之安於新居，此亦是無咎之兆。

《節·初九》云：「不出戶庭，无咎。」爲《節》䷻之初，在制定制度之始，能與眾人共商國是，針砭時弊，出其對策，所以不出戶庭而知其通塞，所以爻辭云「不出戶庭，无咎」。《節》初九爻變，其卦之《坎》䷜。處《坎》難之際，能商定應對之策，此爲無過失之舉動，亦爲「无咎」之義。

《節·九二》云：「不出門庭，凶。」居下卦之中，以陽剛之質而處在陰位，謙遜過甚，故爲《節》之不正者。初九已出其政令，九二當以口舌宣佈之，以行動踐行之，然觀其現實，稽疑者行不出門庭，不知其政令實施與否，不能察其臣民之實情，久而久之，恐被臣民所蒙蔽，以致耳不聰、目不明，而成昏庸之主，所以爲治政之凶象。《節》九二爻變，其卦之《屯》䷂。《屯》下卦䷲，爲震動。《節》九二處應震動於外之時，而今卻不出門庭，欲一勞永逸，此難遂其願，易被壅塞視聽，所以爲治政之凶。

《節·六三》云：「不節若，則嗟若。无咎。」六三以陰居於陽位，爲《節》之不正者，然能及時憂慮其不節之行，反省其身，以規其過，所以能免除其過失，所以王官察筮者之情狀而製此爻辭。《節》六三爻變，其卦之《需》䷄。《需》下卦☰，爲健。是《節》六三雖履非正位，然其能先憂其身，能歎息其行爲，居不正之位而思變，並踐行《節》之道，所以無過失，所以爻辭云「无咎」。

《節·六四》云：「安節亨。」六四得位而堅守其節，親比九五，履行爲臣之道，所以其能理政通亨。於卦象而言之，六四居於互體卦《離》之中，爲能正其操守者，能堅持宣揚、踐行初九所制定的之國是，能雷屬風行，所以其爲九五所推崇。《節》六四爻變，其卦之《兌》䷹。《兌》上卦☱，爲說。《節》能悅於其制度，爲安節者，推其制度而行之，天下文明，所以爲治政亨通之象。

《節·九五》云：「甘節吉，往有尚。」九五居位得中，爲《節》之主，爲《節》之正者。《節》之正者，能以制度規範其行爲，養其德行，故能得其吉利，所以爻辭云「甘節吉」。《節》九五爻變，其卦之《臨》䷒。《臨》上卦☷，爲眾。是《節》九五能得眾人之助，所以爻辭云「往有尚」。

《節·上六》云：「苦節貞凶。悔亡。」上六處《節》之上極，制度過其

實，則易為苛政，苛政而苦民，所以上六雖履正位，而其為凶，所以爻辭云「苦節貞凶」。《節》上六爻變，其卦之《中孚》☵。《中孚》上卦☴，其究為躁卦。是《節》上六能克制其躁動，能去其苦民之政策，則其悔吝之象消亡，所以爻辭云「悔亡」。

　　《中孚·初九》云：「虞吉，有它不燕。」初九為《中孚》☵之始，在下卦《兌》之初，而《兌》為附決，在孚信之始而有所預想與規劃，所以為吉利。初六履於正位而與六四有正應，亦是吉之兆。《中孚》初九爻變，其卦之《渙》☵。《渙》下卦☵，其於人也，為加憂，為心病。《中孚》初六居孚信之初，能有遠慮，有未雨綢繆之質，所以爻辭云「有它不燕」。

　　《中孚·九二》云：「鳴鶴在陰，其子和之；我有好爵，吾與爾靡之。」九二居內卦之中，又在體《頤》之卦之始，而《頤》有頤養之義。王有孚信，賜爵於賢臣，以宴而樂嘉賓之心，所以爻辭云「我有好爵，吾與爾靡之」。於其卦象而言，下卦《兌》為口舌，言語出於口舌，於鳥而言即為鳴叫之聲，九二為陰位，鶴鳥於陰處鳴叫，而雛鳥聞其聲而唱和，知其母鳥之將至而餵養之也。顯然，「鳴鶴在陰，其子和之」因與《中孚》爻象、卦象有一定的關聯，所以王官以譬喻的方式將之寫入爻辭，以增強爻辭的詩意及意味。《中孚》九二爻變，其卦之《益》☳。《益》為損上益下之卦，君臣和樂。是《中孚》九二能與臣民同樂，此亦是「我有好爵，吾與爾靡之」之意。

　　《中孚·六三》云：「得敵，或鼓或罷，或泣或歌。」六三以陰柔之質居於陽位，為不當其位者。筮者獲得其敵而占筮，其遇《中孚》☵之《小畜》☴。《中孚》九二至六四互體成☳，為動，爻辭以「或鼓」稱之；其六三至九五互體成☶，為止，爻辭以「或罷」名之。主卦《中孚》，之卦《小畜》，皆有☱，為口舌，人通過口舌而歌唱或發出哭聲，所以為「或歌」；《小畜》九三至九五互體成☲，為目，人之眼淚通過眼睛而湧出，所以為「或泣」。

　　《中孚·六四》云：「月幾望，馬匹亡，无咎。」處上卦☴之始，應於下卦☱之初，既履得正位，又有其正應，故為《中孚》之止者。《中孚》六四爻變，其卦之《履》☱。《履》有☱，為有孚信之象。居於《中孚》六四，其行能有孚於下，有嚮明而之治之象，所以爻辭云「无咎」。「月幾望，馬匹亡」是撰寫此爻辭的背景，於卦象而言，☴可表事物發展到高級階段之卦，於月之形狀而言，即為圓或近圓，此與爻辭之情景有應，所以王官將爻辭撰寫為

「月幾望」，而「馬匹亡」是占筮之由。

《中孚‧九五》云：「有孚攣如，无咎。」九五履位得正，是《中孚》之主，所以爲恒其孚信者，故爻辭云「有孚攣如」，言其孚信恒常，未曾中止。《中孚》九五爻變，其卦之《損》􀀁。《損》有體《頤》之象，是《中孚》處於損道之際，依然能以孚信養其賢良，養其萬民，所以爲無咎。

《中孚‧上九》云：「翰音登于天，貞凶。」居《中孚》之上極，爲謹愼以許人以諾或結以盟者。而在上體􀀁之窮，易爲浮躁之舉，此爲孚信之忌。於卦象言之，􀀁爲雞，又爲高，雞不能高飛而今欲陞於天空。因《中孚》有此卦象，所以王官借之以爲喻，告誡筮者許神靈、臣民、盟友之諾或所立之約，當量力而爲，切合實際，切莫如不能高飛、久飛之雞卻衝向天，跌落必然危及其生命，所以爲凶。《中孚》上九爻變，其卦之《節》􀀁。是處在《中孚》上九之時，當有遠慮，節制其言語及浮躁之心，否則，即使身居正位，亦爲凶，何況《中孚》上九履非其位，凶莫大焉。

《小過‧初六》云：「飛鳥以凶。」初六在《小過》􀀁下卦􀀁之始，履非其正，當靜以修身，潛隱其形，以待九四來應己，以渡過其險境；若在當靜之時卻輕舉冒進，欲上而應九四，則恐爲六二、九三所阻隔，無以逐其願，勞而無功，又將身陷困境，所以爲凶。《小過》初六爻變，其卦之《豐》􀀁。《豐》下卦􀀁，爲雉；《豐》六二至九四互體爲􀀁，爲高，雉鳥難以久飛而欲飛越高山，顯露其行跡，恐爲天敵所害。總覽此諸象，所以王官借飛鳥之形象而暗喻人事，並判之以「凶」之詞。

《小過‧六二》云：「過其祖，遇其妣，不及其君，遇其臣，无咎。」六二居下卦《艮》之中，履得當位，爲《小過》之正者。《小過》之正者，必能渡過難關，或成就王業者，而此必有所憑藉或承繼。六二承初六之前緒，又得其王母之寵愛，未得王位，而得其賢臣之輔弼，皆爲承繼王位之優勢，所以爲無咎。顯然，「過其祖，遇其妣，不及其君，遇其臣」是筮者的身、位等情形的說明，因其與《小過》六二爻象及由六二組成的卦象有著一定的對應關係，因而被寫進爻辭，以體現《周易》象數與義理的統一關係。以象而言之，《小過》六二至九四互體成􀀁，爲長女，長女嫁人爲嫡而爲母，此與爻辭「其妣」對應；六二將上應於六五，六五在上卦􀀁之中，而􀀁爲長子，長子爲承繼社稷之人，而今尚未承繼大鼎，而遇六二之臣，此爲無過失之象。《小過》六二爻變，其卦之《恒》􀀁。《恒》下卦爲􀀁，爲《中孚》之􀀁下移，表

示筮者之母已薨，此是爻辭「姒」之象及義。《恒》九二之九四互體成☰，爲君，王世子經過考驗，將承繼父業，是《小過》六二有著登於王位之優勢，得其良臣之輔弼，終將成爲即位之人君，所以爲無咎。

《小過·九三》云：「弗過防之，從或戕之，凶。」九三居下體☶之上極，以陽處陽，履得當位，亦爲《小過》之正者。當此之時，若不能推進其事，不能取得正業，則當謹防浮誇冒進之言行，如若不然，任隨浮躁之心所之，冒失急進，或遭滅頂之災，所以爲凶兆。所以王官撰「弗過防之，從或戕之，凶」之詞，以告誡筮者。

《小過·九四》云：「无咎。弗過遇之，往厲必戒，勿用永貞。」九三其爲陽剛之體，卻居非其位，爲《小過》之不正者。居於不正，得其正應，往而之初六，而初六欲其行不止，九四未得其援助，則有危厲之虞，所以必須有所戒備，所以爻辭云「弗過遇之，往厲必戒」。於爻象而言之，九三、九四在體☵之中，有陽陷於陰難之象，故當有憂慮，有其憂慮，所以能規避其險，故爻辭以「无咎」總其意。《小過》九四爻變，其卦之《謙》䷎。《小過》上卦之☳，下移至《謙》之九三至六五，爲動，爲往之初六；《謙》六二至六四互體成☵，爲加憂，爲心病，表憂患。是居《小過》九四之時，當有憂患意識，能防備初六躁動而上，不固守其位而援助於己，所以爻辭告誡筮者「勿用永貞」，即往不往初六，要審時度勢，待時而動，切莫永守其往應初六之約，以規避其悔吝。

《小過·六五》云：「密雲不雨，自我西郊，公弋取彼在穴。」六五得上卦中正之位，以陰而得其陽位，爲陰之強盛者，藉以喻臣之強者，其往而應六二，六二得遇此諸臣而得承王業。此應於卦象：六二、六五在體☳之上下極，而☳爲弓，爲隱伏，是九五之能臣準備弓矢等武器隱伏而行，以俘取六二之敵者，從而爲六二之升登九五之尊位，鋪平道路，故此六二云「遇其臣，无咎」。又因《小過》之卦象、爻象與雲雨、西郊等有者關聯，所以王官巧妙地藉以喻指人事：《小過》所體之☵象，其中有兩陽爻，未成正像之☵，所以尚未能成其雨水；《小過》九三至六五互體成☴，其於方位爲西，可表示西郊，所以爻辭云「密雲不雨，自我西郊」。《小過》六五爻變，其卦之《咸》䷞。是《小過》六五之臣能助居於六二之世子成就王業，此是「公弋取彼在穴」之辭撰寫之主要原因。

《小過·上六》云：「弗遇過之，飛鳥離之，凶，是謂災眚。」上六居《小

過》之極，爲《小過》之正者，居於其時，雖履其正，但在上卦☳之上爻，動而有過其度之虞，所以王卦告誡之以「弗遇過之」，即若《小過》上六在當守其所成之際，卻六極而進，不應於九三，則九三防之而不親之，是眾人與之離心離德，其身其政自危，此爲凶兆，爲治政之災難將生之預兆，所以爻辭云「是謂災眚」。《小過》上六爻變，其卦之《旅》☲，《旅》上卦☲，爲雉，可表鳥類；《離》又爲網羅之象，可表飛鳥被網所捕獲之象。是《小過》上六有「飛鳥過於顯現己身，以致被獵人所布之網所網羅」之象，故爻辭云「飛鳥離之」，此爲飛鳥之滅頂之災，爻辭作者借之以喻人若過其行，而不知悔其行，則將有近患。

　　《既濟‧初九》云：「曳其輪，濡其尾，无咎。」既濟☲，初九處於其初，爲濟渡之時，其爻動而成《蹇》☵。《蹇》下卦☶爲手，手可拉拽車輪前進。又《既濟》☲六二至六四互體爲☲，爲弓輪〔註478〕，「輪」可爲車輪。所以結合之卦，王官繫《既濟》初爻以「曳其輪」之辭。「其」未指明車爲戰車或載貨之車，拉拽車者亦未言明爲人或爲牛或爲馬，然從其之卦之象，可判拉車者爲人。又從《周易》爲王官之學的角度來看，所言「曳其輪」，其意在表明車輪之運於地之安穩〔註479〕，人力替換牛馬之運力而拉拽車渡過冰河，表明了愼重之義。又《既濟》上卦爲☵，爲水，與下卦表示車輪之☲共六四之爻，是外力導致車之尾部沾濕，此以內、外而撰爻辭，即初指明了車之前進之方向。儘管車之尾部被水所沾濕，但人拉車愼重而運行，所以能得「无咎」，能順利濟渡冰川。

　　《既濟‧六二》云：「婦喪其茀，勿逐，七日得。」《既濟》☲，六二至六四互體成☲，六二居於其下，而☲於輿爲多眚。婦人因喪失所乘坐之車的車蔽〔註480〕，故占筮以問吉凶。於卦象而言，《既濟》下卦☲爲中女，可借指

〔註478〕 李道平謂：「坎爲月，弓象初月，輪象滿月。」（〔清〕李道平《周易集解纂疏》卷十，潘雨廷點校，中華書局，1994年版，第712頁）

〔註479〕 《禮記‧曲禮下》載持君器的用手、用足之禮儀之節，其云：「執主器，操幣圭璧，則尚左手，行不舉足，車輪曳踵。」（《禮記注疏》卷四，阮元《十三經注疏》，臺灣藝文印書館，2013年版，第70頁上）宋儒呂大臨云：「車輪曳地，行步之愼也。」（〔清〕弘曆《欽定禮記義疏》卷六，《景印文淵閣四庫全書》經部第124冊，臺灣商務印書館，1986年版，第181頁下）是車輪曳地而運行，可表「愼重」之意，即車之兩論始終保持貼地而行，則可保人車之安全。

〔註480〕 鄭玄《注》云：「茀，車蔽也。」（〔唐〕陸德明《經典釋文》卷二《周易音義》，

婦人；互體之卦䷜爲婦人所安坐而喪失其車蔽之馬車，兩卦以共陰爻的方式而有意義的聯繫。值得特別指出的是，卦象與占筮的原因（或背景）的巧妙對應，是王官編撰爻辭之時的匠心獨運，即王官在多次所稽疑所撰寫的爻辭之例中擇取此條爻辭，並非無意而爲之，而是兼顧了卦象與卦的本事〔註481〕。「勿逐，七日得」是對占筮結果的判定，因爲其應驗而被選入爻辭，其於卦象並無一一對應關係〔註482〕。

《既濟・九三》云：「高宗伐鬼方，三年克之，小人勿用。」《既濟》䷾，九三居於其下卦之極，䷝爲甲冑，爲戈兵；爻動成《屯》䷂，戈兵所向，震驚百里，而成《艮》（六三至九五互體成䷳，爲止）之強盛〔註483〕。王官以高宗伐鬼方之事充實九三之爻辭，是借史事以闡明九三之爻的意義〔註484〕。

《既濟・六四》云：「繻有衣袽，終日戒〔註485〕。《既濟》䷾，六二至六

〔註481〕唐儒史徵云：「『茀』者，婦人之首飾也。六二居中履正，而應於五。雖與初三相近，情不相得，遂被初三相奪。以人事明之，其猶貞潔之婦容儀光麗，夫暫不在，遂被他人侵陵，頭上花飾強爲竊奪，故曰『婦喪其茀』。稱『婦』者，明己自有夫而被見侵。當《既濟》之時，法令明峻，不容邪道。婦既執貞如此，眾尚節志，皆願助之，假使逃竄，勢不能久，不過七日，必見執獲，故曰『勿逐，七日得』也。」（〔唐〕史徵《周易口訣義》卷六，《景印文淵閣四庫全書》經部第8冊，臺灣商務印書館，1986年版，第101頁上～102頁上）史氏所說可爲筮占之本事。

〔註482〕虞潘云：「《乾》爲首，《坎》爲美。五取《乾》二，之《坤》爲《坎》，《坎》爲盜，故『婦喪其髴』。《泰》：《震》爲七。故『勿逐，七日得』，與《睽》『喪馬，勿逐』同義。」（〔唐〕李鼎祚《周易集解》卷十二，《景印文淵閣四庫全書》經部第7冊，第803頁上）於此存虞氏之說。

〔註483〕《說卦》云：「萬物之所成終而所成始也，故曰：『成言乎《艮》。』……終萬物、始萬物者，莫盛乎《艮》。」（足利本《周易注疏》卷十三，第774頁第6葉後、777頁第8葉前）是《艮》爲止戰而強盛。

〔註484〕孔穎達《疏》云：「高宗伐鬼方，以中興殷道。事同此爻，故取譬焉。」（足利本《周易注疏》卷九，第585頁第28葉前）此說是。值得特別指出的是，此並非是高宗伐鬼方之時筮得此卦，也不能因《周易》載有此史事之例而將強牽合《周易》爻辭與史事的關係。其實，正如我們所論，王官在擇取《周易》爻辭之時，特意抹去了其本事，省減了其枝節，以增益其耐人尋味的「玩辭」成分與王官的言說空間。

〔註485〕虞翻曰：「《乾》爲衣，故稱『繻』。袽，敗衣也。《乾》二之五，衣象裂壞，

（上接前頁）上海古籍出版社，2013年版，第120頁）又釋《周禮・巾車》「木車蒲蔽」之「蔽」爲「車旁之御風塵者」（《周禮注疏》卷二十七，阮元《十三經注疏》，臺灣藝文印書館，2013年版，第416頁下）

四互體成☷，上卦亦爲☷，爲加憂，而六四之爻爲兩☷所共有，有「此憂患畢，彼憂患始」之象。又六二至六四互體之《坎》爲月，可指夜；九三至九五互體之《離》爲日，可指晝；上卦《坎》爲隱伏，可指偵查、潛隱。由此觀之，則六四之爻位有日夜戒備之象，所以爻辭被繫以「終日戒」。此例再證實了互體之卦所共享的爻位對理解爻辭之義的重要的意義，以及在撰寫爻辭之時王官對「共爻」意義的留意。至於「繻有衣袽」則是爲了加強「終日戒」的文辭的形象性與生動性，與卦象並無對應〔註 486〕。

《既濟·九五》云：「東鄰殺牛，不如西鄰之禴祭，實受其福。」《既濟》☵，九五處上卦《坎》之中，☵爲水，可表玄酒，九五爲陽爻，飲酒爲陽事，裸酒用樂亦爲陽，所以爻辭以「禴祭」解說九五之爻。又九三至九五互體成☲，爲明，與上卦☵水，成「明水」之象，明水錶祭主之誠潔〔註 487〕，此是受鬼神福祐的一個必備條件。又九五之爻變，成☷《明夷》。《明夷》上卦爲☷，爲牛；九三至六五互體成☳，爲動，下卦爲☲，爲戈兵，可借指宰牛之刀器，所以刀器動而爲「殺」〔註 488〕。此外，有以火烹飪牛之象，亦含有「殺

<hr>

故『繻有衣袽』。《離》爲日，《坎》爲盜，在兩《坎》間，故『終日戒』。謂伐鬼方，三年乃克，旅人勤勞，衣服皆敗，鬼方之民猶或寇竊，故『終日戒』也。」（〔唐〕李鼎祚《周易集解》卷十二，《景印文淵閣四庫全書》經部第 7 冊，第 803 頁下）虞氏之説，「《乾》爲衣」於《説卦》無徵，亦難考於先秦傳世文獻。其解卦理路以《既濟》成卦源自《泰》，並結合《泰》《既濟》兩卦卦象而解説爻辭之來源及其意義，有其可借鑒之處，但有強牽卦辭就卦象之病，此不可不察。我們不取此法。

〔註 486〕 王弼《注》云：「『繻』宜曰『濡』。衣袽，所以塞舟漏也。履得其正，而近不與三、五相得。夫有隙之棄舟而得濟者，有衣袽也。鄰於不親而得全者，終日戒也。」（足利本《周易注疏》卷九，第 585 頁第 28 葉前）以衣袽塞漏舟，不合常理，亦於事無補。後儒多從王弼之説而敷衍之，如宋儒朱震云：「四，《坎》水也。初之四成《巽》，《巽》木在水上，舟之象。四未交初，《巽》毀《坎》見，舟漏也。四《坤》爲裳。襦，裳也。初《乾》爲衣，《艮》爲手。袽，塞也。《離》日在下，終日也。《兌》爲口，戒也。《巽》爲不果，疑也。」（〔宋〕朱震《漢上易傳》卷六，《景印文淵閣四庫全書》經部第 11 冊，第 219 頁上～下）此説有曲折枝蔓之弊，難成通解。

〔註 487〕 《禮記·郊特牲》云：「明水涗齊，貴新也。凡涗，新之也。其謂之明水也，由主人之潔著此水也。」鄭玄《注》：「新之者，敬也。……主人齊潔，此水乃成，可得也。」（《禮記注疏》卷二十六，阮元《十三經注疏》，臺灣藝文印書館，2013 年版，第 508 頁上）

〔註 488〕 《左傳·閔公元年》載：「初，畢萬筮仕於晉，遇《屯》☵之《比》☵。辛廖占之曰：『……合而能固，安而能殺，公侯之卦也。』」杜預《注》：「《比》，合；《屯》，固；《坤》，安；《震》，殺。故曰『公侯之卦』。」（《春秋左傳正義》

牛」之意。此條爻辭與周代禮制相印證：牛爲大牲，以之祭祀宗廟，可謂禮隆；然而，在夏季以大牲祭宗廟，不合周禮之制〔註489〕，禴爲薄祭〔註490〕。此外，爻辭中出現之「東鄰」、「西鄰」亦與《既濟》卦象無有對應，只是藉以闡明祭祀宗廟用適當之禮的意義。〔註491〕

　　《既濟・上六》云：「濡其首，厲。」《既濟》☲☵，上六處於《坎》水之上，其下是互體卦☲，《離》爲目，目在人之頭部，頭部在《坎》水之下，所以有「濡其首」之象，人頭部沒入水中，有窒息喪命之危厲，所以爻辭云「厲」。

　　《未濟・初六》云：「濡其尾，吝。」《未濟》☲☵，初六居於其初，未濟而其尾部被沾濕，爲不順通之象。此是參照反卦《既濟》初九之象而繫辭，其簡省了「曳其輪」的背景說明，而直言「濡其尾」，即未說明所濡之尾部繫於物抑或繫於人。若不參稽《既濟》初九之爻辭，便不能知曉其本義。

　　《未濟・九二》云：「曳其輪，貞吉。」〔註492〕《未濟》☲☵，九二處於

卷十一，第 188 頁下～189 頁上）

〔註489〕《禮記・王制》云：「天子、諸侯宗廟之祭：春曰礿，夏曰禘，秋曰嘗，冬曰烝。」（《禮記注疏》卷十二，阮元《十三經注疏》，藝文印書館，2013 年版，第 242 頁下）《公羊傳・桓公八年》載：「烝者何？冬祭也。春曰祠，夏曰礿秋曰嘗，冬曰烝。」（〔漢〕何休解詁、〔唐〕徐彥疏《春秋公羊傳注疏》卷五，阮元《十三經注疏7》，藝文印書館，2013 年版，第 59 頁下）兩者所記春祭、夏祭之名有異，周禮合礿、禘之名，統爲「禴」，又將春祭定名爲祠，以體現禮制的因仍更替，以彰顯周代之禮樂特色。對春祭、夏祭之解説，王安石云：「饗以陽爲主，故禘以夏；食以陰爲主，故祫以冬。春物生未有以享也，其享也以詞爲主，故『春曰祠』。夏則陽盛矣，其享也以樂爲主，故『夏曰禴』。」（〔宋〕王安石《周官新義》卷八，《景印文淵閣四庫全書》經部第 91 冊，臺灣商務印書館，1986 年版，第 87 頁下）

〔註490〕漢儒何休《注》曰：「薦尚麥魚，麥始熟可礿，故曰礿。」（〔漢〕何休注《春秋公羊傳》卷五，《十三經古注7》冊，中華書局，2014 年版，第 1595 頁下）明儒張次仲從何休之説，又云：「周禮改勺從龠。龠，和樂之器，其祭以樂爲主。夏物未備，惟薦麥與魚而已。」（〔明〕張次仲《周易玩辭困學記》卷九，《景印文淵閣四庫全書》經部第 36 冊，臺灣商務印書館，1986 年版，第 671 頁下）

〔註491〕虞翻曰：「《泰》：《震》爲東，《兌》爲西，《坤》爲牛，《震》動，五殺《坤》。故『東鄰殺牛』。在《坎》多眚，爲陰所乘，故『不如西鄰之禴祭』。」（〔唐〕李鼎祚《周易集解》卷十二，《景印文淵閣四庫全書》經部第 7 冊，第 804 頁上）此亦拘泥於爻辭與卦象的關係。

〔註492〕對此句的爻辭卦象的解説，晉儒干寶云：「《坎》爲輪，《離》爲牛，牛曳輪，上以承五命，猶東蕃之諸侯，共攻三監，以康周道，故曰『貞吉』也。」（〔唐〕

《坎》輪之中，其爻動而《未濟》☲之《晉》☷。《晉》下卦爲☷，爲大輿，大輿曳行於地，故爲正爲吉，所以爻辭云「貞吉」。

《未濟‧六三》云：「未濟，征凶。利涉大川。」《未濟》☲，其下卦爲☵，九二至九四互體成☲，兩卦可成☲之象，是爲《未濟》，所以爻辭言「未濟」。此其「共爻」爲九二、六三，九二吉在大輿已安行於大地，而六三仍在未有濟渡、不能作爲之處境。三爻動而《未濟》☲成《鼎》☲。《鼎》下卦☴爲木，舟楫之利，實賴於木，所以六三之動，其利在於濟渡大川〔註493〕。

《未濟‧九四》云：「貞吉，悔亡。震用伐鬼方，三年有賞于大國」《未濟》☲，九二至九四互體成☲，九三至九五互體成☵，兩卦上下組合成☲，是爲《既濟》，所以正而吉，無悔吝之象。又九四爻動而《未濟》☲成《蒙》☶。《蒙》六三至六五互體成☷，與下卦☵成《師》☷之象；九二至於六四爲☷，爲征伐殺敵。因此象與史事「震用伐鬼方，三年有賞于大國」相類，所以王官借之以實「貞吉，悔亡」之義，故不必要如專攻《易》學象數派那樣將爻辭一一與卦象對應〔註494〕。

《未濟‧六五》云：「貞吉，无悔。君子之光，有孚，吉。」《未濟》☲，上卦爲☲，爲日，可象徵光明。六五處於《離》之光明，又居於五之尊位，所以有「君子之光」。☲又有虛心以誠之象，所以爲「有孚」。又六三至六五互體成☳，爲耳朵，有傾聽之意。身居尊位又能執掌明政而虛心以聽群臣之見，所以爲「吉」，能得「无悔」之治政。「君子之光，有夫，吉」是對「貞吉，无悔」的再作闡釋。

李鼎祚《周易集解》卷十二，《景印文淵閣四庫全書》經部第 7 冊，第 806 頁上）「《離》爲牛」與《說卦》之文相牴牾，其是史事相比附而解說爻辭，此對後儒有啓示之功。

〔註493〕荀爽曰：「『未濟』者，未成也。女在外，男在內，婚姻未成。征上從四，則凶；利下從《坎》。故『利涉大川』矣。」（〔唐〕李鼎祚《周易集解》卷十二，《景印文淵閣四庫全書》經部第 7 冊，第 806 頁上）此從婚姻的角度解「未濟」之義，然其謂「征上從四，則凶」不合卦爻往來原則，若「征」釋爲「往」，則是往上九，亦是從上九，而並非九四。「利下從《坎》」未與卦象未合。其實，六三爻辭之「征」是「征伐」義，其往征伐，爻動而爲《巽》之「不果」，所以爲「凶」。

〔註494〕虞翻曰：「變之《震》，體《師》：《坤》爲鬼方，故震用伐鬼方。《坤》，爲年，爲大邦。陽稱『賞』。四在《坤》中，體《既濟》，《離》『三』，故『三年有賞於大國』。」（〔唐〕李鼎祚《周易集解》卷十二，《景印文淵閣四庫全書》經部第 7 冊，第 806 頁下）此解有可資借鑒之處，但將《坤》象解說爲「年」、《離》爲「三」等說，與文獻無徵，難成其說。

　　《未濟‧上九》云：「有孚于飲酒，无咎；濡其首，有孚失是。」《未濟》☲☵，上九處於其上極，其下為互體之☵，為水，為酒，彼此有誠信以飲酒，則可以避免過失，所以爻辭云「有孚于飲酒」，此是借卦象而就命辭而發揮成文。「濡其首，有孚失是」則是對前一句爻辭的再闡釋。若酒水沾濕了飲酒者的頭部，儀態失常，即使有誠信，其舉止已失於端正，可能招致禍患，所以爻辭戒之以「有孚失是」以提防其過。

第五節　《周易》爻辭的製撰方法

　　《周易》爻辭主要的製撰方法有：因象繫辭；緣事生辭；計占撰詞；隱其判詞，等等。在撰寫爻辭之時，作者或用其中一種方法，或同一條爻辭中，兼用幾種方法，皆視立意而定。因象繫辭是爻辭撰寫主要的方法，其依卦象而發揮成文，體現了《周易》爻辭象、言齊備的奇特骨格，故尚《周易》之象者有之，尚其之辭者亦有之。顯然，《周易》為研之者展現了多層審美意境，而此與象、言一體的爻辭直接關聯。緣事生辭是輔助讀者瞭解爻辭生成背景的重要方式，其內容涉及命筮情境，應情境而成文，反映了爻辭作者審時度勢、觀稽疑者之行為、察稽疑者之位勢等職業素質與能力。計占撰詞是統計、歸納某一卦爻在長期稽疑活動中應驗概率而繫以判詞的爻辭生成方法，其用意或勸誡稽疑者，或讚述、倡導某種思想、行為規範，展現出王官以筮為諫的職業意識。隱其判詞是吉凶之兆象已著，故爻辭作者簡省其判辭的爻辭生成方法。

一、因象繫辭

　　爻辭即是爻象之辭，其主要由爻在上下卦位置中的表現，以及某一爻發生變化，而形成的卦象、爻象相互聯繫等方面而生成的文辭。爻辭藉助爻象而立其言，爻象依據爻辭而演其義，象、言相映成趣。所以，欲入爻辭之堂奧，必經爻象、卦象之法門；否則，將有知其然而不知其所以然之憾。通過對《上經》《下經》爻辭之條分縷析，可知大部之爻辭胥為託象表意、因象造文。而因象繫辭之法具體可分為如下幾種：

　　一是由爻所在的經卦之象義發揮成文。八經卦之象義在《說卦》。以《說卦》之象義為軸心，王官將之敷衍成各爻之辭。同一個經卦，由於爻位之不同，其所取之象的義項往往各異。

　　二是由上下卦來往、應否等所構成的意義，撰寫爻辭。如《屯》䷂，初九往而應上卦六四，而六四位於☷之初，爲憂慮之始，故以「磐桓」當之。

　　三是以「之卦」相關卦象爲主要參稽對象，並與主卦之象，總攬其象義，連綴成文，製成爻辭。如《泰・九二》有「包荒，用馮河」之文，此可結合九二爻變所成之卦《明夷》䷣。《明夷》下卦☲與互體卦☵，兩相疊加，成《既濟》䷾之象；《泰》下卦☰，爲寒，爲冰，川河凍結而成堅冰，成可通之途。是《泰》九二馮河而能濟之，其得益於泰道之光明，其能籠罩荒野，而讓行者過其道，所以爻辭云「包荒，用馮河」。作爲以標準的《周易》筮法而生成的筮典，其爻辭的撰寫參稽「之卦」象義而成爲爻辭生成的主要方法之一。通過對《周易》爻辭的考察，可探知「之卦」的卦象在生成《周易》爻辭的重要作用。此可見於前兩節各卦爻辭生成之「之卦」部分，在此不再贅述。

　　四以「類體卦」（即由四、五、六個爻組成卦，其雖不成經卦之體，但簡省其中間某個或某幾個相同之爻，可成某個經卦，如☲☵兩卦者）卦象之義而撰成爻辭。如《損・六五》「或益之十朋之龜，弗克違，元吉」與《益・六二》「或益之十朋之龜，弗克違」之文，《損》䷨與《益》䷩，六五是《損》之主，六二是《益》之主，而《損》九二與上九之間有三個相同之陰爻，去其二陰爻，此類體卦成☲，爲龜，故爻辭取龜象而發揮成文。又如《中孚・九二》有「鳴鶴在陰，其子和之」之文，《中孚》䷼，其九二至九五有☲之體，而☲可表鳥之意，爻辭以「鶴」實之。再如《頤・初九》「舍爾靈龜」，整個卦體有☲之象，又因其中間夾有五個陰爻，其有龜大其體之象，龜老而靈，所以爲「靈龜」。

　　總之，作爲有周一部象、言、意兼備的筮典《周易》，其根在於卦畫、卦象，無卦畫、卦象，爻辭將同無源之水，所以因象繫辭成爲爻辭最爲主要的撰寫方法。《周易》亦因此質，而在群經中獨綻異彩。

二、緣事生辭

　　緣事生辭，是一個值得注意的爻辭撰寫方法。其是對稽疑之時的情境的說明，有利於王官對稽疑案例的歸類，以及由稽疑所生之文檔的保存和查閱。由此種方法所撰寫之辭，與爻象無一一對應關係，此是歷來長於象數的先儒所忽視的爻辭生成義例。象數派如虞翻、荀爽者專以象數詮釋《周易》爻辭，

以為爻辭與卦象存在一一對應的關係，此為一味專以象數之弊。

如《屯‧六二》爻辭有「屯如邅如，乘馬班如，匪寇婚媾」一句，除了「乘馬班如」與卦象對應，餘者如「屯如邅如」是稽疑者求婚媾之時的車馬情境；「匪寇婚媾」則是稽疑者筮其婚媾之狀況，顯出命辭之內容以及稽疑者的行為表現。諸如此類爻辭包含著命筮之辭、占筮之時的情境等信息。虞翻則云：「匪，非也。『寇』謂五，《坎》為寇盜，應在《坎》，故『匪寇』。陰陽得正，故『婚媾』。」此牽連卦象與爻辭一一對應，以致其釋義欠安：若言「應在坎」，則當推出「為寇」，而不是「匪寇」；六十四卦上下卦體陰陽得正者多矣，何以在此稱「婚媾」，別處卻不見此語。

緣事生辭是不可不加以考察的爻辭撰寫方法，主要可分為如下兩類：

一是寫入命辭。所謂命辭，即是命筮之辭，其說明稽疑事項。

二是簡述稽疑之時的內外環境。此包括對稽疑者位勢、身體狀況、言行舉止等情況的簡明扼要的說明。如《歸妹‧初九》云：「歸妹以娣，跛能履，征吉。」此爻辭之情境即為：兄長主持其妹嫁人之事宜，少妹隨大妹一起出嫁。其妹中，有一妹跛足，兄長因此占筮，稽疑其吉凶。筮人考察其跛足之妹之品格，認為其「跛能履」，即「此妹雖有足疾，然能履行禮義」，所以其出嫁為吉利之象，所以爻辭云「跛能履，征吉」。《歸妹‧九二》云：「眇能視，利幽人之貞。」此是兄長占筮其眇視之妹的婚姻吉凶情況，「眇能視」是對其妹身體狀況之說明。再如，《鼎‧初六》有「得妾以其子，无咎」之文，筮者因無子，欲納妾而占筮，此為占筮的背景，亦是爻辭撰寫的一個本事，所以爻辭云「得妾以其子」。再如，《需‧上六》載「有不速之客三人來」之文，編撰者雖刪簡了此爻辭的本事，今已難定其實情，但爻辭乃以之為背景而撰成當為可信。

總之，因象繫辭是爻辭生成主要的運思形式，然則爻辭並非句句皆與卦畫相涉，字字胥同爻象相關，因此不宜強牽爻辭與卦象作一一對應的解說，而當視爻辭之情境而定其辭之所歸。緣事生辭是爻辭生成的第二種方式，是對爻辭生成的現實情境的反映，亦是撰寫稽疑判語的主要參考對象，故不可忽視。

三、計占撰詞

計占撰詞是體現筮人稽疑能力及以占救政的議政職責的體現。作為世代

職掌其業，司守其占筮文籍的筮人，歸類，統計並撰寫判詞，是筮人基本工作的一部分。歸類，是將同一命筮主題的筮例歸為一類；統計，是從同類筮例中計其應驗是否的概率，包括中的概率與不中的概率；撰寫判詞，是筮人在歸類、統計多則筮例的基礎上，探尋其經驗和智慧，將判語寫入《周易》筮典的環節。此環節能體現筮人的專業水準與以占為諫的占筮宗旨。

顯然，作為世代傳其業的筮人階層，從繁多的筮例中，其能觸摸到歷史的脈絡，能依據稽疑之時的內外環境（如稽疑者的個人所作所為），推斷其事勢的走向，因而其計占所撰之辭有著強烈的勸誡意味。因此，《周易》爻辭中的判語部分，不宜以簡單的功利性質視之，其所隱含著的深刻的智慧當予以探究與揭示。如《泰・上六》云：「城復于隍，勿用師，自邑告命，貞吝。」筮人見城池覆地，強寇漸退，而尚未用師，僅命令各邑之自保，故以「貞吝」告誡筮者，以喚醒其防備警戒之心，強其防禦之鬥志。

簡而言之，在因象繫辭、緣事生辭的基礎上，筮人等爻辭作者依據一定的歷史經驗及以占為諫的職掌原則，對以筮稽疑作出的判斷。其是人謀鬼謀的主要來源之一，所持之顯善昭惡、勸誡王者或其他稽疑者的作意，是其能成為經學文獻的一個主要原因。

四、隱其判詞

爻辭的判詞，主要有「吉、元吉、大吉、嘉吉、終吉、凶、悔、有悔、悔亡、无悔、吝、小吝屬、有它吝、有屬、无譽、无咎、匪咎、何咎、往吝、无初有終、无大咎、終无咎、終吝、利、利貞、利女貞、无不利、无攸利、有終、有喜、无眚、无成、亨」等等。其中，以「吉、凶、悔、吝、无咎」及其構成的反義為常用。然爻辭並無皆有判詞。隱其判詞，是在計占撰詞的前提下，因卦畫、爻象及其爻辭之義已彰，其兆之意已著，所以省簡其判詞的一種特殊的爻辭生成方式。其主要可分為如下三種：

一是簡省「凶」之判詞。如《訟・上九》有「或錫之鞶帶，終朝三褫」之文。其意為「《訟》上九雖或得《訟》九五所賜之鞶帶，但其尚訟而勝，以鬥訟為樂，終將被人所不敬，以致欲生事而褫奪其勝利之成果」。此則爻辭省卻了「凶」之判詞。此類在爻辭裏亦常見。又如《小畜・九三》有「輿說輻，夫妻反目」之文，是筮者因「輿說輻」而貞問吉凶，得「夫妻反目」之象，此無疑為凶兆，而王官對之隱而不言。其主因在於：《小畜・九三》之凶兆不

言而喻，所以省略了其「凶」之判詞。再如，《泰‧六四》有「翩翩，不富以其鄰，不戒以孚」之文，意即「富而不心牽其鄰之貧，不扶持而助之，不以履行孚信爲自我警戒，而失其穩重遠慮之常態」，王官以爻語告誡筮者，其凶象已著，自不待言。

二是省略「吉」之判詞。如《同人‧九五》有「同人先號咷而後笑：大師克相遇」之文，其意爲「一同作戰之人或將有血光之災，所以泣淚如血；幸賴王師來助，所以能克敵制勝，將士喜悅而笑」，此吉利之意已顯，可不必再繫以「吉」之判詞。

三是隱去「无咎」之判詞。如《同人‧九三》有「伏戎于莽，升其高陵，三歲不興」之文，其意爲「《同人》九三之軍隊同在戰場，有埋伏之軍，有誘敵入於山陵之軍，以此相互照應之戰略以待於敵，堅守崗位，穩如磐石」，此爲無咎之象，王官將之隱去，以讓文辭更顯齊整。

總之，隱其判辭是一種特殊的爻辭製撰方式，雖然其最終未被寫入今本爻辭，但在考察爻辭的生成之時，亦當加以研究，並將之揭出。

五、合各法而成爻辭

《周易》爻辭主要是在整合上文所述的四種生成方法的基礎上得以形成，其或取其中一法，或擇其中幾法，體現出王官運思的靈活多變，其最終的形成主要有以下幾種義例：

一是直宣稽疑之判語，即爻辭省卻了解象之辭、情境說明之辭等部分，直接斷以判詞的爻辭組織形式。在今本《周易》爻辭中主要有五例：《訟‧九五》「訟，元吉」、《恒‧九二》「悔亡」、《大壯‧九二》「貞吉」、《解‧初六》「无咎」、《萃‧九四》「大吉，无咎」。

二是因象繫辭，隱去判語。如《否‧六三》「包羞」、《同人‧九三》「伏戎于莽，升其高陵，三歲不興」、《賁‧六二》「賁其須」。

三是緣事生辭且隱其判語。如《蠱‧上九》「不事王侯，高尚其事」。

四是因象繫辭，計占撰辭合用。如《臨‧初九》「咸臨，貞吉」、《大過‧上六》「過涉滅頂，凶。无咎」。

五是緣事生辭，計占撰辭合用。如《噬嗑‧六三》「噬腊肉，遇毒，小吝，无咎」、《習坎‧六四》「樽酒簋貳用缶，納約自牖，終无咎」、《離‧六五》「出涕沱若，戚嗟若，吉」、《明夷‧六五》「箕子之明夷，利貞」，等等。

六是因象繫辭、緣事生辭，且隱去判語合用。如《隨‧上六》「拘係之，乃從維之。王用亨于西山」、《明夷‧六四》「入于左腹，獲明夷之心，于出門庭」。

七是因象繫辭、緣事生辭，計占撰辭合用。如《蠱‧初六》「幹父之蠱，有子，考无咎，厲終吉」、《无妄‧六三》「无妄之災，或繫之牛，行人之得，邑人之災」、《大過‧九二》「枯楊生稊，老夫得其女妻，无不利」，等等。

八是緣事生辭，計占撰辭合用。如《蠱‧九二》「幹母之蠱，不可貞」、《蠱‧九三》云「幹父之蠱，小有悔，无大咎」等等。

總之，爻辭的製撰有著較爲複雜的文化語境及其禮制背景，其植根於有著嚴格職業訓練的王官文化之中，其既有沿用周文王、周公旦所撰寫的一些卦辭、爻辭的部分，又有以上文幾種文字組織形式撰寫的爻辭。《乾》《坤》兩卦的全部或部分卦辭、爻辭爲周文王所製，故其彰顯異質。而其他爻辭貫穿了周文王的憂患品質，體現了王官以筮告事、以筮爲諫的稽疑經驗及其推斷歷史趨向的智慧，其或意在勸誡，或意在揚善，或意在昭惡，與《詩》《書》《禮》《樂》等經書有著同一種禮制的思想。簡而言之，《周易》爻辭，其以筮爲言說的形式，而在解說之中充實以禮的內容，灌注著世代司守王官之學的職官以筮救政的智慧，正是因爲卦畫層級分明、爻辭言約旨遠，所以其成爲中國「智慧之學（哲學）」的原典。

小　結

今本《周易》爻辭體系的生成與西周的稽疑體制密切相關。西周專事卜筮的職官階層在嘗試以周文王所演之重卦筮法的探測中，承繼、改易並揚棄《連山》《歸藏》，意在構建有周一代之筮典，此與王官職業使命感有深刻聯繫。周初至西周中葉的一段歷史時期內，是王官創建有周一代筮典文本之階段。筮人階層從歸類、整理的占筮文籍之中，去粗取精，擇其典例，沿用周文王所創造的爻辭撰寫義例，以因象繫辭、緣事生辭、計占撰詞、隱其判詞及綜合各撰文之法，編撰出了《周易》爻辭體系。

《左傳》《國語》所載與《周易》爻辭相關的筮例，是我們探究《周易》文本形成、修編以及流播等情況的重要文獻：《周易》主卦、之卦的表達形式，使我們得知其是周易爻辭生成的一個主要方面；《左傳》筮例所載同今本《周

易》爻辭相同者，表明在其時這些爻辭業已被採入《周易》，並保持了穩定的
流播狀態；例所見與今本《周易》爻辭相似者，其可能保留了較多原本爻辭
的信息；不假占筮而引《周易》之爻辭，此種言《易》之風的興起，是形成
《周易》經典地位的巨大推動力。